Mes TD de droit

Hélène Simonian-Gineste
Maître de conférences HDR en Droit public
Université de Toulouse 1 Capitole

Introduction au droit public

ellipses

Retrouvez les ouvrages de la collection

ISBN 9782340-027350

32, rue Bargue 75740 Paris cedex 15

www.editions-ellipses.fr

Avant-propos

Le programme

Ce livre correspond au cours d'introduction au droit public du premier semestre de la licence en droit. Il permet de s'entraîner aux deux exercices essentiels et les plus courants dans cette matière que sont la dissertation et le commentaire de textes constitutionnels. Le cas pratique n'a pas été retenu car peu adapté à la matière et peu usité.

Les thèmes retenus

Les thèmes retenus recouvrent les grandes thématiques traditionnellement abordées : la Constitution (notion, élaboration, révision, respect), les formes de l'État (État unitaire, régional, fédéral), la démocratie (représentative et semi-directe), la séparation des pouvoirs (théorie, séparation souple et stricte).

Le but et les prérequis

Le but de l'ouvrage est d'aider à la préparation de l'examen et de compléter les exercices proposés en travaux dirigés. Ce n'est pas un ouvrage de méthodologie approfondie. Il contient simplement quelques conseils généraux de méthodologie.

Sur chacun des thèmes de travaux dirigés, l'exercice proposé porte sur un point précis sur lequel il s'agit de réfléchir. L'objectif des séances de travaux dirigés est en effet d'approfondir le cours et non de répéter les connaissances de base. Celles-ci sont cependant le socle indispensable à l'effectuation des exercices. Il est donc recommandé d'avoir compris et assimilé ces connaissances avant de travailler n'importe quel thème.

Les documents fournis

Chaque thème est accompagné de nombreux documents, de nature diverse, sélectionnés en fonction de la dissertation ou du commentaire à faire. Ils servent à approfondir le thème de la séance de travaux dirigés et à documenter l'exercice proposé.

Les corrigés

Tous les corrigés sont entièrement rédigés.

Pour les sujets de dissertation, la rubrique « Voir… » renvoie aux documents du thème de façon précise. Des explications sur le document visé sont données dans une parenthèse. Pour le commentaire de textes constitutionnels, la rubrique « Voir » fait référence aux textes à commenter. Pour renvoyer aux documents fournis, la rubrique est : « Voir (Focus) ».

Conseils méthodologiques spécifiques pour chaque sujet

Avant de lire la correction, il est conseillé de se reporter à la rubrique « Conseils méthodologiques spécifiques » qui présente les principales difficultés du sujet proposé.

Mode d'utilisation de l'ouvrage

Il est possible de lire simplement les corrigés. Ou bien il est possible de préparer le plan détaillé du sujet proposé et de lire ensuite la correction.

Sommaire

Conseils de méthodologie

Thèmes

Partie 1

Conseils de méthodologie

Ces conseils méthodologiques ont pour but de mettre en exergue les spécificités de l'introduction au droit public. Ce sont des conseils généraux qui n'ont pas l'ambition de présenter l'ensemble de la méthode propre à chaque type d'exercice retenu (dissertation et commentaire de textes constitutionnels) mais de souligner leurs principales difficultés.

I. La dissertation

a. Les quatre types d'erreur

La dissertation expose à quatre erreurs : la récitation de cours, le hors-sujet, le sujet partiellement traité, le sujet biaisé.

b. Bien comprendre ce qui est attendu

Une réflexion démontrée. La dissertation est une réflexion. Le devoir expose le fruit de cette réflexion sur le sujet précis proposé. Ce n'est pas une récitation du cours pure et simple.

▶ Conseils

Veillez à ne pas avoir une démarche d'exposition des connaissances du cours. Les connaissances de base servent à mener la réflexion, elles ne la remplacent pas. Adoptez une démarche démonstrative (affirmation d'une idée et preuves de sa justesse). Votre objectif : présenter les justifications des idées avancées.

Une réflexion juridique. La dissertation attendue est une dissertation juridique. L'histoire des institutions, la science politique, la philosophie politique ne sont pas sans lien avec l'introduction au droit public puisque leur objet commun est l'État et le pouvoir politique. Mais vous avez à faire un devoir de droit. Il faut privilégier l'approche juridique. Elle doit être prédominante.

▶ Conseils

Veillez à ne pas privilégier les analyses historiques, politiques, philosophiques ou autres au détriment des analyses juridiques.

Une réflexion théorique. Il est fréquent que l'actualité politique offre des situations intéressantes à considérer car elles constituent des exemples concrets de la manière dont les règles fixées par les Constitutions sont interprétées, mises en œuvre et parfois contournées par les autorités politiques. À ce titre, et à titre seulement, elles interpellent le juriste. Autrement dit, se contenter d'exposer la pratique des Constitutions sans la rapporter à des règles de droit précises est une erreur.

▶ Conseils

Ne faites pas une place disproportionnée aux références d'actualité, même en rapport avec le sujet. Sans les omettre, insérez-les dans vos analyses juridiques qu'elles ne peuvent pas remplacer.

c. Bien définir l'objet du sujet

Afin d'éviter le hors-sujet ou un traitement partiel, la définition du sujet est indispensable. Le sujet comprend toujours un objet étudié en cours.

Le sujet ne comporte qu'un seul terme. Le sujet porte sur l'ensemble des aspects relatifs à l'objet du cours désigné par ce terme (« Le Conseil constitutionnel »). Il importe de donner sa définition juridique précise, éventuellement complétée par celle d'un terme opposé ou proche ou générique.

Exemple : « L'inviolabilité parlementaire » : on complétera la définition de l'objet du sujet (l'inviolabilité) par celle de l'irresponsabilité – terme opposé – et celle d'immunité – terme générique.

Le sujet comporte plusieurs termes. Il faut prendre garde à ce que les autres termes ne restreignent pas l'objet du sujet car, dans ce cas, il faut centrer le devoir sur l'aspect précis ainsi désigné, même si l'on a l'impression que le sujet est « tout petit » et que l'on a pas beaucoup de choses à dire sur lui.

On constate en effet que, confronté à un sujet qu'il estime « pointu » (c'est-à-dire pour lequel il lui semble qu'il y a peu de développements dans son cours, « juste trois lignes »), l'étudiant fait souvent l'erreur de consacrer la première partie du devoir à des généralités (façon d'étoffer sa copie) et de ne traiter réellement du sujet que dans le seconde. C'est une erreur.

Exemple

« La révision d'une Constitution fédérale ». Souvent l'étudiant annonce que, dans sa première partie, il va présenter ce qu'est un État fédéral et qu'ensuite il traitera de la révision de sa Constitution. Ceci est une erreur : la partie I est hors sujet car le sujet porte uniquement sur le processus de révision constitutionnelle dans ce type d'État.

Conseils

Respectez les limites du sujet proposé. Centrez la réflexion sur lui, même s'il vous semble étroit. En réalité, quand le sujet est pointu, il faut « rayonner » à partir de lui, c'est-à-dire qu'il faut le rattacher à des éléments plus généraux mais en prenant toujours grand soin de partir de lui et de revenir constamment à lui.

d. Bien comprendre le sens du sujet

Évitez le sujet biaisé par méconnaissance de son sens. Certains sujets sont orientés dans un certain sens par des termes accompagnant l'objet du sujet. Il s'agira d'un jugement de valeur (« Les faiblesses de la QPC ») ou d'une idée (« L'apport de la QPC »). Il est essentiel de comprendre que le sens donné par le libellé du sujet détermine la manière dont on doit aborder l'objet du sujet.

Exemple

« Les faiblesses de la QPC » : la QPC doit être considérée sous l'angle négatif de ses insuffisances. C'est sous cet angle qu'il faut l'envisager. Présenter le domaine et la procédure de la QPC en tant que tels, n'est pas ce qui est demandé. Ce qui est demandé, c'est de pointer les aspects insuffisants de son domaine d'application et de sa procédure et d'en faire le cœur du devoir (on balancera un point insuffisant avec un point satisfaisant et on fera un bilan global pour dégager ce qui l'emporte des points négatifs et positifs).

Exemple

« Les apports de la QPC » : le sens du sujet est ici l'aspect nouveauté de la QPC par rapport au mécanisme antérieur de contrôle de la constitutionalité des lois. Dans ce cas également, il ne faut pas présenter le domaine et la procédure de la QPC en tant que tels, car ce n'est pas ce qui est demandé. Il faut procéder par comparaison avec le contrôle *a priori* des lois (contrôle sur saisine directe avant la promulgation des lois). On pointera ce que permet d'obtenir la QPC et que ne permet pas d'obtenir le contrôle *a priori* des lois.

Conseils

Ne négligez surtout pas l'orientation donnée à l'étude de l'objet du sujet par le libellé du sujet, sous peine de passer à côté du point de vue sous lequel il vous est demandé de l'étudier. Vous biaiseriez le sujet et l'on pourrait considérer que vous ne l'avez pas traité !

e. Bien choisir sa problématique

La dissertation étant une réflexion, il convient d'interroger le sujet : c'est la problématique. Elle ne consiste pas simplement à ajouter un point d'interrogation au sujet. Par exemple, sur un sujet « La procédure de la QPC », la problématique n'est pas « quelle est la procédure de la QPC ? ». La problématique demande de prendre du recul vis-à-vis du sujet et de choisir une orientation, un point de vue, pour l'étudier. Par exemple, sur le sujet précédent, on peut choisir le point de vue du procès au cours duquel la QPC est déposée et poser comme question : quel impact a la procédure de la QPC sur le procès ? ».

Quand un sujet de dissertation est libellé sous forme de question, il ne faut pas croire que cette question est la problématique. Ce genre de sujet demande de poser une question à la question du sujet qui constituera la problématique. Il faut donc prendre du recul et considérer ce qui se cache derrière la question du sujet.

Conseils

Vérifiez que la problématique en est réellement une. Pour cela, demandez-vous si vous avez pris du recul par rapport au sujet pour en saisir les sous-entendus, les fondements, les présupposés. La problématique est recherchée à partir de ce recul.

f. Bien construire son devoir

Ce qui va être dit n'est pas propre à l'introduction au droit public. Il s'agit d'un rapide rappel des principes généraux de la dissertation juridique.

La dissertation juridique obéit à des contraintes de forme auxquelles il faut se plier. Le devoir commence par une longue introduction en cinq points : phrase d'accroche, définition du sujet, intérêt du sujet qui se mesure à son environnement contextuel (histoire, droit comparé, théorie juridique, histoire des idées politiques etc.), problématique et annonce du plan. Nous avons matérialisé ces étapes dans les corrigés par un début de phrase avec retrait et un espacement entre les différentes parties de l'introduction.

Suivent deux parties (ni plus ni moins). Chaque partie (I et II) commence par une annonce des deux sous-parties (A et B) qui vont la composer (c'est le « chapeau introductif »).

Les parties et les sous-parties doivent avoir un titre qui condense le contenu des idées qui vont être développées. Un titre n'est pas une phrase, il ne comporte aucun verbe conjugué. Il est spécifique à chaque devoir. Les titres « passe-partout », « bateau », sont à proscrire. Le bon titre est celui qui ne peut pas servir à une autre dissertation.

Le devoir de droit n'a pas de conclusion.

En ce qui concerne la présentation de la problématique, nous avons choisi de la formuler comme une question, avec un point d'interrogation. Cependant, certains enseignants écartent cette présentation et préfèrent une formule du type « il convient de se demander », « on peut s'interroger sur… » etc. Voir l'introduction du sujet du thème 7.

II. Le commentaire de textes constitutionnels

a. Les deux types d'erreur

Le commentaire de textes constitutionnels expose à deux types d'erreur : la paraphrase et la récitation du cours (avec utilisation des textes à commenter à titre d'exemples accessoires et ponctuels ou bien sans aucune référence à eux).

b. Bien comprendre ce qui est attendu

Une étude orientée, fouillée et critique des textes. Il ne s'agit en aucun cas de se contenter de répéter ce que les textes disent sous une autre forme. Autrement dit, pas de paraphrase. Il faut au contraire partir des textes soigneusement étudiés dans le détail pour expliquer, faire des remarques, des comparaisons et apporter des critiques positives ou négatives.

Il s'agit de confronter les solutions apportées par chaque article au problème qu'il est censé résoudre. Un article de Constitution pose en effet des règles qui répondent à une question préalable : par exemple, quelle composition donner au Conseil constitutionnel ? C'est après un choix politique que l'article sur la composition du Conseil constitutionnel a été rédigé. Ce dernier correspond au choix politique préalable. Le commentateur doit dégager, à partir du contenu des articles à commenter, les problèmes qu'il y avait à résoudre et les choix politiques qui ont été effectués et qui expliquent les règles posées.

▶ **Conseils**

Commencez par une lecture attentive de chaque article en vue de dégager le problème que ses règles résolvent. Chaque mot (termes juridiques, adverbe, verbe) doit être scruté et évalué dans son importance. Pensez que dans un texte constitutionnel, chaque mot a été débattu et voté. Un article constitutionnel ne souffre pas une lecture rapide et superficielle dans le cadre d'un commentaire de textes.

c. Bien choisir la problématique du commentaire

Il est essentiel de choisir une problématique qui découle des articles à étudier. Ces articles concernent une ou plusieurs questions de droit (une autorité politique, une fonction, une procédure…).

Le cours donne les bases qui permettent de comprendre ce qui sous-tend les règles posées par les articles : les conséquences politiques de tel ou tel choix, les principes généraux (par exemple : le contenu d'articles sur l'organisation fédérale d'un État doit s'appréhender au regard de ses effets sur l'équilibre de la séparation verticale des pouvoirs entre le pouvoir central et les pouvoirs locaux, au regard des principes structurant cette forme d'État – principe d'autonomie et de participation). C'est à partir de ce cadre conceptuel qu'il est possible de construire une problématique pour le commentaire des articles. Si le commentaire est un commentaire comparé, cette problématique de base se doublera d'une dimension comparative.

▶ **Conseils**

Après avoir dégagé et défini l'objet de chaque article, avoir analysé les règles posées, il faut considérer le cadre théorique auquel les règles posées se rattachent. Ce cadre théorique sert de point de départ à la recherche de la problématique.

d. Une présentation formelle proche de celle de la dissertation

Le devoir d'un commentaire se construit sur les mêmes bases que le devoir d'une dissertation. Le devoir commence par une longue introduction en cinq points mais après l'accroche, il faut présenter les articles à commenter et leur objet central. Cet objet central sera défini et contextualisé dans la troisième partie de l'introduction. Puis suivront la problématique et l'annonce du plan. Dans le corps du devoir, il est impératif de renvoyer aux articles et, éventuellement, de les citer entre guillemets (la citation doit être brève).

Partie 2

Thèmes

Thème 1

La Constitution

Exercice

Dissertation

Les avantages de la Constitution écrite

Conseil méthodologique

L'erreur de plan

Le sujet est très précis. C'est sa difficulté du point de vue de la construction du plan.

Si on tient un raisonnement du type : « avant d'expliquer les avantages de la Constitution écrite dans une partie II, nous verrons dans une partie I la notion de Constitution et de Constitution écrite » : c'est une erreur grave de plan. Le contenu de la partie I est à mettre dans l'introduction. Seule la partie II traite du sujet, donc cette partie I est hors sujet.

Si on tient un raisonnement du type « pour bien mesurer les avantages de la Constitution écrite, nous allons d'abord les étudier (I) et ensuite nous parlerons des avantages de la Constitution coutumière (II) ». C'est encore une erreur car la Partie II est hors sujet. La comparaison avec la Constitution coutumière peut être faite mais à condition de la rattacher à l'étude de la Constitution écrite qui doit occuper les deux parties du devoir.

Corrigé

Avoir une Constitution couchée sur le papier, que l'on peut lire, nous paraît chose normale et ordinaire. Pourtant… la Constitution n'a pas toujours été écrite.

La Constitution écrite se définit comme une Constitution rédigée en un seul texte de loi constitutionnelle (ou en plusieurs mais séparées de quelques mois de la même année comme en France en 1875). Elle s'oppose à la Constitution coutumière formée par une accumulation sur plusieurs siècles de différents éléments : des textes aux objets divers et échelonnés dans le temps, des usages politiques répétés et acceptés comme étant la règle par l'ensemble des acteurs politiques et des décisions de justice. Mais quelle que soit la différence de forme qui oppose ces Constitutions, elles ont toutes deux la même fonction : fonder l'État en lui donnant une assise institutionnelle et une organisation stable. La fonction de la Constitution est en effet d'être l'acte fondateur de l'État

Cependant, à l'origine, dans l'Antiquité, la notion de Constitution appliquée au politique s'inscrit dans l'étude des régimes politiques (Platon, Aristote, par exemple). C'est seulement plus tard qu'elle est rattachée à l'État et à son mode de fonctionnement. Elle apparaît alors comme la source des règles formant l'architecture étatique. Enfin, la Constitution sera étroitement rattachée au droit en tant que norme fondamentale chez Hans Kelsen (**voir Focus, citation de Carré de Malberg**). À cette évolution de la notion correspond une évolution dans la forme. La Constitution écrite s'impose à l'occasion de l'apparition de nouveaux États. Les premières Constitutions écrites furent celle de la République de San Marin en 1600, celle de la République corse en 1755 et celles des seize colonies anglaises d'Amérique du Nord devenues indépendantes en 1776. Par la suite, chaque nouvel État marquera sa création par la rédaction d'une Constitution. Aujourd'hui, la Constitution coutumière ne persiste guère qu'au Royaume-Uni et en Arabie Saoudite. La forme écrite de la Constitution l'a emporté largement.

Cette large victoire justifie l'interrogation : de quel ordre sont donc les avantages de la forme écrite de la Constitution qui expliquent son succès ?

Nous verrons qu'ils sont d'ordre politique d'abord car l'écrit permet à une volonté politique de s'exprimer concrètement et symboliquement (I) et d'ordre juridique ensuite car l'écrit clarifie et rationalise la règle constitutionnelle (II).

I. La Constitution écrite, moyen adéquat pour le volontarisme et le symbolisme politiques

À la différence de la Constitution coutumière qui façonne progressivement le régime politique au fil de l'évolution de la société, la Constitution écrite se veut être l'outil d'une volonté politique choisissant un régime précis (A). Le processus de rédaction de l'écrit constitutionnel et son adoption ont aussi une portée symbolique : le passage à un ordre nouveau (B).

A. La maîtrise du régime politique choisi

La Constitution coutumière est le fruit d'une évolution progressive, non programmée. Faite d'une accumulation d'éléments épars, le régime qu'elle dessine n'est pas délibérément voulu dans son ensemble, selon un projet politique précis. C'est au contraire, ce que permet la Constitution écrite. Le point commun entre les deux formes de la Constitution et leur point de différence apparaissent clairement : elles sont toutes deux la source des règles de fonctionnement d'un régime politique mais la forme coutumière ne permet pas d'élaborer ces règles selon un objectif politique clair alors que la Constitution écrite le peut. Rédigée à un moment précis, celle-ci est l'instrument de la volonté politique du moment.

Ce lien entre le texte constitutionnel établi et les choix politiques fondamentaux déterminant le régime politique, est souvent clairement énoncé dès les premières lignes de la Constitution sous la forme d'une déclaration ou d'un préambule. Ainsi, la Déclaration des droits de l'homme et du citoyen, placée en tête de la Constitution de 1791, doit être mise en œuvre par le régime établi par la Constitution.

- **Voir le texte :**
  - **France : C. 1791** « L'Assemblée nationale voulant établir la Constitution française sur les principes qu'elle vient de reconnaître et de déclarer… » (ce sont les principes de la Déclaration).

    À l'étranger, le lien entre la Constitution établie et le projet politique choisi se révèle également fréquemment dans les premières lignes du texte constitutionnel.

- **Voir les textes :**
  - **États-Unis : C. 1787** (« en vue de former une union plus parfaite… nous ordonnons et établissons la présente Constitution pour les États-Unis d'Amérique »).
  - **Allemagne : LF 1949** (« animé de la volonté de servir la paix du monde en qualité de membre égal en droits dans une Europe unie, le peuple allemand s'est donné la présente Loi fondamentale… »).
  - **Espagne : C. 1978** (« La Nation espagnole, souhaitant établir la justice,… promouvoir… Garantir… ; Consolider… ; Protéger… En conséquence, les Cortès approuvent et le peuple espagnol ratifie la Constitution suivante…).

B. La valeur symbolique de la Constitution écrite

La Constitution coutumière se crée au hasard des circonstances et le régime politique se dessine peu à peu. Elle n'a pas d'auteur identifié précis. Au contraire, la Constitution écrite a forcément un auteur précis. Selon les circonstances, ce peut être une autorité autoproclamée (Louis XVIII en 1814), une autorité désignée par un vote des citoyens eux-mêmes (Louis Napoléon Bonaparte en 1852) ou un vote de leurs représentants (De Gaulle en 1958) ou une assemblée élue : une assemblée législative se transformant en Constituante (ex. la Convention élaborant la Constitution du Directoire) ou une assemblée spécialement élue pour élaborer la Constitution (ex. l'Assemblée constituante élue le 23 avril 1848).

- **Voir les textes :**
  - **France :**
    - **Charte 1814** (le roi déclare que c'est la situation de la France qui demandait une Constitution et qu'en tant que roi il l'a rédigée et la publie).
    - **C. 1852** (la proclamation de 1851, approuvée par plébiscite, a habilité Louis Napoléon Bonaparte à exercer le pouvoir constituant originaire comme il le rappelle dans sa proclamation de 1852 qui précède le texte constitutionnel).
    - **C. 1848** (sous le nom d'Assemblée nationale, l'assemblée constituante promulgue le texte constitutionnel qu'elle a voté).

Ainsi, la rédaction d'un écrit permet un processus constituant à caractère démocratique (à de rares exceptions près) qui autorise à tout moment un peuple à modifier son régime sans être prisonnier des règles coutumières du passé. On comprend alors que l'apparition de la forme écrite des Constitutions se soit produite au siècle des Lumières, en liaison avec la contestation des monarchies traditionnelles. La Constitution écrite apparaît comme un aspect du contrat social et politique qui non seulement fixe une organisation de l'État mais plus encore établit ses principes fondamentaux. Sans principes fondamentaux, il n'y a pas de Constitution. Et ces principes ont pour but la protection de la liberté contre les abus de pouvoir et l'arbitraire des gouvernants. C'est ce qu'expriment clairement la première Constitution écrite de Virginie et l'article 16 de la Déclaration des droits de l'homme et du citoyen. C'est ce qui est même prévu dans le projet de Constitution du maréchal Pétain.

- **Voir les textes :**
  - **État de Virginie : C. 1776** (affirmation des droits et libertés, art. 1 et séparation des pouvoirs, art. 5).
  - **France :**
    - **DDHC**, art. 16 (le lien indissoluble entre une Constitution et les principes directeurs - séparation des pouvoirs et garantie des droits - qu'elle doit mettre en œuvre sous peine de ne pas être une « vraie » Constitution démontre bien le caractère très prescriptif et idéologique d'une telle approche de la Constitution dont la définition dépend d'un contenu précis et politiquement marqué).
    - **Projet de Constitution Pétain** (l'article 1 énonce les valeurs et le lien de la Constitution avec celles-ci et l'article 12 met en place une distinction des pouvoirs).

La rédaction d'un écrit constitutionnel répond donc à certaines attentes et exigences politiques. Mais elle a d'autres vertus, davantage en relation avec le droit.

II. La Constitution écrite, base d'un ordre juridique clair

La hiérarchie des règles juridiques se construit à partir du texte constitutionnel. Disposer d'un écrit assure la clarté en livrant des règles bien précises et accessibles (A) et permet la mise en place d'un ordre juridique précis et logiquement agencé (B).

A. L'accessibilité des règles constitutionnelles écrites

Avoir un texte dans lequel se trouvent les règles de la Constitution présente un avantage évident pour le citoyen désireux de s'informer sur le régime politique de son pays. La Constitution est publiée et sa lecture est à la portée de quiconque le souhaite. Ce n'est pas le cas d'une Constitution coutumière où la possibilité de consulter les textes qui la composent ne permet d'avoir qu'une connaissance partielle des règles constitutionnelles puisque les pratiques constitutionnelles y font défaut. Par ailleurs, la diversité des textes et l'ancienneté de certains d'entre eux rendent la compréhension de l'ensemble souvent très ardue. La Constitution rédigée comprend au contraire des dispositions qui ont été mises en forme de façon structurée, selon un découpage précis qui en facilite la compréhension. Elle comprend des titres, des chapitres qui organisent les articles par thématique.

- **Voir les textes :**
  - **France : C. 1946 et 1858.**
  - **Italie : C. 1947.**
  - **Espagne : C. 1978.**

L'ordre même des titres est significatif. Il est révélateur de la logique institutionnelle d'un régime. On peut l'observer en comparant les Constitutions françaises de 1946 et 1958 qui positionnent le titre consacré au Président de la République de façon opposée, l'une le secondarisant, l'autre le promouvant à la première place.

- **Voir les textes :**
  - **France :**
    - **C. 1946** (le titre II est celui consacré au Parlement, le titre V au Président de la République et le titre VI au Gouvernement : cet ordre signifie que cette Constitution met en place un régime dans lequel le Parlement est l'autorité prééminente).
    - **C. 1858** (le titre II est celui consacré au Président de la République, le titre III au Gouvernement, le titre IV Parlement : cet ordre signifie que cette Constitution met en place un régime dans lequel le Président est l'autorité prééminente, le Gouvernement l'appuyant).

La Constitution écrite permet donc une appréhension globale et immédiate des règles régissant l'État. Elle se présente comme l'acte solennel par lequel un peuple se dote d'un régime. Elle est également la base solide de l'ordre juridique.

B. La possibilité d'une structuration précise de l'ordre juridique

La Constitution constitue la base de l'ordre juridique ainsi que son sommet. C'est elle qui valide l'ensemble des normes, selon Hans Kelsen.

- **Voir le texte :**

Théorie générale du droit et de l'État (la Constitution est la norme fondamentale qui détermine la validité juridique de toute règle qui se prétend juridique).

La hiérarchie des règles juridiques et donc des actes juridiques qui contiennent ces règles s'établit en partant de la Constitution. Quand celle-ci est écrite, l'autorité de la Constitution se trouve renforcée par la clarté de son contenu et la précision de sa procédure d'élaboration qui inclut celle de sa révision. Ainsi, il est possible de créer des catégories de règles à l'étage constitutionnel qui sont subordonnées à la Constitution mais qui sont supérieures aux lois ordinaires. On peut citer en France, la Constitution de 1958 qui prévoit des lois organiques pour préciser, compléter, mettre en œuvre maints de ses articles.

- **Voir le texte et le tableau :**
  - **France : C. 1958, art. 6** (exemple de renvoi à une loi organique pour préciser les dispositions de la Constitution).
  - **Tableau des renvois à la loi organique C. 1958.** La Constitution s'appuie également sur les règlements intérieurs des assemblées parlementaires, Assemblée nationale et Sénat, pour détailler les règles d'organisation et de fonctionnement des deux assemblées du Parlement.
- **Voir le texte et le tableau :**
  - **France : C. 1958, art. 6** (exemple de renvoi aux règlements intérieurs des assemblées pour préciser les dispositions de la Constitution).
  - **Tableau des renvois aux règlements intérieurs C. 1958.** En raison de leur rôle de prolongement du texte constitutionnel, le Conseil constitutionnel contrôle

systématiquement la constitutionnalité des lois organiques et des règlements d'assemblée à chacune de leurs modifications.

- **Voir le texte :**

  France : C. 1958, art. 61, al. 1.

En dessous de ces règles immédiatement subordonnées à la Constitution, s'étagent les traités internationaux, les lois ordinaires et les règlements eux aussi soumis à la Constitution et contrôlés vis-à-vis d'elle selon des modalités spécifiques.

Les procédures d'adoption et de révision de la Constitution écrite sont particulièrement solennelles, plus complexes que la procédure législative. Cette différenciation de procédure n'existe pas avec la Constitution coutumière qui peut être modifiée, complétée par des lois ordinaires. Mais avec la Constitution écrite, cette différence de procédure est considérée comme une manifestation de la supériorité de la Constitution sur le plan formel.

La Constitution écrite permet ainsi d'introduire une rationalité et un degré de certitude certains, sans toutefois toute éliminer toute difficulté, telle la question problématique et fort débattue en doctrine de la place de la coutume constitutionnelle.

FOCUS

1. Doctrine

R. Carré de Malberg, *Contribution à la théorie générale de l'État*, tome 1, Paris, CNRS Éditions, 1985, p. 166.

La notion d'État suppose essentiellement une communauté organisée, c'est-à-dire pourvue d'un certain ordre juridique relatif à l'exercice de la puissance publique et régie par une loi organique qui n'est autre que la Constitution de l'État.

H. Kelsen, *Théorie générale du droit et de l'État*, LGDJ, 1997, p. 177.

Si par le terme « droit » on entend ce qui appartient à un certain système juridique, alors est droit tout ce qui est créé suivant la procédure prescrite par la Constitution sur laquelle se fonde l'ordre.

2. Constitutions françaises

Constitution du 3 septembre 1791

Déclaration des droits de l'homme et du citoyen du 26 août 1789 (placée en tête de la constitution)

Les Représentants du Peuple Français, constitués en Assemblée Nationale, considérant que l'ignorance, l'oubli ou le mépris des droits de l'Homme sont les seules causes des malheurs publics et de la corruption des Gouvernements, ont résolu d'exposer, dans une Déclaration solennelle, les droits naturels, inaliénables et sacrés de l'Homme, afin que cette Déclaration, constamment présente à tous les Membres du corps social, leur rappelle sans cesse leurs droits et leurs devoirs ; afin que les actes du pouvoir législatif, et ceux du pouvoir exécutif, pouvant être à chaque instant comparés avec le but de toute institution politique, en soient plus respectés ; afin que les réclamations des citoyens, fondées désormais sur des principes simples et incontestables, tournent toujours au maintien de la Constitution et au bonheur de tous. En conséquence, l'Assemblée Nationale reconnaît et déclare, en présence et sous les auspices de l'Être suprême, les droits suivants de l'Homme et du Citoyen.

[...]

Article 16. Toute Société dans laquelle la garantie des Droits n'est pas assurée, ni la séparation des Pouvoirs déterminée, n'a point de Constitution.

L'Assemblée nationale voulant établir la Constitution française sur les principes qu'elle vient de reconnaître et de déclarer, abolit irrévocablement les institutions qui blessaient la liberté et l'égalité des droits.

Charte constitutionnelle du 4 juin 1814

« La divine Providence, en nous rappelant dans nos États après une longue absence, nous a imposé de grandes obligations... Une Charte constitutionnelle était sollicitée par l'état actuel du royaume, nous l'avons promise, et nous la publions. »

Constitution du 4 novembre 1848

Au nom du peuple français, l'Assemblée nationale a adopté, et, conformément à l'article 6 du décret du 28 octobre 1848, le Président de l'Assemblée nationale promulgue la Constitution dont la teneur suit :[...]

Proclamation du président de la République du 2 décembre 1851

« **FRANÇAIS!**

La situation actuelle ne peut durer plus longtemps... Si, au contraire, vous avez encore confiance en moi, donnez-moi les moyens d'accomplir la grande mission que je tiens de vous. Cette mission consiste... surtout à créer des institutions qui survivent aux hommes et qui soient enfin des fondations sur lesquelles on puisse asseoir quelque chose de durable... »

Proclamation du 14 janvier 1852 (placée en tête du texte constitutionnel)

Louis Napoléon, Président de la République, au Peuple Français : FRANÇAIS !

... (présentation des lignes directrices de la nouvelle Constitution)

« ... Telles sont les idées, tels sont les principes dont vous m'avez autorisé à faire l'application. Puisse cette Constitution donner à notre patrie des jours calmes et prospères ! »

Projet de Constitution du Maréchal Pétain du 30 janvier 1944

Article premier. 1. La liberté et la dignité de la personne humaine sont des valeurs suprêmes et des biens intangibles. Leur sauvegarde exige de l'État l'ordre et la justice, et des citoyens la discipline. - **2.** La Constitution délimite à cet effet les devoirs et les droits respectifs de la puissance publique et des citoyens en instituant un État dont l'autorité s'appuie sur l'adhésion de la Nation...

Article 12. Les trois fonctions de l'État - fonction gouvernementale, fonction législative, fonction juridictionnelle - s'exercent par des organes distincts.

Constitution du 27 octobre 1946

TITRE II - Du Parlement

TITRE III - Du Conseil économique

TITRE IV - Des traités diplomatiques

TITRE V - Du Président de la République

TITRE VI - Du Conseil des ministres

Constitution du 4 octobre 1958

Préambule et article 1er

Titre Ier - De la Souveraineté (articles 2 à 4)

Titre II - Le Président de la République (articles 5 à 19)

Titre III - Le Gouvernement (articles 20 à 23)
Titre IV - Le Parlement (articles 24 à 33)
Titre V - Des rapports entre le Gouvernement et le Parlement (articles 34 à 51-2)
Titre VI - Des traités et accords internationaux (articles 52 à 55)
Titre VII - Le Conseil constitutionnel (articles 56 à 63)
Titre VIII - De l'autorité judiciaire (articles 64 à 66-1)
Titre IX - La Haute Cour (articles 67 et 68)
Titre X - De la responsabilité pénale des membres du Gouvernement (articles 68-1 à 68-3)
Titre XI - Le Conseil économique, social et environnemental (articles 69 à 71)
Titre XI bis - Le Défenseur des droits (article 71-1)
Titre XII - Des Collectivités Territoriales (articles 72 à 75-1)
Titre XIII - Dispositions transitoires relatives à la Nouvelle-Calédonie (articles 76 et 77)
Titre XIV - De la Francophonie et des accords d'association (articles 87 et 88)
Titre XV - De l'Union européenne (articles 88-1 à 88-7)
Titre XVI - De la révision (article 89)

Un exemple d'articles renvoyant à une loi organique

Article 6. 1. Le Président de la République est élu pour cinq ans au suffrage universel direct. - **2.** Nul ne peut exercer plus de deux mandats consécutifs. **- 3.** Les modalités d'application du présent article sont fixées par une loi organique.

Tableau des lois organiques auxquelles renvoient les articles de la Constitution

Article 13, al. 4 et 5	Détermination des emplois non cités par l'article pourvu en conseil des ministres, des conditions de délégation de ce pouvoir présidentiel ; des emplois soumis à la procédure de consultation des commissions parlementaires
Article 23, al. 2	Conditions de remplacement des mandats et fonctions incompatibles avec la fonction ministérielle
Article 25, al. 1 et 2	Durée des pouvoirs de chaque assemblée législative, nombre et indemnité de ses membres, conditions d'éligibilité, régime des inéligibilités et des incompatibilités, conditions de la suppléance
Article 27, al. 3	Conditions de la délégation de vote des parlementaires
Article 34, al. 4, 5, 8	Conditions et réserves encadrant les lois de finances et les lois de financement de la sécurité sociale, ajout de matières au domaine de la loi défini par l'article
Article 34-1	Conditions du vote de résolutions par les assemblées parlementaires
Article 39, al. 3	Règles de présentation des projets de loi aux assemblées parlementaires
Article 44, al. 1	Cadre d'exercice du droit d'amendement en commission

Article 47, al. 1 et 47-1	Conditions du vote des lois de financement et des lois de financement de la sécurité sociale
Article 57	Liste complémentaire à celle de l'article relative aux fonctions incompatibles avec la fonction de membre du Conseil constitutionnel
Article 61- 1	Modalités de la question prioritaire de constitutionnalité
Article 63	Règles d'organisation et de fonctionnement du Conseil constitutionnel
Article 64, al. 3	Statut des magistrats
Article 65, al. 10 et 11	Conditions de la saisine par un justiciable du Conseil supérieur de la magistrature, conditions d'application de l'ensemble de l'article
Article 68, al. 5	Conditions d'application de l'article sur la procédure de destitution du Président de la République
Article 69, al. 3	Conditions du dépôt d'une pétition auprès du Conseil économique, social et environnemental
Article 71, al. 2	Composition et règles de fonctionnement du Conseil économique, social et environnemental
Article 71-1, al. 1 à 4	Étendue de la compétence, saisine, attributions, modalités d'intervention du Défenseur des droits
Article 72, al. 4	Conditions de mise en œuvre de « l'expérimentation » par les collectivités territoriales
Article 72-1, al. 2	Conditions du recours au référendum par une collectivité territoriale (adoption d'une délibération ou d'un acte relevant de la compétence)
Article 72-2, al. 3	Mise en œuvre de la règle imposant une part déterminante de recettes fiscales et ressources propres pour les budgets des collectivités territoriales
Article 72-4	Changement de statut d'une collectivité en outre-mer
Article 73, al. 4, 6	Extension de la liste des domaines exclus de l'autorisation accordée aux départements et régions d'outre-mer de poser des règles propres dans le domaine de la loi ou du règlement ; conditions et réserves de la délivrance de cette autorisation
Article 74, al. 2, 3	Statut des collectivités d'outre-mer, et celles dotées d'autonomie
Article 77, al. 1 et 3	Statut de la Nouvelle-Calédonie, définition du corps électoral (élection des assemblées délibérantes et référendum d'indépendance)
Article 88-3	Conditions d'application du droit de vote des citoyens européens

Un exemple d'articles renvoyant aux règlements intérieurs des assemblées

Article 28. 1. Le nombre de jours de séance que chaque assemblée peut tenir au cours de la session ordinaire ne peut excéder cent vingt. Les semaines de séance sont fixées par chaque assemblée. - **2.** Le Premier ministre, après consultation du président de l'assemblée concernée, ou la majorité des membres de chaque assemblée peut décider la tenue de jours supplémentaires de séance. - **3.** Les jours et les horaires des séances sont déterminés par le règlement de chaque assemblée.

Tableau des articles de la Constitution qui renvoient aux règlements intérieurs des assemblées

Article 44	Conditions d'exercice du droit d'amendement en commission
Article 51-1	Détermination des droits des groupes parlementaires d'opposition et minoritaires
Article 51-2	Fixation des règles de création des commissions d'enquête parlementaires
Article 88-4, al. 2	Modalités d'adoption de résolutions européennes
Article 88-6, al. 3	Modalités d'initiative et de discussion des demandes de recours devant la Cour de justice de l'Union européenne contre un acte législatif européen violant le principe de subsidiarité

Article 61. 1. Les lois organiques, avant leur promulgation, les propositions de loi mentionnées à l'article 11 avant qu'elles ne soient soumises au référendum, et les règlements des assemblées parlementaires, avant leur mise en application, doivent être soumis au Conseil constitutionnel, qui se prononce sur leur conformité à la Constitution.

3. Constitutions étrangères

Textes de la Constitution coutumière du Royaume-Uni

1215. Magna Carta (Grande Charte) de Jean sans Terre
1628. Pétition des droits
1679. Loi d'Habeas Corpus
1689. Bill of Rights ou Déclaration des droits
1701. Loi d'établissement (règles de succession au trône)
1707. Union de l'Angleterre et de l'Écosse
1800. Union de la Grande-Bretagne et de l'Irlande
1876. Loi relative à la juridiction d'appel de la Chambre des lords.
1911 et 1949. Lois sur le Parlement (pouvoirs respectifs de deux chambres)
1958. Loi sur la pairie à vie
1999. Loi sur la Chambre des lords
2013. Loi sur la succession à la Couronne
2011. Loi sur la dissolution de la Chambre des Communes

Déclaration des droits de l'État de Virginie, 12 juin 1776

Déclaration des droits adoptée par les représentants du bon peuple de Virginie, assemblés librement en convention ; ces droits qui leur appartiennent ainsi qu'à leur postérité, forment l'assise et le fondement du gouvernement.

1. Tous les hommes sont par nature également libres et indépendants et ils ont des droits inhérents dont ils ne peuvent se décharger par contrat, ni pour eux ni pour leur postérité, lorsqu'ils forment une société. En particulier la jouissance de la vie et de la liberté, les moyens d'acquérir et de posséder une propriété et la poursuite et la conquête du bonheur et de la sécurité…- **5.** Les pouvoirs législatif et exécutif seront séparés et distingués du judiciaire ; pour éviter l'oppression, les titulaires des deux premiers pouvoirs devraient comprendre et partager les charges qui pèsent sur le peuple ; …

Constitution des États-Unis d'Amérique du 17 septembre 1787

Nous, le peuple des États-Unis, en vue de former une union plus parfaite, d'établir la justice, d'assurer la paix intérieure, de pourvoir à la défense commune, de développer la prospérité générale et d'assurer les bienfaits de la liberté à nous-mêmes et à notre postérité, nous ordonnons et établissons la présente Constitution pour les États-Unis d'Amérique.

Constitution de la République italienne du 27 décembre 1947

Principes fondamentaux
Première partie - Droits et devoirs des citoyens
Titre premier - Rapports civils
Titre II - Rapports éthiques et sociaux
Titre III - Rapports économiques
Titre IV - Rapports politiques
Deuxième partie - Organisation de la République
Titre I - Le Parlement
Titre II - Le président de la République
Titre III - Le gouvernement
Titre IV - La magistrature
Titre V - Les régions, les provinces, les communes
Titre VI - Garanties constitutionnelles
Dispositions transitoires et finales

Loi fondamentale de la République fédérale d'Allemagne du 23 mai 1949

PRÉAMBULE

Conscient de sa responsabilité devant Dieu et devant les hommes, animé de la volonté de servir la paix du monde en qualité de membre égal en droits dans une Europe unie, le peuple allemand s'est donné la présente Loi fondamentale en vertu de son pouvoir constituant.

FOCUS

Constitution du Royaume d'Espagne du 27 décembre 1978

La Nation espagnole, souhaitant établir la justice, la liberté et la sécurité et promouvoir le bien de tous ceux qui la composent, proclame, souverainement, sa volonté de : Garantir la coexistence démocratique dans le cadre de la Constitution et des lois, conformément à un ordre économique et social juste ; Consolider un État de droit qui assure le règne de la loi comme expression de la volonté populaire ; Protéger tous les Espagnols et tous les peuples d'Espagne dans l'exercice des droits de l'homme, de leurs cultures et de leurs traditions, de leurs langues et de leurs institutions ; Promouvoir le progrès de la culture et de l'économie pour assurer à tous une qualité de vie digne ; Établir une société démocratique avancée ; Et contribuer au renforcement des relations pacifiques et d'une coopération efficace entre tous les peuples de la Terre.

En conséquence, les Cortès approuvent et le peuple espagnol ratifie la Constitution suivante : ...

Titre préliminaire
Titre I - Des droits et des devoirs fondamentaux
Titre II - De la Couronne
Titre III - Des Cortès générales
Titre IV - Du gouvernement et de l'administration
Titre V - Des relations entre le gouvernement et les Cortès générales
Titre VI - Du pouvoir judiciaire
Titre VII - Économie et finances
Titre VIII - De l'organisation territoriale de l'État
Titre IX - De la Cour constitutionnelle
Titre X - De la révision de la Constitution
Dispositions additionnelles
Dispositions transitoires
Disposition abrogatoire
Disposition finale

☛ Pour aller plus loin

P. Bastid, *L'idée de Constitution*, Paris, Economica, 1985.

G. Carcassonne, *La Constitution*, Paris, Seuil, coll. « Points Essais », 7e éd. 2005.

R. Capitant, « La coutume constitutionnelle », *Revue du droit public*, 1979, p. 959.

S. Rials, « Réflexions sur la notion de coutume constitutionnelle », *Revue administrative*, n° 189, 1979, p. 265.

M. Verpeaux, *La Constitution*, Paris, Dalloz, coll. « Connaissance du droit », 2008.

Thème 2

L'établissement de la Constitution

Exercice

Dissertation

L'établissement d'une nouvelle Constitution par une Assemblée constituante en France

Conseil méthodologique

L'erreur de matière

Il s'agit d'un sujet avec une dimension historique. Il demande d'étudier les Assemblées constituantes dans l'histoire française. Pour autant, il ne faut pas faire un devoir d'histoire. Ce serait se tromper de matière.

L'erreur de problématique

Il faut écarter la problématique chronologique qui déboucherait sur un plan structuré selon des périodes (révolutionnaires, impériales...). La problématique doit être rattachée à la nature et à la fonction d'une Assemblée constituante dans la perspective du droit constitutionnel qui met notamment en avant les questions reliées à la démocratie. Ainsi, quand il faut étudier une autorité politique, les questions de son degré de légitimité démocratique et le lien de celle-ci avec les pouvoirs conférés à l'autorité sont souvent de pistes pertinentes pour bâtir la problématique et mener la réflexion.

Corrigé

Lors de la campagne électorale présidentielle de 2017, le passage à une VIe République a été maintes fois évoqué par Jean-Luc Mélenchon, candidat de la France insoumise, qui, pour ce faire, en appelait à la convocation d'une Assemblée constituante.

En effet, l'Assemblée constituante se définit comme une assemblée dotée du pouvoir constituant originaire, c'est-à-dire le pouvoir d'élaborer et d'adopter une nouvelle Constitution organisant la dévolution et l'exercice du pouvoir politique et déterminant les droits et libertés reconnus aux citoyens. Ce pouvoir s'exerce, soit lors de l'apparition d'un nouvel État, soit lors d'un changement de régime politique d'un État déjà existant. Il s'oppose au pouvoir de révision constitutionnelle qui vise à amender en partie la Constitution en vigueur, pouvoir constituant dit « dérivé » parce qu'il s'exerce selon les dispositions prévues par la Constitution elle-même pour sa révision.

La France a procédé à de très nombreux changements de Constitution opérant la plupart du temps un brutal mouvement de balancier politique. Et la nouvelle Constitution fut toujours établie à l'occasion d'Événements violents (révolutions de 1789, 1830, 1848 ; exécutions politiques de Louis XVI, de Robespierre ; coups d'État de Bonaparte du 18 Brumaire An VIII, de Louis Napoléon Bonaparte du 2 décembre 1851) ou d'Événements dramatiques (défaites de Waterloo, de Sedan, de juin 1940, guerre d'Algérie). Toutes ces Constitutions n'ont pas été l'œuvre d'une Assemblée constituante. Certaines ont été élaborées par un seul homme qui s'était déclaré unilatéralement investi du pouvoir constituant (Louis XVIII, Bonaparte et Louis Napoléon Bonaparte) ou qui avait été élu pour faire œuvre constituante par les députés du régime à abandonner (de Gaulle) (voir tableau 1), mais la majorité des Constitutions françaises a été l'œuvre d'Assemblées constituantes.

Quelles sont donc les différences entre toutes ces Assemblées constituantes quant à leur degré de légitimité démocratique et quant à l'étendue de leur pouvoir ?

Sur le degré de leur légitimité démocratique, les Assemblées constituantes se différencient beaucoup (I) alors qu'elles présentent davantage de similitudes du point de vue de leurs pouvoirs (II).

I. Des Assemblées constituantes au degré de légitimité démocratique variable

Le degré légitimité démocratique d'une Assemblée constituante se mesure en considérant si l'Assemblée a été élue spécifiquement pour exercer le pouvoir constituant ou si elle a été élue pour exercer le pouvoir législatif, s'arrogeant ensuite le pouvoir constituant. Dans le premier cas, l'Assemblée dispose d'une pleine légitimité puisque les électeurs lui ont remis un mandat constituant (A). Dans le second cas, sa légitimité est réduite puisque le mandat des électeurs était seulement législatif (B).

A. La légitimité maximale des Assemblées élues avec un mandat constituant

Après la chute du roi Louis XVI et la fin de la monarchie constitutionnelle de 1791, les Français élisent en 1792 une Assemblée (la Convention nationale) destinée à exercer le pouvoir constituant. Elle adoptera la Constitution de 1793 qui ne fut jamais appliquée. Quant à la Convention, elle resta réunie jusqu'en 1795 (voir B).

- **Voir le tableau :**

Tableau 2. L'Assemblée constituante de 1792 (élection de l'Assemblée constituante, le 21 septembre 1792).

Après la Révolution de 1848, les Français élisent également une Assemblée constituante pour l'élaboration d'une nouvelle Constitution après la fuite du roi Louis-Philippe. Celle-ci adoptera la Constitution de la IIe République et se dissoudra dès les premières élections législatives du nouveau régime.

- **Voir le tableau :**

Tableau 3. L'Assemblée constituante de 1848 (élection de l'Assemblée constituante les 23 et 24 avril ; entrée en vigueur de la Constitution, le 4 novembre 1848 ; dissolution de l'Assemblée constituante et élections législatives, les 12 et 13 mai 1849).

Enfin, en 1945, sur décision des électeurs lors du référendum du même jour, une première Assemblée constituante est élue. Une seconde le sera quelques mois plus tard, suite à l'échec du premier projet de Constitution refusé par les Français. Elle se dissoudra avec les premières élections législatives du nouveau régime.

- Voir le tableau :

Tableau 5. Les Assemblées constituantes de 1945 et 1946 (élections d'une Assemblée, le 21 octobre 1945, qui sera constituante étant donné que les Français ont décidé par référendum le même jour de l'abandon du régime de la IIIe République ; deux Assemblées constituantes nécessaires pour l'adoption de la Constitution ; dissolution de l'Assemblée constituante et élections législatives, le 10 novembre 1946).

Il faut également noter que les Constitutions de 1793 et 1848 avaient prévu une procédure de révision totale incluant le recours à une Assemblée constituante spécifique alors la Constitution de 1875 confiait la révision totale (comme la partielle) aux deux chambres du Parlement réunies en Assemblée nationale.

- Voir les textes :
  - **C. 1793, art. 115 à 117** (sur initiative populaire, élection d'une Assemblée constituante).
  - **C. 1848, art. 111** (sur initiative des députés de l'Assemblée nationale, l'élection d'une Assemblée de révision pour une révision totale ou partielle).
  - **C. 1875, art. 8, al. 1.**

B. La légitimité réduite des Assemblées législatives auto-transformée en Assemblée constituante

Il est arrivé au contraire que des Assemblées législatives se soient octroyées le pouvoir constituant. Il en va ainsi des députés désignés pour représenter le Tiers état aux États Généraux réunis par Louis XVI. Ils se proclament Assemblée nationale constituante et adoptent la Constitution du 3 septembre 1791.

- Voir le tableau :
  - **Tableau 1. Récapitulatif des auteurs de Constitution.**

En 1795, la Constitution du Directoire est adoptée par la Convention qui avait été élue comme Assemblée constituante en 1792. Le mandat de l'assemblée était donc bien de nature constituante mais en 1792. Ce mandat avait été épuisé par l'élaboration de la Constitution de 1793. En 1794, la Convention n'est plus légitime à élaborer une Constitution, ce qu'elle fait pourtant avec la Constitution de 1795.

- Voir le tableau :
  - **Tableau 2. L'Assemblée constituante de 1792**

Après la Révolution de 1830, la Chambre des députés (assemblée législative du régime précédent) adopte la nouvelle « Charte » qui remplace la précédente.

- Voir le tableau :
  - **Tableau 1. Récapitulatif des auteurs de Constitution**

Enfin, en 1875, l'Assemblée nationale élue pour signer la paix s'estimant dotée du pouvoir souverain, s'octroie le pouvoir constituant et adopte les lois constitutionnelles de février et juillet 1975 qui constituent la Constitution de la IIIe République.

- **Voir les tableaux et les textes :**
  - **Tableau 4. L'Assemblée nationale constituante de 1871**
  - **Décret du 17 février 1871** (affirmation de la détention du pouvoir souverain).
  - **Loi constitutionnelle du 31 août 1871** (auto-attribution du pouvoir constituant : « droit d'user du pouvoir constituant »).

Les Assemblées constituantes apparaissent ainsi ne pas être d'une légitimité égale. Elles sont bien plus comparables sur le plan de l'étendue de leurs pouvoirs.

II. Des Assemblées constituantes aux pouvoirs généralement peu limités

Une Assemblée constituante se doit de donner une nouvelle Constitution au pays mais aussi de le gouverner durant la période constituante. Sur le premier aspect, les Assemblées constituantes françaises sont peu limitées (A). Sur le second aspect, elles sont entièrement libres, à une exception près (B).

A. Le pouvoir constituant de l'Assemblée constituante peu limité

Le pouvoir constituant originaire est par définition illimité sur le fond, n'importe quelle règle constitutionnelle peut procéder de son exercice (à la différence du pouvoir constituant dérivé qui peut être contraint par des interdictions de modifier certains articles de la Constitution). Quand une Assemblée constituante se trouve limitée dans sa liberté d'élaborer le contenu de la nouvelle Constitution, c'est qu'elle se rattache à une procédure de révision totale qui l'oblige à maintenir certaines dispositions de l'ancienne Constitution ou qui lui impose certaines dispositions à prévoir dans la nouvelle. C'est un premier cas de figure. Les trois procédures de révision totale prévues par les Constitution françaises de 1793, 1948 et 1975 ne fixaient aucune limite sur le fond à l'Assemblée constituante (pour un exemple de limitation dans le cadre d'une procédure de révision totale, voir la Constitution suisse de 1999).

- **Voir les textes :**
  - **C. 1793, art. 115 à 117.**
  - **C. 1848, art. 111.**
  - **C. 1875, art. 8, al. 1.**
  - **C. Suisse, art. 193** (impose le respect des règles impératives du droit international).

Mais il y a aussi l'hypothèse de l'Assemblée constituante qui a été élue sur la base d'un référendum proposant aux électeurs l'abandon de la Constitution en vigueur. À l'occasion de ce référendum, les électeurs ont pu décider de l'étendue des pouvoirs de l'Assemblée constituante. Ce fut le cas du référendum d'octobre 1945 qui décida de l'abandon de la Constitution de 1875, suspendue pendant l'Occupation, et de l'élection d'une Assemblée constituante. Cependant, aucune limite de fond, ne fut imposée. Le contenu de la future Constitution fut laissé au libre choix de l'Assemblée (cependant le référendum qui devait confirmer le texte adopté par l'Assemblée permettait un contrôle des électeurs sur le contenu de la future Constitution et ce ne fut pas inutile puisque le premier projet fut justement rejeté).

- **Voir les tableaux et le texte :**
  - **Tableau 5. Les Assemblées constituantes de 1945 et 1946** (projet de loi joint au référendum en cas de choix de l'abandon des lois constitutionnelles de 1875 ; le référendum étant pour l'abandon, le projet est adopté et devient la loi du 2 novembre 1945).
  - **Loi du 2 novembre 1945 portant organisation des pouvoirs publics** (donne des règles encadrant le pouvoir de l'Assemblée constituante mais pas sur le fond ; **art. 3** (prévoit le référendum d'adoption) ; **art. 7** (en cas d'échec du référendum d'adoption, prévoit l'élection d'une nouvelle Assemblée constituante).
  - **Tableau 5. Les Assemblées constituantes de 1945 et 1946** (échec du référendum d'adoption 5 mai 1946 ; 2 juin 1946, l'élection d'une nouvelle Assemblée constituante).

En revanche, une limite temporelle a pu être imposée aux Assemblées constituantes dans le cadre de la procédure de révision totale de la Constitution de 1848 et par la loi du 2 novembre 1945 portant organisation des pouvoirs publics.

- **Voir les textes :**
  - **C. 1848, art 111** (trois mois).
  - **Loi du 2 novembre 1945 portant organisation des pouvoirs publics, art. 6** (sept mois).

B. Le pouvoir de gouverner provisoirement le pays presque toujours illimité

Quand les Assemblées constituantes sont réunies, les pouvoirs publics du régime précédent ne sont plus en fonction, sauf quand l'Assemblée constituante n'est pas spécifiquement élue mais est une Assemblée législative du régime que l'on va abandonner (cas de la Chambre des députés de 1830) ou quand la procédure de révision totale donne le pouvoir constituant au Parlement (loi du 25 février 1875). Dans les autres cas, l'Assemblée constituante est la seule autorité publique légitime en fonction et elle doit donc gouverner le pays jusqu'à la fin de la période d'élaboration de la Constitution. Or, il faut noter que les gouvernements provisoires qui ont décidé d'organiser l'élection d'une Assemblée constituante n'ont pas simultanément prévu des règles de gouvernance pour la période constituante de sorte qu'une fois élues, les Assemblées constituantes ont elles-mêmes posé ces règles. Le point commun entre les périodes constituantes de 1848 et de 1871/1875, c'est la mise en place d'un exécutif totalement soumis à l'Assemblée non seulement dans sa nomination mais aussi dans les décisions prises qui doivent avoir l'accord de l'Assemblée.

- **Voir les tableaux et les textes :**
  - **Tableau 3. L'Assemblée constituante de 1948** (élections par l'Assemblée de la Commission exécutive et du Président du Conseil Cavaignac).

- **Tableau 4. L'Assemblée constituante de 1871** (choix de Thiers comme chef du pouvoir exécutif, puis comme Président de la République ; choix de Mac Mahon comme Président de la République).
- **Décret du 17 février 1871** (choix de Thiers comme chef du pouvoir exécutif).
- **Loi du 31 août 1871, art. 1** (attribution du titre de Président de la République à Thiers, précise qu'il est « sous l'autorité de l'Assemblée nationale ») ; **art. 3** (prévoit la responsabilité politique du Président devant l'Assemblée).

Cependant, en raison de la durée très longue de la période constituante, l'Assemblée de 1871 fut contrainte à prendre des mesures d'organisation très détaillées au travers de lois constitutionnelles (lois Rivet, de Broglie, du septennat).

- **Voir les textes :**
  - **Loi du 31 août 1871 (loi Rivet), art. 2** (détermine les compétences du Président de la République et les modalités de ses rapports avec l'Assemblée).
  - **Loi du 13 mars 1873 (loi de Broglie), art. 1** (fixe un cérémonial très complexe pour l'exercice du droit de message du Président) ; **art. 2** (droit de demande d'une seconde lecture de la loi).
  - **Loi du 20 novembre 1873 (loi du septennat)** (fixe la durée du mandat présidentiel).
  - L'Assemblée constituante de 1945 est un cas à part. En effet, lors du référendum du 21 octobre 1945, les Français ayant opté pour l'élection d'une Assemblée constituante, adoptent simultanément les règles organisant la période constituante. Ces règles figurent dans la loi promulguée le 2 novembre 1945. Elles précisent les pouvoirs de l'Assemblée constituante quant à sa compétence constituante mais aussi quant à sa compétence législative et ses relations avec le Gouvernement.
- **Voir le texte :**
  - **Loi du 2 novembre 1945, art. 1** (formation du Gouvernement, responsabilité de celui-ci devant elle) ; **art. 4 et 5** (pouvoir législatif et budgétaire de l'Assemblée).

C'est l'unique fois où une Assemblée constituante ne maîtrise totalement son pouvoir. Ici, elle est libre du contenu de la future Constitution mais dans un cadre contraint par ailleurs.

FOCUS

1. Tableaux d'histoire constitutionnelle

Tableau 1. Les Constitutions françaises - auteur - régime

Assemblée constituante	Assemblée autoproclamée	Autorité constituante autoproclamée élue	Constitution	Régime politique
	Assemblée des députés du Tiers État		3 septembre 1791	Monarchie constitutionnelle
22 sept. 1792			24 juin 1793	**République**
	Convention		22 août 1795	Directoire
		Bonaparte	13 décembre 1799 (An VIII)	Consulat
		Louis XVIII	4 juin 1814	Monarchie
	Chambre des députés		14 août 1830	Monarchie
23-24 avril 1848			4 novembre 1848	**République**
.		Louis Napoléon Bonaparte	14 janvier 1852	République de transition (avant l'Empire)
8 févr. 1871			24/25 février 16 juill. 1875	**République**
21 oct. 1945 2 juin 1946			27 octobre 1946	**République**
		de Gaulle	4 octobre 1958	République

Tableau 2. L'Assemblée constituante de 1792

Dates	**Événements**
1792	
10 août	Suspension du roi - proclamation de la République par l'Assemblée nationale qui décide de l'élection d'une Convention nationale pour décider du sort du roi et élaborer une nouvelle Constitution
21 septembre	**Élections de la Convention nationale constituante**
1793 (an I)	
21 janvier	Exécution du roi
24 juin	Adoption de la Constitution
9 août	Référendum constituant

10 août	Promulgation de la Constitution
Maintien de la Convention	
10 octobre	Suspension de la Constitution, établissement d'un régime révolutionnaire
1794 (an II)	
27 juillet (9 thermidor)	Chute de Robespierre, fin du gouvernement révolutionnaire
1795 (an III)	
22 août (5 fructidor)	Adoption d'une nouvelle Constitution
6 septembre	Référendum constituant
26 octobre	**Dissolution de la Convention et premières élections législatives du Directoire**

Tableau 3. L'Assemblée constituante de 1848

Dates	**Événements**
1848	
24 février	Abdication du roi, proclamation de la République provisoire, constitution du Gouvernement provisoire (dit « de Défense nationale »)
24 févr.-8 mai	Entrée en fonction du Gouvernement provisoire.
23 avril	**Élections de l'Assemblée nationale constituante**
9 mai – 28 juin	Commission exécutive, élue par l'Assemblée le 3 mai (Chef de l'État collégial de 5 membres, avec 10 ministres, 2 sous-secrétaires d'État)
21 juin	Élection du général Cavaignac avec le titre de Président du Conseil (8 ministres)
28 juin – 20 déc.	Entrée en fonction du Gouvernement du général Cavaignac (dure jusqu'aux résultats des élections présidentielles)
4 nov.	**Entrée en vigueur de la nouvelle Constitution**
10 – 11 déc.	Élection du Président de la République au suffrage universel
20 décembre	Nomination d'Odilon Barrot comme chef du Gouvernement par le Président de la République Louis Napoléon Bonaparte
20 déc. - 2 juin 1849	Premier Gouvernement Odilon Barrot de 8 ministres (dure jusqu'à la dissolution de l'Assemblée constituante)
1849	
13 -14 mai	**Premières élections législatives Dissolution de l'Assemblée constituante**

FOCUS

Tableau 4. L'Assemblée nationale constituante de 1871

Dates	Événements
	1870
4 septembre	Traité d'armistice (Traité de Francfort) qui impose l'élection d'une Assemblée pour signer le traité de paix
	1871
28 janv. 1871	Entrée en fonction du Gouvernement provisoire
8 févr. 1871	**Élections de l'Assemblée nationale** pour conclure le traité de paix
31 août 1871	**Auto-proclamation de l'Assemblée nationale comme assemblée constituante (loi Rivet)**
17 févr. 1871	Élection de Thiers par l'Assemblée comme chef du pouvoir exécutif
31 août 1871	Loi constitutionnelle attribuant le titre de Président de la République au Chef du pouvoir exécutif (Constitution Rivet)
13 mars 1871	Loi constitutionnelle provisoire (Constitution de Broglie)
24 mai 1873	Élection de Mac Mahon comme Président de la République après la démission de Thiers
20 nov. 1873	Loi du septennat (durée du mandat du Président de la République)
24 et 25 févr. 16 juill. 1875	**Adoption des lois constitutionnelles**
	1876
20 févr.-5 mars	**Premières élections législatives - Dissolution de l'Assemblée nationale constituante**

Tableau 5. Les Assemblées constituantes de 1945 et 1945

Dates	Événements
	1945
17 août	Ordonnance du Gouvernement provisoire qui prévoit un référendum et des élections législatives
21 oct.	Référendum décidant de : l'abandon des lois constitutionnelles de 1875 et simultanément élection d'une Assemblée constituante, l'adoption du projet de loi d'organisation des pouvoirs publics pendant la période constituante Élections de l'Assemblée constituante
2 nov.	Promulgation de la loi d'organisation des pouvoirs publics conformément au référendum
	1946
5 mai	Référendum de rejet du premier projet de Constitution
2 juin	Élections d'une nouvelle Assemblée constituante
13 oct.	Référendum d'adoption du second projet de Constitution
27 oct.	**Promulgation de la Constitution**
10 nov.	**Dissolution de l'Assemblée constituante et élection de la première Assemblée nationale législative**

2. Constitutions françaises

Constitution du 24 juin 1793

Des Conventions nationales

Article 115. - Si dans la moitié des départements, plus un, le dixième des Assemblées primaires de chacun d'eux, régulièrement formées, demande la révision de l'acte constitutionnel, ou le changement de quelques-uns de ces articles, le Corps législatif est tenu de convoquer toutes les Assemblées primaires de la République, pour savoir s'il y a lieu à une Convention nationale.

Article 116. La Convention nationale est formée de la même manière que les législatures, et en réunit les pouvoirs.

Article 117. Elle ne s'occupe, relativement à la Constitution, que des objets qui ont motivé sa convocation.

Constitution du 4 novembre 1848

Chapitre XI - De la révision de la Constitution

Article 111. - Lorsque, dans la dernière année d'une législature, l'Assemblée nationale aura émis le vœu que la Constitution soit modifiée en tout ou en partie, il sera procédé à cette révision de la manière suivante : - Le vœu exprimé par l'Assemblée ne sera converti en résolution définitive qu'après trois délibérations consécutives, prises chacune à un mois d'intervalle et aux trois quarts des suffrages exprimés. Le nombre des votants devra être de cinq cents au moins. - L'Assemblée de révision ne sera nommée que pour trois mois. - Elle ne devra s'occuper que de la révision pour laquelle elle aura été convoquée. - Néanmoins, elle pourra, en cas d'urgence, pourvoir aux nécessités législatives.

Loi constitutionnelle du 25 février 1875

Article 8. – Les chambres auront le droit, par délibérations séparées prises dans chacune à la majorité absolue des voix, soit spontanément, soit sur la demande du Président de la République, de déclarer qu'il y a lieu de réviser les lois constitutionnelles. - Après que chacune des deux chambres aura pris cette résolution, elles se réuniront en Assemblée nationale pour procéder à la révision. – Les délibérations portant révision des lois constitutionnelles, en tout ou en partie, devront être prises à la majorité absolue des membres composant l'Assemblée nationale.

3. Actes des Assemblées constituantes

Décret du 17 février 1871

L'Assemblée nationale, dépositaire de l'autorité souveraine,

Considérant qu'il importe, en attendant qu'il soit statué sur les institutions de la France, de pourvoir immédiatement aux nécessités du gouvernement et à la conduite des négociations,

Décrète : M. Thiers est nommé chef du pouvoir exécutif de la République française ; il exercera ses fonctions, sous l'autorité de l'Assemblée nationale, avec le concours des ministres qu'il aura choisis et qu'il présidera.

Loi constitutionnelle provisoire du 31 août 1871 (« Constitution Rivet »)

L'Assemblée nationale,

Considérant qu'elle a le droit d'user du pouvoir constituant, attribut essentiel de la souveraineté dont elle est investie,... Que la prorogation des fonctions conférées au chef du pouvoir exécutif, limitée désormais à la durée des travaux de l'Assemblée, dégage ces fonctions de ce qu'elles semblent avoir d'instable et de précaire, sans que les droits souverains de l'Assemblée en souffrent la moindre atteinte, puisque dans tous les cas la décision suprême appartient à l'Assemblée...

Décrète :

Article 1. Le chef du pouvoir exécutif prendra le titre de président de la République française, et continuera d'exercer, sous l'autorité de l'Assemblée nationale, tant qu'elle n'aura pas terminé ses travaux, les fonctions qui lui ont été déléguées par décret du 17 février 1871.

Article 2. Le président de la République promulgue les lois dès qu'elles lui sont transmises par le président de l'Assemblée nationale. Il assure et surveille l'exécution des lois. Il réside au lieu où siège l'Assemblée. Il est entendu par l'Assemblée nationale toutes les fois qu'il le croit nécessaire, et après avoir informé de son intention le président de l'Assemblée. Il nomme et révoque les ministres. Le conseil des ministres et les ministres sont responsables devant l'Assemblée. Chacun des actes du président de la République doit être contresigné par un ministre.

Article 3. Le président de la République est responsable devant l'Assemblée.

Loi constitutionnelle provisoire du 13 mars 1873 (« Constitution de Broglie »)

L'Assemblée nationale,

Réservant dans son intégrité le pouvoir constituant qui lui appartient, mais voulant apporter des améliorations aux attributions des pouvoirs publics,

Décrète :

Article 1. La loi du 31 août 1871 est modifiée ainsi qu'il suit : - **1.** Le président de la République communique avec l'Assemblée par des messages qui, à l'exception de ceux par lesquels s'ouvrent les sessions, sont lus à la tribune par un ministre. - **2.** Néanmoins, il sera entendu par l'Assemblée dans la discussion des lois, lorsqu'il le jugera nécessaire, et après l'avoir informée de son intention par un message. - **3.** La discussion à l'occasion de laquelle le président de la République veut prendre la parole est suspendue après la réception du message, et le président sera entendu le lendemain, à moins qu'un vote spécial ne décide qu'il le sera le même jour. La séance est levée après qu'il a été entendu, et la discussion n'est reprise qu'à une séance ultérieure. La délibération a lieu hors la présence du président de la République.

Article 2. Le président de la République promulgue les lois déclarées urgentes dans les trois jours, et les lois non urgentes dans le mois après le vote de l'Assemblée. Dans le délai de trois jours, lorsqu'il s'agira d'une loi non soumise à trois lectures, le président de la République aura le droit de demander, par un message motivé, une nouvelle délibération. Pour les lois soumises à la formalité des trois lectures, le président de la République aura le droit, après la seconde, de demander que la mise à l'ordre du jour pour la troisième lecture ne soit fixée qu'après le délai de deux mois.

Loi du 20 novembre 1873 (loi du septennat)

Article 1. Le pouvoir exécutif est confié pour sept ans au maréchal de Mac-Mahon, duc de Magenta, à partir de la promulgation de la présente loi ; ce pouvoir continuera à être exercé avec le titre de président de la République et dans les conditions actuelles jusqu'aux modifications qui pourraient y être apportées par les lois constitutionnelles.

Loi du 2 novembre 1945 portant organisation provisoire des pouvoirs publics

Le peuple français a adopté,

Le Gouvernement provisoire de la République française promulgue la loi dont la teneur suit :

Article 1er. 1. L'Assemblée constituante, issue du scrutin du 21 octobre 1945, élit aussitôt, au scrutin public et à la majorité absolue des membres la composant, le Président du Gouvernement provisoire de la République. Celui-ci constitue son Gouvernement et le soumet à l'approbation de l'Assemblée, en même temps que le programme du Gouvernement. - **2.** Le Gouvernement est responsable devant l'Assemblée ; mais le rejet d'un texte ou d'un crédit n'entraîne pas sa démission. Celle-ci n'est obligatoire qu'à la suite du vote distinct d'une motion de censure intervenant au plus tôt deux jours après son dépôt sur le bureau de l'Assemblée et adoptée au moyen d'un scrutin à la tribune par la majorité absolue des membres composant l'Assemblée.

Art. 2. L'Assemblée établit la Constitution nouvelle.

Art. 3. La constitution adoptée par l'Assemblée sera soumise à l'approbation du corps électoral des citoyens français, par voie de référendum, dans le mois qui suivra son adoption par l'Assemblée.

Art. 4. 1. L'Assemblée a le pouvoir législatif. Elle a l'initiative des lois, concurremment avec le Gouvernement. - **2.** Dans le délai d'un mois imparti pour la promulgation des lois, le Gouvernement a le droit de demander une seconde délibération. Si, à la suite

FOCUS

de celle-ci, le premier vote est confirmé à la majorité absolue des membres composant l'Assemblée, la loi est promulguée dans les trois jours.

Art. 5. L'Assemblée vote le budget, mais elle ne peut prendre l'initiative des dépenses.

Art. 6. Les pouvoirs de l'Assemblée expireront le jour de la mise en application de la nouvelle Constitution et, au plus tard, sept mois après la première réunion de l'Assemblée.

Art 7. Au cas où le corps électoral rejetterait la Constitution établit par l'Assemblée, ou au cas où celle-ci n'en aurait établi aucune dans le délai fixé à l'article 6, il serait procédé aussitôt, et dans les mêmes formes, à l'élection d'une nouvelle Assemblée constituante jouissant des mêmes pouvoirs, qui se réunirait de plein droit le deuxième mardi après son élection.

☛ Pour aller plus loin

P. Avril, J. Gicquel, « La IVe République entre deux Républiques », *Pouvoirs*, 1996, n° 76, p. 27.

F. Furet, « Réflexions sur l'idée de transition révolutionnaire dans la France du XIXe siècle », *Pouvoirs*, 1989, n° 50, p. 5.

M. Verpeaux, « Les transitions constitutionnelles sous la Révolution française », *Mélanges Pierre Pactet*, Paris, Dalloz, 2003.

Thème 3

La révision de la Constitution

Exercice

Dissertation

La rigidité de la Constitution

Conseil méthodologique

L'erreur sur la portée du sujet

Ce sujet pourrait être mal compris. Certains étudiants pourraient penser que le terme « la Constitution » sous-entend la Constitution française de 1958 de sorte que leur devoir exposerait la seule procédure de révision de l'actuelle Constitution de la France. Ce serait méconnaître la portée générale du sujet. Ce sujet concerne la Constitution en général. Avec l'aide des documents du Focus, l'étudiant trouvera la matière pour traiter du sujet dans toute sa portée.

Corrigé

« Un peuple a toujours le droit de revoir, de réformer et de changer sa Constitution. Une génération ne peut assujettir à ses lois les générations futures. » (Déclaration des droits de l'homme et du citoyen placée en tête de la Constitution de 1793).

La Constitution est l'acte fondateur de l'État sur le plan juridique. Elle organise l'institution étatique en la dotant d'organes dotés de compétences et en fixant les droits et libertés reconnus aux citoyens. Elle est l'acte suprême de l'ordre juridique. Elle peut être modifiée. La modification de la Constitution porte le nom de révision constitutionnelle. Elle est la mise en œuvre du pouvoir constituant dérivé. Ce dernier doit respecter les limites et la procédure que lui imposent les dispositions de la Constitution (d'où la question de la souveraineté limitée de ce pouvoir constituant et celle du contrôle de constitutionnalité des lois constitutionnelles de révision, **Focus, voir CC, 26 mars 2003**). La rigidité de la Constitution désigne le degré de difficulté à réviser celle-ci. Les modalités de la révision peuvent en effet être plus ou moins complexes. Nous parlons ici de la révision partielle de la Constitution. Il existe aussi ce que l'on appelle « la révision totale » de la Constitution qui s'assimile en un changement complet de Constitution. Autrement dit, la révision totale consiste en l'élaboration d'une nouvelle Constitution, en l'exercice du pouvoir constituant originaire. Certaines Constitutions la prévoient **(Focus, voir France : C. 1793, art. 115 ; Suisse : C. 1999, art. 193 ; Espagne, C. 1978, art. 168)**. Elle ne fait pas partie de notre sujet.

Quand la Constitution n'est pas écrite, en raison même de sa nature coutumière, la révision se fait de façon informelle, sans procédure spéciale, très facilement. Si la révision passe par un texte voté par le Parlement (elle peut aussi passer par la reconnaissance d'une nouvelle pratique), ce texte suivra la procédure législative normale. Au contraire, la révision des Constitutions écrites suit une procédure spécifique, différente de celle utilisée pour les lois. La distinction entre le pouvoir constituant et le pouvoir législatif doit être préservée et elle est exprimée par la différence des procédures législative et de révision. Et ce qui caractérise la procédure de révision, c'est sa complexité, facteur de la rigidité de la Constitution. Politiquement, la rigidité de la Constitution trouve sa justification dans le fait que la Constitution établit un type de régime, un certain équilibre des pouvoirs, consacre certains droits et libertés et qu'y toucher peut engendrer des résultats graves pour l'ensemble de l'édifice constitutionnel. Dès lors, la rigidité sert à éviter les révisions trop fréquentes, irréfléchies, hâtives et voulues par la seule majorité au pouvoir. L'idée est de raréfier les révisions et de les faire accepter de façon très large, au-delà de la majorité au pouvoir au moment de la révision. L'opposition parlementaire, parfois les électeurs, doivent participer au processus révisionnel. Ainsi, plus on redoutera politiquement la révision, plus on rendra la Constitution rigide (**Focus, voir par ex. la Constitution française du 22 août 1795, titre XIII**).

Mais quels sont les moyens dont dispose la technique juridique pour rigidifier une Constitution ?

Le droit peut avoir recours à un blocage du pouvoir de réviser : ce sont les interdictions de réviser (I). Il peut aussi jouer sur les conditions d'adoption de la révision : ce sont les entraves à la révision (II)

I. Les interdictions de réviser la Constitution

Des interdictions peuvent paralyser l'exercice du pouvoir de révision. Ce peut être en raison de circonstances de temps qui rendent la révision inopportune en des périodes troublées ou instables (A). Ce peut être en raison de la sacralisation de certains principes et valeurs du régime qui empêche la modification des articles qui les contiennent (B).

A. Les limitations temporelles paralysant la révision en périodes troublées ou instables

Limiter temporellement le pouvoir de révision signifie qu'il sera impossible d'apporter des modifications au texte de la Constitution durant un certain temps. La durée de cette limitation temporelle du pouvoir constituant dérivé n'est jamais fixée précisément en termes de semaines ou de mois. Elle est déterminée par référence à des événements qui créent une situation particulière dont la persistance définit la durée de l'interdiction de réviser : dès que ces événements cessent et la situation particulière qu'ils engendrent, réviser redevient possible. Ces événements sont ceux qui déclenchent une situation anormale, source d'instabilité et de périls pour le pays, qui justifie qu'on ne touche pas à la Constitution. Reste qu'ils sont exceptionnels. L'interdiction de réviser la Constitution qu'ils provoquent est donc de portée limitée. Elle se produit rarement. On trouve de telles limitations souvent en cas de menace extérieure, telle une atteinte aux frontières, et de menace intérieure, telle une insurrection. Mais la Constitution de 1958 considère aussi que la vacance de la présidence de la République est une circonstance qui justifie l'impossibilité de réviser, notamment en raison du rôle du Président dans la procédure de révision.

Exercice

- **Voir les textes :**
  - **France : C. 1958, art. 7 al. 11** (période d'intérim, absence de Président en exercice : période d'incertitude politique) ; **art. 89 al. 4** (atteinte à l'intégrité du territoire : période de danger national).
  - **Espagne : C. 1978, art. 169** (état de guerre, état de siège, état d'urgence, état d'exception : période de danger national).

B. Les limitations matérielles sacralisant certains principes et valeurs du régime

Limiter matériellement le pouvoir de révision signifie qu'il est toujours impossible de modifier certains articles de la Constitution. Ces articles ne sont pas forcément clairement énumérés. Plus souvent, il est fait référence à des principes généraux mis en œuvre dans différents articles. Ainsi, la formule fréquente « la forme républicaine du gouvernement » se prête à des interprétations diverses plus ou moins restrictives (allant de l'interdiction d'établir une monarchie à l'interdiction de toucher aux « valeurs républicaines », formule peu précise). Parfois, par interprétation d'un article, le juge constitutionnel peut indiquer que tel article n'est pas susceptible d'être révisé. Ces limitations sont de portée absolue puisqu'elles rendent intangibles certains articles de la Constitution. L'idée sous-jacente est que leur modification aboutirait à une révision totale implicite de par l'atteinte aux principes fondamentaux du régime qu'ils prévoient.

- **Voir les textes :**
  - **France : C. 1958, art. 89 al. 5** (forme républicaine du gouvernement).
  - **Allemagne : LF 1949, art. 79, al. 3** (principes du fédéralisme).
  - **Italie : C. 1947, art. 139** (forme républicaine du gouvernement).

Certaines Constitutions autorisent la révision de dispositions fondamentales mais assimilent alors cette révision partielle à une révision totale et la soumettre à une procédure spécifique.

- **Voir le texte :**
  - **Espagne : C. 1978, art. 168.**

II. Les entraves à la révision de la Constitution

L'initiative du déclenchement de la procédure de révision est assez ouverte (A) mais l'adoption du texte de la révision est difficile à obtenir (B).

A. Le déclenchement relativement aisé du processus de révision

Certaines Constitutions restent silencieuses sur les détenteurs du droit d'initiative en matière de révision constitutionnelle. Les titulaires de l'initiative des lois sont alors également titulaires de l'initiative de la révision.

- **Voir les textes :**
  - **Allemagne : LF 1949, art. 79.**

- **Italie : C. 1947 : art. 139**.

D'autres précisent les titulaires. Il peut s'agir des assemblées législatives ou de leurs membres individuellement.

- **Voir les textes :**
  - **États-Unis : C. 1787, art. V** (le Congrès, c'est-à-dire les deux assemblées législatives : la Chambre des représentants et le Sénat).
  - **France :**
    - **C. 1791, Titre VII - art. 2** (le terme « législatures » renvoie au mandat successifs des députés membres du Corps législatif).
    - **C. 1795, art. 336, 337** (les deux assemblées législatives : le Conseil des Anciens et le Conseil des Cinq-Cents).
    - **C. 1848, art. 111** (l'Assemblée nationale).
    - **C. 1875, LC du 25 février 1875, art. 8** (« les chambres », soit la Chambre des députés et le Sénat).
    - **C. 1946, art. 90, al. 2** (une des deux assemblées du Parlement : l'Assemblée nationale).
    - **C. 1958, art. 89, al 1** (les membres des deux assemblées législatives : l'Assemblée nationale et le Sénat).
  - **Espagne : C. 1978, art. 166** sur renvoi à l'article 87 (les membres des deux assemblées législatives à titre individuel : chaque député ou sénateur).

    Il peut agir aussi du Gouvernement ou du chef de l'État.
- **Voir les textes :**
  - **France :**
    - **C. 1875, LC du 25 février 1875, art. 8** (demande du Président de la République).
    - **C. 1958, art. 89, al. 1** (le Président sur proposition du Premier ministre).
  - **Espagne : C. 1978, art. 166** (le Gouvernement par renvoi à l'art. 87).

En revanche, l'initiative populaire est rarement prévue, même si elle peut exister dans certains pays.

- **Voir les textes :**
  - **France : C. 1793, art. 115**.
  - **Suisse : C. 1999, art. 194**.

Cependant, les régimes napoléoniens confiaient la révision de la Constitution au Sénat, qui n'était ni une assemblée législative ni une assemblée élue. Cette solution avait été choisie afin de permettre à Napoléon Ier et Napoléon III de garder le contrôle de la révision constitutionnelle par l'intermédiaire d'un organe entièrement soumis à leur volonté et qui modifiait à leur demande la Constitution par senatus-consulte organique.

- **Voir les textes :**
  - **France :**
    - **C. de l'An VIII, art. 24** (montre que le Sénat n'est pas élu démocratiquement mais composé en majorité par des amis de Napoléon Bonaparte).

- **Sénatus-consulte organique de la Constitution du 16 thermidor an X (4 août 1802), art. 54, 2°** (le pouvoir de réviser la Constitution n'est pas explicitement accordé mais il sera pourtant exercé par le Sénat, sous couvert de son pouvoir de compléter la Constitution par senatus-organique).
- **C. 1852, art. 20** (montre le caractère non démocratique de la désignation des sénateurs), **art. 31** (initiative révisionnelle).

Notons que l'exercice du droit d'initiative révisionnelle peut être paralysé pendant un certain temps. Ainsi, la Constitution de 1848 ne permettait l'initiative révisionnelle que durant la dernière année de la législature et la loi constitutionnelle du 25 février 1875 paralysait l'initiative des chambres durant le mandat du Président de la République Mac Mahon : seul le Président pouvait exercer son droit d'initiative.

- **Voir les textes :**
  - **C. 1848, art. 111** (« Lorsque, dans la dernière année d'une législature,... »).
  - **C. 1875, LC du 25 février 1875, art. 8 dern. ligne** (la loi du 20 novembre 1873 à laquelle il est fait allusion est la loi qui conférait au M. le maréchal de Mac-Mahon la présidence de la République).

B. L'adoption difficile de la révision

Il arrive que l'adoption de la révision soit aisée. C'est le cas pour les révisions des Constitutions napoléoniennes. Sous le Consulat et plus tard le Premier Empire, la révision était entièrement entre les mains du Sénat conservateur (et derrière lui entre les mains de Napoléon Bonaparte, Premier Consul puis Empereur). Avec la Constitution du 14 janvier 1852, la révision proposée par le Sénat, est adoptée par « l'exécutif », comprendre le Président de la République Louis Napoléon Bonaparte (qui deviendra l'Empereur Napoléon III après une révision constitutionnelle en novembre 1852 transformant la République en Empire).

- **Voir les textes :**
  - **France : C. 1852, art. 31. Sénatus-consulte du 7 novembre 1852, art. 7** (maintien des dispositions de janvier 1852).

Il est évident, dans les deux cas, que nous ne sommes pas dans un régime démocratique mais un régime de pouvoir personnel qui, en toute logique, ne peut évoluer que selon la volonté d'un seul. Les consultations populaires prévues pour approuver les révisions ne sont que des appels au peuple (référendums-plébiscites), donnant une illusion de démocratie.

- **Voir le texte :**
  - **France : C. 1852, art. 32** (adoption des modifications fondamentales « soumises au suffrage universel »).

Dans les régimes démocratiques, l'adoption de la révision est également simple (c'est-à-dire ne nécessitant pas une majorité renforcée allant au-delà de la moitié plus une des voix), lorsqu'il y a eu élection d'une assemblée de révision. Forte de sa légitimité, celle-ci adopte généralement le texte de la révision à la majorité « simple » (aucune disposition ne prévoyant une majorité renforcée, il faut en déduire que c'est la majorité simple qui s'applique). Mais il peut arriver qu'un référendum soit prévu pour confirmer la révision adoptée par l'Assemble de révision. C'est le cas de la Constitution française de 1795.

- **Voir le texte :**
  - **1795, art. 26, 346** (« L'Assemblée de révision adresse immédiatement aux Assemblées primaires le projet de réforme qu'elle a arrêté. », ce qui signifie que les Assemblées primaires, assemblées des électeurs de base, auront à voter ce qui n'est considéré que comme un « projet » de révision).

En revanche, quand ce sont les assemblées législatives qui font office d'assemblée de révision, n'ayant pas été élues pour exercer le pouvoir constituant dérivé, manquant donc de légitimité pour le faire (même si ce pouvoir leur est accordé par la Constitution), un vote difficile de la révision leur est généralement imposé par l'exigence d'une majorité renforcée. Souvent, c'est une majorité des deux tiers des voix ou majorité absolue des membres de l'assemblée et non pas des voix (dans ce cas, la majorité à atteindre est calculée sur la base du nombres sièges pourvus et elle vaut pour tous les scrutins, quel que soit le nombre des voix exprimées). Mais ce n'est pas toujours le cas comme le montre la loi constitutionnelle du 25 février 1875.

- **Voir les textes :**
  - **Allemagne : LF. 1949, art. 79** (majorité des deux tiers des membres au Bundestag et majorité des 2/3 des voix au Bundestag).
  - **Italie : C. 1947, art. 138** (majorité absolue des membres des deux assemblées du Parlement.
  - **Espagne : C. 1978, art. 166** (majorité des trois cinquièmes des voix dans les deux assemblées du Parlement).
  - **États-Unis : C. 1787, art. V** (Congrès à la majorité des deux tiers des voix).
  - **France : C. 1875, LC du 25 février 1875, art. 8** (« elles se réuniront en Assemblée nationale pour procéder à la révision », la majorité n'étant pas spécifiée, il faut en conclure que c'est la majorité simple des voix).

Et, en outre, il se peut que le vote des chambres législatives puisse être suivi d'un second vote ou d'un référendum.

- **Voir les textes :**
  - **États-Unis : C. 1787, art. V** (vote obligatoire des États fédérés : majorité requise des 3/4).
  - **Italie : C. 1947, art. 138** (référendum facultatif, à la demande de certaines autorités ou des citoyens mais rendu impossible si la révision a été votée à une majorité des deux tiers des membres des deux assemblées du Parlement).
  - **Espagne : C. 1978, art. 166** (référendum facultatif à la demande d'un dixième des membres de l'une des deux assemblées du Parlement).

Exercice

Quand la révision est votée par des assemblées législatives ordinaires à la majorité simple des voix, un référendum est prévu pour confirmer le vote parlementaire. Mais même s'il est en principe obligatoire, il n'est pas toujours inévitable.

- **Voir les textes :**
  - **France :**
    - **C. 1946, art. 90** (obligatoire mais évitable).
    - **C. 1958, art. 89, al 5** (obligatoire mais évitable pour les projets de révision et remplacé par le vote du Congrès, c'est-à-dire l'Assemblée nationale et le Sénat réunis et votant ensemble).

La rigidité est donc une constante mais elle connaît de grandes différences de degrés comme le montre le cas de la France notamment.

1. Constitutions françaises

Constitution du 3 septembre 1791

TITRE VII - De la révision des décrets constitutionnels

Article 1. L'Assemblée nationale constituante déclare que la Nation a le droit imprescriptible de changer sa Constitution ; et néanmoins, considérant qu'il est plus conforme à l'intérêt national d'user seulement, par les moyens pris dans la Constitution même, du droit d'en réformer les articles dont l'expérience aurait fait sentir les inconvénients, décrète qu'il y sera procédé par une Assemblée de révision en la forme suivante :

Article 2. Lorsque trois législatures consécutives auront émis un vœu uniforme pour le changement de quelque article constitutionnel, il y aura lieu à la révision demandée.

Article 3. La prochaine législature et la suivante ne pourront proposer la réforme d'aucun article constitutionnel.

Article 4. Des trois législatures qui pourront par la suite proposer quelques changements, les deux premières ne s'occuperont de cet objet que dans les deux derniers mois de leur dernière session, et la troisième à la fin de sa première session annuelle, ou au commencement de la seconde. - Leurs délibérations sur cette matière seront soumises aux mêmes formes que les actes législatifs ; mais les décrets par lesquels elles auront émis leur vœu ne seront pas sujets à la sanction du roi.

Article 5. La quatrième législature, augmentée de deux cent quarante-neuf membres élus en chaque département, par doublement du nombre ordinaire qu'il fournit pour sa population, formera l'Assemblée de révision. - Ces deux cent quarante-neuf membres seront élus après que la nomination des représentants au Corps législatif aura été terminée, et il en sera fait un procès-verbal séparé. - L'Assemblée de révision ne sera composée que d'une chambre.

Article 6. Les membres de la troisième législature qui aura demandé le changement, ne pourront être élus à l'Assemblée de révision.

Article 7. Les membres de l'Assemblée de révision, après avoir prononcé tous ensemble le serment de vivre libres ou mourir, prêteront individuellement celui de se borner à statuer sur les objets qui leur auront été soumis par le vœu uniforme des trois législatures précédentes ; de maintenir, au surplus, de tout leur pouvoir la Constitution du royaume, décrétée par l'Assemblée nationale constituante, aux années 1789, 1790 et 1791, et d'être en tout fidèles à la Nation, à la loi et au roi.

Article 8. 1. L'Assemblée de révision sera tenue de s'occuper ensuite, et sans délai, des objets qui auront été soumis à son examen : aussitôt que son travail sera terminé, les deux cent quarante-neuf membres nommés en augmentation, se retireront sans pouvoir prendre part, en aucun cas, aux actes législatifs...

Constitution du 24 juin 1793

Déclaration des droits de l'homme et du citoyen

Article 28. Un peuple a toujours le droit de revoir, de réformer et de changer sa Constitution. Une génération ne peut assujettir à ses lois les générations futures...

Des Conventions nationales

Article 115. Si dans la moitié des départements, plus un, le dixième des Assemblées primaires de chacun d'eux, régulièrement formées, demande la révision de l'acte constitutionnel, ou le changement de quelques-uns de ces articles, le Corps législatif est tenu de convoquer toutes les Assemblées primaires de la République, pour savoir s'il y a lieu à une Convention nationale.

Article 116. La Convention nationale est formée de la même manière que les législatures, et en réunit les pouvoirs.

Article 117. Elle ne s'occupe, relativement à la Constitution, que des objets qui ont motivé sa convocation.

Constitution du 5 Fructidor An III (22 août 1795)

Titre III - Assemblées primaires

Article 17. Les Assemblées primaires se composent des citoyens domiciliés dans le même canton...

Article 26. Les Assemblées primaires se réunissent :

1° Pour accepter ou rejeter les changements à l'acte constitutionnel, proposés par les Assemblées de révision ;...

Titre XIII - Révision de la Constitution

Article 336. Si l'expérience faisait sentir les inconvénients de quelques articles de la Constitution, le Conseil des Anciens en proposerait la révision.

Article 337. La proposition du Conseil des Anciens est, en ce cas, soumise à la ratification du Conseil des Cinq-Cents.

Article 338. Lorsque, dans un espace de neuf années, la proposition du Conseil des Anciens, ratifiée par le Conseil des Cinq-Cents, a été faite à trois époques éloignées l'une de l'autre de trois années au moins, une Assemblée de révision est convoquée.

Article 339. Cette Assemblée est formée de deux membres par département, tous élus de la même manière que les membres du Corps législatif, et réunissant les mêmes conditions que celles exigées par le Conseil des Anciens...

Article 342. L'Assemblée de révision n'exerce aucune fonction législative ni de gouvernement ; elle se borne à la révision des seuls articles constitutionnels qui lui ont été désignés par le Corps législatif...

Article 346. L'Assemblée de révision adresse immédiatement aux Assemblées primaires le projet de réforme qu'elle a arrêté. - Elle est dissoute dès que ce projet leur a été adressé.

Constitution du 22 Frimaire An VIII (13 décembre 1799)

Titre II - Du Sénat conservateur

Article 24. Les citoyens Sieyès et Roger-Ducos, consuls sortants, sont nommés membres du Sénat conservateur : ils se réuniront avec le second et le troisième consul nommés par la présente Constitution*. Ces quatre citoyens nomment la majorité du Sénat, qui se complète ensuite lui-même, et procède aux élections qui lui sont confiées.

* Il s'agit de Cambacérès et de Lebrun.

Sénatus-consulte organique de la Constitution du 16 thermidor an X (4 août 1802)

Titre V - Du Sénat

Article 54. Le Sénat règle par un sénatus-consulte organique, ... - 2° Tout ce qui n'a pas été prévu par la Constitution, et qui est nécessaire à sa marche ;

Aucune disposition ne prévoit une révision constitutionnelle dans les Chartes constitutionnelles de 1814 et 1830.

Constitution du 4 novembre 1848

Chapitre XI - De la révision de la Constitution

Article 111. Lorsque, dans la dernière année d'une législature, l'Assemblée nationale aura émis le vœu que la Constitution soit modifiée en tout ou en partie, il sera procédé à cette révision de la manière suivante : - Le vœu exprimé par l'Assemblée ne sera converti en résolution définitive qu'après trois délibérations consécutives, prises chacune à un mois d'intervalle et aux trois quarts des suffrages exprimés. Le nombre des votants devra être de cinq cents au moins. - L'Assemblée de révision ne sera nommée que pour trois mois. - Elle ne devra s'occuper que de la révision pour laquelle elle aura été convoquée. - Néanmoins, elle pourra, en cas d'urgence, pourvoir aux nécessités législatives.

Constitution du 14 janvier 1852

TITRE IV - Du Sénat

Article 20. Le Sénat se compose : 1° Des cardinaux, des maréchaux, des amiraux ; 2° Des citoyens que le président de la République juge convenable d'élever à la dignité de sénateur.

Article 21. Les sénateurs sont inamovibles et à vie.

Article 31. Il peut également proposer des modifications à la Constitution. Si la proposition est adoptée par le pouvoir exécutif, il y est statué par un sénatus-consulte.

Article 32. Néanmoins, sera soumise au suffrage universel toute modification aux bases fondamentales de la Constitution, telles qu'elles ont été posées dans la proclamation du 2 décembre et adoptées par le Peuple français.

Sénatus-consulte du 7 novembre 1852, portant modification à la Constitution

Article premier. La dignité impériale est rétablie. Louis Napoléon Bonaparte est Empereur des Français, sous le nom de Napoléon III.

Article 7. La Constitution du 14 janvier 1852 est maintenue dans toutes celles de ses dispositions qui ne sont pas contraires au présent sénatus-consulte ; il ne pourra y être apporté de modifications que dans les formes et par les moyens qu'elle a prévus.

Loi du 25 février 1875 relative à l'organisation des pouvoirs

Article 8. Les chambres auront le droit, par délibérations séparées prises dans chacune à la majorité absolue des voix, soit spontanément, soit sur la demande du Président de la République, de déclarer qu'il y a lieu de réviser les lois constitutionnelles. - Après que chacune des deux chambres aura pris cette résolution, elles se réuniront en Assemblée nationale pour procéder à la révision. - Les délibérations portant révision des lois constitutionnelles, en tout ou en partie, devront être prises à la majorité absolue des membres composant l'Assemblée nationale. - Toutefois, pendant la durée des pouvoirs conférés par la loi du 20 novembre 1873 à M. le maréchal de Mac-Mahon, cette révision ne peut avoir lieu que sur proposition du Président de la République.

Constitution du 27 octobre 1946

Titre XI - De la révision de la Constitution

Article 90. 1. La révision a lieu dans les formes suivantes. - **2.** La révision doit être décidée par une résolution adoptée à la majorité absolue des membres composant l'Assemblée nationale. - **3.** La résolution précise l'objet de la révision. - **4.** Elle est soumise, dans le délai minimum de trois mois, à une deuxième lecture, à laquelle il doit être procédé dans les mêmes conditions qu'à la première, à moins que le Conseil de la République, saisi par l'Assemblée nationale, n'ait adopté à la majorité absolue la même résolution. - **5.** Après cette seconde lecture, l'Assemblée nationale élabore un projet de loi portant révision de la Constitution. Ce projet est soumis au Parlement et voté à la majorité et dans les mêmes formes prévues pour la loi ordinaire. - **6.** Il est soumis au référendum, sauf s'il a été adopté en seconde lecture par l'Assemblée nationale à la majorité des deux tiers ou s'il a été voté à la majorité des trois cinquièmes...- **8.** Aucune révision constitutionnelle relative à l'existence du Conseil de la République ne pourra être réalisée sans l'accord de ce Conseil ou le recours à la procédure de référendum.

Constitution du 4 octobre 1958

Titre II – Le Président de la République

Article 7... - 11. Il ne peut être fait application ni des articles 49 et 50 ni de l'article 89 de la Constitution durant la vacance de la Présidence de la République ou durant la période qui s'écoule entre la déclaration du caractère définitif de l'empêchement du Président de la République et l'élection de son successeur.

Titre XVI - De la révision

Article 89. 1. L'initiative de la révision de la Constitution appartient concurremment au Président de la République sur proposition du Premier ministre et aux membres du Parlement. - **2.** Le projet ou la proposition de révision doit être examiné dans les conditions de délai fixées au troisième alinéa de l'article 42 et voté par les deux assemblées en termes identiques. La révision est définitive après avoir été approuvée par référendum. - **3.** Toutefois, le projet de révision n'est pas présenté au référendum lorsque le Président de la République décide de le soumettre au Parlement convoqué en Congrès ; dans ce cas, le projet de révision n'est approuvé que s'il réunit la majorité des trois cinquièmes des suffrages exprimés. Le bureau du Congrès est celui de l'Assemblée nationale. - **4.** Aucune procédure de révision ne peut être engagée ou poursuivie lorsqu'il est porté atteinte à l'intégrité du territoire. - **5.** La forme républicaine du Gouvernement ne peut faire l'objet d'une révision.

2. Conseil constitutionnel

Décision n° 2003-469 DC du 26 mars 2003

Révision constitutionnelle relative à l'organisation décentralisée de la République

2. Considérant que l'article 61 de la Constitution donne au Conseil constitutionnel mission d'apprécier la conformité à la Constitution des lois organiques et, lorsqu'elles lui sont déférées dans les conditions fixées par cet article, des lois ordinaires ; que le Conseil constitutionnel ne tient ni de l'article 61, ni de l'article 89, ni d'aucune autre disposition de la Constitution le pouvoir de statuer sur une révision constitutionnelle ;

3. Considérant qu'il résulte de ce qui précède que le Conseil constitutionnel n'a pas compétence pour statuer sur la demande susvisée, par laquelle les sénateurs requérants lui déférent, aux fins d'appréciation de sa conformité à la Constitution, la révision de la Constitution relative à l'organisation décentralisée de la République approuvée par le Congrès le 17 mars 2003…

3. Constitutions étrangères

Constitution des États-Unis d'Amérique du 17 septembre 1787

Article V. Le Congrès, quand les deux tiers des deux Chambres l'estimeront nécessaire, proposera des amendements à la présente Constitution ou, sur la demande des législatures des deux tiers des États, convoquera une convention pour en proposer ; dans l'un et l'autre cas, ces amendements seront valides à tous égards comme faisant partie intégrante de la présente Constitution, lorsqu'ils auront été ratifiés par les législatures des trois quarts des États…

Constitution de la République italienne du 27 décembre 1947

Section II - Révision de la Constitution - Lois constitutionnelles

Article 138. 1. Les lois de révision de la Constitution et les autres lois constitutionnelles sont adoptées par chaque chambre au moyen de deux délibérations successives à un intervalle de trois mois au moins et elles sont approuvées, au second tour de scrutin, à la majorité absolue des membres de chaque chambre. - **2.** Ces lois sont soumises à un référendum populaire lorsque, dans les trois mois suivant leur publication, un cinquième des membres d'une chambre ou cinq cent mille électeurs ou cinq conseils régionaux en font la demande. La loi soumise à un référendum n'est pas promulguée si elle n'est pas approuvée à la majorité des suffrages valablement exprimés. - **3.** Il n'y a pas lieu de procéder à un référendum si la loi a été approuvée au second tour de scrutin par chacune des deux chambres à la majorité des deux tiers de ses membres.

Article 139. La forme républicaine ne peut faire l'objet d'une révision constitutionnelle.

Loi fondamentale de la République fédérale d'Allemagne du 23 mai 1949

Titre VII – La législation de la Fédération

Article 79. 1. La Loi fondamentale ne peut être modifiée que par une loi qui en modifie ou en complète expressément le texte... - **2.** Une telle loi doit être approuvée par les deux tiers des membres du Bundestag et les deux tiers des voix du Bundesrat. -**3.** Toute modification de la présente Loi fondamentale qui toucherait à l'organisation de la Fédération en Länder, au principe de la participation des Länder à la législation ou aux principes énoncés aux articles 1 et 20, est interdite.

Constitution du Royaume d'Espagne du 27 décembre 1978

Titre X - De la révision de la Constitution

Article 166. 1. L'initiative de la révision de la Constitution s'exerce selon les dispositions des paragraphes 1 et 2 de l'article 87. *

* Article 87. L'initiative législative appartient au gouvernement, au Congrès et au Sénat, conformément à la Constitution et aux règlements des chambres.

Les assemblées des communautés autonomes peuvent solliciter du gouvernement l'adoption d'un projet de loi ou remettre au bureau du Congrès une proposition de loi...

Une loi organique réglemente les formes d'exercice et les conditions de l'initiative populaire pour la présentation de propositions de loi...

Article 167. 1. Les projets de réforme de la Constitution doivent être adoptés à la majorité des trois cinquièmes dans chaque chambre. À défaut d'accord entre les deux chambres, on tentera d'y parvenir par la création d'une commission paritaire de députés et de sénateurs, qui présentera un texte au vote du Congrès et du Sénat. - **2.** Si le texte n'est pas approuvé selon la procédure décrite au paragraphe précédent, et à condition que le texte ait obtenu un vote favorable du Sénat à la majorité absolue, le Congrès peut approuver la révision à la majorité des deux tiers. - **3.** La révision approuvée par les Cortès générales est soumise à ratification par référendum, à la demande du dixième des membres de l'une des deux chambres, présentée dans les quinze jours suivant son adoption.

Article 168. 1. Si on propose la révision totale de la Constitution ou une révision partielle qui affecte le titre préliminaire, le chapitre second, section première, du titre premier ou le titre II, on procédera à l'approbation du principe de la révision à la majorité des deux tiers de chaque chambre, et à la dissolution immédiate des Cortès. - **2.** Les chambres élues devront ratifier la décision et procéder à l'étude du nouveau texte de la Constitution, qui devra être adopté à la majorité des deux tiers des deux chambres. - **3.** La révision approuvée par les Cortès générales, sera soumise à ratification par référendum.

Article 169. 1. On ne peut engager la révision de la Constitution en temps de guerre ou lorsque l'un des états prévus à l'article 116* est en vigueur.

*Il s'agit de l'état d'alerte, l'état d'urgence et l'état d'exception.

Constitution fédérale de la Confédération suisse du 18 avril 1999

Article 193. 1. La révision totale de la Constitution peut être proposée par le peuple ou par l'un des deux conseils, ou décrétée par l'Assemblée fédérale…

Article 194. Une révision partielle de la Constitution peut être demandée par le peuple ou décrétée par l'Assemblée fédérale.

Attention

Ne pas confondre la révision de la Constitution et le contrôle de son respect par la loi. La Constitution de 1946 favorise la possibilité de cette confusion par le lien qu'elle établit entre révision et contrôle de la constitutionnalité de la loi. Elle prévoit en effet que la loi non conforme à la Constitution est renvoyée au Parlement qui peut décider de réviser la Constitution plutôt que de modifier ou d'abandonner la loi. C'est un choix politique qui consiste à préférer supprimer l'inconstitutionnalité en modifiant la Constitution. Cela ne remet pas en cause la supériorité juridique de la Constitution. C'est même à cause d'elle que ce choix politique s'impose.

Révisions de la Constitution de 1958 ayant eu pour but de faire cesser une inconstitutionnalité

Loi constitutionnelle n° 92-554 du 25 juin 1992 [Traité de Maastricht]

Loi constitutionnelle n° 99-49 du 25 janvier 1999 [Traité d'Amsterdam]

Loi constitutionnelle n° 2005-204 du 1er mars 2005 [Traité établissant une Constitution pour l'Europe]

Loi constitutionnelle n° 2008-103 du 4 février 2008 modifiant le titre XV de la Constitution [Traité de Lisbonne]

☛ Pour aller plus loin

P. Avril, « Des Conventions à la révision de la Constitution », *Revue française de droit constitutionnel*, 2008, n° hors série, p. 49.

P. Mazeaud, « La révision de la Constitution », *Revue française de droit constitutionnel*, 2009, p. 148

F. Moderne, *Réviser la Constitution. Analyse comparative d'un concept indéterminé*, Paris, Dalloz, 2006.

Thème 4

Le respect de la Constitution

Commentaire comparé de textes constitutionnels

I. Constitution du 4 octobre 1958 (texte originel)

Titre VII - Le Conseil constitutionnel

Article 56. 1. Le Conseil constitutionnel comprend neuf membres, dont le mandat dure neuf ans et n'est pas renouvelable. Le Conseil constitutionnel se renouvelle par tiers tous les trois ans. Trois des membres sont nommés par le Président de la République, trois par le président de l'Assemblée nationale, trois par le président du Sénat. La procédure prévue au dernier alinéa de l'article 13 est applicable à ces nominations. Les nominations effectuées par le président de chaque assemblée sont soumises au seul avis de la commission permanente compétente de l'assemblée concernée. **- 2.** En sus des neuf membres prévus ci-dessus, font de droit partie à vie du Conseil constitutionnel les anciens Présidents de la République. **- 3.** Le président est nommé par le Président de la République. Il a voix prépondérante en cas de partage.

Article 57. Les fonctions de membre du Conseil constitutionnel sont incompatibles avec celles de ministre ou de membre du Parlement. Les autres incompatibilités sont fixées par une loi organique.

II. Ordonnance n° 58-1067 du 7 novembre 1958 portant loi organique sur le Conseil constitutionnel

Titre I - Organisation du Conseil constitutionnel

Article 4. 1. Les fonctions de membre du Conseil constitutionnel sont incompatibles avec celles de membre du Gouvernement ou du Conseil économique, social et environnemental, ainsi qu'avec celles de Défenseur des droits. Elles sont également incompatibles avec l'exercice de tout mandat électoral… **- 4.** L'exercice des fonctions de membre du Conseil constitutionnel est incompatible avec l'exercice de toute fonction publique et de toute autre activité professionnelle ou salariée…

Article 1. 1… - 2. Le président du Conseil constitutionnel est nommé par décision du Président de la République. Il est choisi parmi les membres du Conseil, nommés ou de droit.

III. Constitution du Royaume d'Espagne du 27 décembre 1978

TITRE IX - Du Tribunal constitutionnel

Article 159. 1. Le Tribunal constitutionnel se compose de douze membres nommés par le roi, quatre sur la proposition du Congrès à la majorité de trois cinquièmes de ses membres, quatre sur la proposition du Sénat, à la même majorité, deux sur la proposition du gouvernement, et deux sur la proposition du Conseil général du pouvoir judiciaire. **- 2.** Les membres du Tribunal constitutionnel sont nommés parmi les magistrats et les procureurs, les professeurs des universités, les fonctionnaires publics et les avocats, tous seront des juristes à la compétence reconnue, exerçant leur profession depuis plus de quinze ans. - **3.** Les membres du Tribunal constitutionnel sont désignés pour une période de neuf ans et ils sont renouvelés par tiers tous les trois ans. - **4.** La condition de membre du Tribunal constitutionnel est incompatible avec tout mandat représentatif, avec toute charge politique ou administrative, avec l'exercice de fonctions de direction dans un parti politique ou un syndicat et avec un emploi au service de ceux-ci; avec l'exercice des fonctions de magistrat et de procureur et avec toute autre activité professionnelle ou commerciale. Au reste, les membres de la Cour constitutionnelle ont les mêmes incompatibilités que les membres du pouvoir judiciaire. - **5.** Les membres du Tribunal constitutionnel sont indépendants et inamovibles durant l'exercice de leur mandat.

Article 160. Le président du Tribunal constitutionnel est nommé par le roi parmi ses membres, sur la proposition de la Cour réunie en séance plénière et pour une période de trois ans.

IV. Loi organique du 3 octobre 1979 relative au statut des membres, à la procédure et aux conditions de saisine du Tribunal espagnol

Article 9. 1. Le Tribunal réuni en assemblée plénière élit, parmi ses membres, par vote secret, son Président, et propose au Roi sa nomination… - **3.** Le nom de l'élu sera soumis au Roi pour sa nomination pour une période de trois ans, au terme de laquelle il pourra être réélu une seule fois.

Article 16. 1… - 2. La désignation au poste de juge du Tribunal constitutionnel sera faite pour neuf ans… Aucun juge ne pourra être proposé au Roi pour une autre période immédiate, sauf dans le cas où il aurait occupé le poste pendant une période ne dépassant pas trois ans.

Conseil méthodologique

L'erreur sur la nature de l'exercice

Le risque pour tout ce qui concerne le Conseil constitutionnel, c'est de faire une dissertation en reprenant les connaissances du cours, sans étudier les textes. Dans ce cas, le commentaire demandé n'est pas réalisé.

L'erreur de méthode engendrant une erreur de plan

Le danger est de présenter séparément et successivement le Conseil constitutionnel et le Tribunal constitutionnel espagnol, chacun faisant l'objet d'une partie. Cette erreur de plan trouve son origine dans une erreur de méthode. La méthode comparative n'est pas acquise. Celle-ci suppose une confrontation point à point des deux termes de la comparaison et pour la réaliser, la recherche de critères de comparaison. C'est au regard de ceux-ci que les objets à comparer le seront. Le bon choix de ces critères détermine la pertinence de la comparaison.

Corrigé

Il est désormais fréquent qu'une loi soit invalidée en tout ou en partie parce qu'inconstitutionnelle. La non conformité de la loi à la Constitution est en effet aujourd'hui sanctionnée au titre du principe de constitutionnalité qui découle de la suprématie de la Constitution, sommet de l'ordre juridique.

Les Constitutions française et espagnole prévoient ainsi la mise en œuvre de ce principe au travers de plusieurs de leurs dispositions relatives à l'autorité de contrôle de constitutionnalité : le Conseil constitutionnel pour la Constitution française du 4 octobre 1958 et le Tribunal constitutionnel pour la Constitution du Royaume d'Espagne du 27 décembre 1978. Les articles que nous allons étudier concernent le profil de l'institution constitutionnelle, sa composition et non ses compétences, les modalités de son contrôle et la force juridique de ses décisions (sur ce dernier point, on peut noter une identité foncière entre les deux Constitutions qui s'accordent pour donner aux décisions relatives à la constitutionnalité d'une loi une force définitive et absolue : aucun recours n'est possible et toutes les autorités administratives et judiciaires y sont soumises (**voir Focus France, C. 1958, art. 62 ; Espagne, C. 1978, art. 164**).

Pour évident que puisse paraître un contrôle de la loi au regard des prescriptions constitutionnelles, il n'en est pas moins vrai que ce contrôle porte sur un acte adopté par des représentants élus par les citoyens, représentants de la Nation et qu'à ce titre, il a eu du mal à s'imposer, comme le montre l'exemple de la France. Dès la Révolution française, la question de la protection de la Constitution contre toute atteinte a été perçue. Mais le caractère sacré de la loi et la méfiance vis-à-vis des juges ont détourné de la solution américaine consistant à accepter qu'à l'occasion d'un procès, tout juge puisse se prononcer sur la constitutionnalité de la loi applicable au litige et décider de ne pas appliquer celle-ci s'il la juge inconstitutionnelle (**voir Focus, l'arrêt de la Cour suprême, 1er février 1803, Marbury c/Madison**). On fit appel à la vertu politique et à la vigilance citoyenne pour veiller sur la Constitution (**voir Focus, les Constitutions de l'An I, art. 123 et de l'An III, art. 377**).

En outre, il faut souligner que le contrôle de constitutionnalité des lois, s'il est un contrôle juridique de la norme inférieure par rapport à la norme supérieure, a des effets politiques évidents. Il peut ainsi être utilisé à des fins politiques diverses. La France en donne de bons exemples : avec le contrôle de constitutionnalité mis en place sous les deux empires napoléoniens, il s'agissait pour les deux Napoléon d'avoir la mainmise totale sur le processus législatif en pouvant jusqu'au dernier moment empêcher la promulgation de la loi (**voir Focus, C. An VIII, art. 21, C. 1852, art. 26**) ; sous la IVe République, le contrôle du Comité constitutionnel avait essentiellement pour but de régler un différend politique entre le Conseil de la République, chambre affaiblie du Parlement, et l'Assemblée nationale qui votait seule la loi, ce qui expliquait sa composition par des parlementaires et sa saisine étroite (**voir Focus, C. 1946, art. 91 et 92**).

Mais, sans aller jusqu'à une déviation des fins juridiques du contrôle de constitutionnalité, il est tentant pour le pouvoir en place (tant le Parlement que le Gouvernement) de le confier à une autorité à sa main. Couper le plus possible l'autorité de contrôle de constitutionnalité de l'influence du pouvoir politique est donc un enjeu essentiel pour l'effectivité du contrôle de la constitutionnalité des lois.

Les Constitutions française et espagnole présentent-elles d'égales solutions pour la neutralité politique de l'autorité elle-même et l'indépendance de ses membres pris individuellement ?

Nous allons voir que la comparaison n'est pas en faveur de la France en matière de garanties de neutralité politique de l'autorité chargée du contrôle de la constitutionnalité des lois (I) alors que celle-ci assure aussi bien que l'Espagne l'indépendance des membres de celle-ci, pris individuellement (II).

I. La France en retrait en matière de garanties de neutralité politique

La neutralité de l'autorité chargée du contrôle de constitutionnalité dépend de ceux qui vont désigner les membres de cette autorité. En la matière, le choix de la Constitution française d'une désignation politique, individuelle et concentrée est moins satisfaisant que celui de la Constitution espagnole d'une désignation certes politique mais collective et élargie (A). Les risques de politisation de la composition du Conseil constitutionnel sont accrus par la totale liberté de choix laissée aux autorités de nomination. Aucune qualification juridique des personnes à nommer n'est exigée au contraire de l'Espagne (B).

A. Le choix problématique d'une désignation politique, individuelle et concentrée de la Constitution française

La Constitution française prévoit deux catégories de membres du Conseil constitutionnel : les membres de droit et les membres nommés. Les premiers sont les anciens Présidents de la République. Cette disposition (que le Président Macron espère pouvoir faire disparaître à l'occasion d'une révision de la Constitution) n'est déjà pas un signe positif quant à la neutralité politique du Conseil.

- **Voir le texte :**
  - **France : C. 1958, art. 56, al. 2** (seul V. Giscard d'Estaing siège actuellement).

Les membres nommés le sont seulement par trois autorités qui décident seules, à titre individuel : les présidents de l'Assemblée nationale et du Sénat choisissent et nomment eux-mêmes, ils ne nomment pas formellement une personne élue par leur assemblée respective ; le Président de la République choisit et nomme lui-même, il ne nomme pas sur proposition du Premier ministre ou avec son contreseing. Toutes ces nominations sont des décisions personnelles de leur auteur.

- **Voir les textes (dont Focus) :**
  - **France : C. 1958, art. 56, al. 1.** (nomination des présidents d'assemblées sans référence à un vote préalable de leur assemblée respective), **art. 19** (absence de contreseing pour la nomination des membres du Conseil).

Cependant, l'atténuation du caractère personnel de ces nominations a été recherchée lors de la révision constitutionnelle du 23 juillet 2008. Depuis cette révision, les décisions de nomination doivent en effet être précédées d'un avis rendu par une des huit commissions permanentes de l'Assemblée nationale et du Sénat. Il s'agit d'un avis obligatoire (qui doit être demandé) mais non conforme (qui ne lie pas l'autorité consultante), même si un avis massivement négatif peut empêcher une nomination.

- **Voir le texte et la doctrine (Focus) :**
  - **France : C. 1958, art. 56, al. 1** (renvoie à la procédure de l'article 13, al. 5), **art. 13, al. 5** (Focus) procédure prévue pour certaines nominations présidentielles, étendue aux nominations des membres du Conseil constitutionnel par les deux présidents des assemblées parlementaires et selon laquelle « lorsque l'addition des votes négatifs dans chaque commission représente au moins trois cinquièmes des suffrages exprimés au sein des deux commissions », la nomination ne peut avoir lieu. Pour les Présidents d'assemblée, il ne s'agit que de l'avis et du vote de la commission de leur assemblée respective. C'est le règlement intérieur de chaque assemblée qui détermine la commission compétente.

La solution a été critiquée en doctrine comme trop peu contraignante.

- **Voir doctrine (Focus) :**
  - **D. Rousseau, « Une procédure de nomination toujours discutable »**

En revanche, aucune intervention des juridictions judiciaires n'est prévue en France à la différence de l'Espagne.

La Constitution espagnole ouvre en effet la procédure de nomination à une pluralité d'autorités de nomination (Parlement, Gouvernement et Pouvoir judiciaire) qui élisent les membres (désignation collective) du Tribunal constitutionnel. Les personnes élues sont nommées pour la forme par le roi à qui la Constitution ne donne pas le pouvoir d'opposer son veto (silence du texte de ce point dont il découle que ce pouvoir n'existe pas).

- **Voir le texte :**
  - **Espagne : C. 1978, art. 159, al. 1** (les deux assemblées votent séparément pour choisir chacune quatre membres, le Gouvernement en choisit deux et le Conseil général du pouvoir judiciaire deux ; les personnes choisies sont proposées au roi) qui les nomment).

Ce mode de désignation ne garantit pas de façon absolue que le choix des membres du Tribunal constitutionnel soit apolitique mais il comporte moins ce risque que le mode de désignation français parce qu'il est collectif (élection ou choix collégial pour le Gouvernement), parce qu'il dépasse les seuls acteurs politiques en faisant intervenir le Pouvoir judiciaire (conseil général judiciaire, représentant la magistrature) et parce que le vote des assemblées se fait à une majorité renforcée, ce qui oblige à un choix de consensus.

- **Voir les textes et la doctrine (Focus) :**
  - **Espagne :**
    - **C. 1978, art. 159, al. 1** (majorité des trois cinquièmes des membres de chaque assemblée).
    - **P. Bon, « Présentation du Tribunal constitutionnel espagnol »** (doute sur l'efficacité de cette majorité pour éviter une politisation de la composition du Tribunal constitutionnel espagnol).

Quant à la désignation du Président de l'autorité de contrôle, la France se démarque encore négativement. Le président du Conseil constitutionnel (qui a voix prépondérante en cas de partage des voix) est nommé par le Président de la République alors que c'est le Tribunal constitutionnel espagnol qui choisit lui-même son président.

- **Voir les textes :**
  - **France : C. 1958, art. 56, al. 3.**
  - **Espagne : C. 1978, art. 160** (la nomination de pure forme relève du roi sur proposition du Tribunal, même procédure que pour la désignation des juges).

Le risque de politisation de l'organe de contrôle est encore accru en France par l'absence de qualification juridique requise pour pouvoir être nommé.

B. L'absence de qualification juridique des membres du Conseil constitutionnel renforçant le risque de politisation

La qualification juridique des membres de l'autorité de contrôle de la constitutionnalité des lois est une exigence logique dès lors que le contrôle du respect de la Constitution apparaît comme un contrôle de nature juridique, une sorte de jugement de la loi au regard de la hiérarchie des normes à laquelle elle est soumise en vertu de l'État de droit. C'est dans cette perspective que la Constitution espagnole met en place une véritable juridiction constitutionnelle dont les membres sont logiquement choisis parmi des juristes confirmés.

- **Voir le texte :**
  - **Espagne : C. 1978, art. 159, al. 2.**

Au contraire, la Constitution de 1958 reste fidèle à une tradition française qui débute avec les Sénats impériaux et se confirme en 1946 avec le Comité constitutionnel selon laquelle le contrôle de constitutionnalité des lois revêt une fonction politique. Ainsi, en 1958, la mise en place du Conseil constitutionnel est un élément de la rationalisation du régime parlementaire. Il s'agit, grâce au Conseil, de veiller au respect par le Parlement des nouvelles contraintes constitutionnelles qui pèsent sur lui en matière législative (domaine de la loi, procédure législative) afin de préserver les pouvoirs du Gouvernement qui sont prévus par la Constitution.

- **Voir le texte (Focus) :**
  - **M. Debré, discours devant le Conseil d'État** (rappelle la tradition française qui prive le juge de tout contrôle de la loi et établit le lien entre le Conseil constitutionnel et le régime parlementaire dont il est chargé d'éviter les dérives).

C'est pourquoi aucune qualification juridique n'est exigée pour faire partie du Conseil constitutionnel. L'expérience politique est valorisée car elle doit permettre aux membres du Conseil de prendre la mesure des enjeux politiques de leur décision au regard de sa nécessité juridique. Cependant, la pratique montre que nombreux des membres nommés sont des juristes ou ont étudié le droit.

- **Voir la doctrine et le tableau (Focus) :**
  - **A. Lancelot, « La légitimité du juge constitutionnel »** (ancien membre du Conseil constitutionnel, témoigne de la présence de nombreux juristes au Conseil et de l'équilibre réalisé par la présence à leur côté d'hommes politiques).
  - **Tableau sur la formation juridique des membres du Conseil constitutionnel en 2017** (montre que tous les membres ont une formation en droit plus ou moins poussée).

C'est aussi ce qui avait justifié la présence de droit des anciens Présidents.

II. L'indépendance des membres nommés également assurée par les deux Constitutions

L'indépendance vis-à-vis du Parlement et du Gouvernement est un point essentiel qui passe notamment par le choix partagé par les deux Constitutions d'une longue durée des fonctions et d'un mode de renouvellement partiel des membres (A) ainsi que par un régime sévère des incompatibilités frappant les membres de l'autorité de contrôle de la constitutionnalité des lois (B).

A. L'accord sur une longue durée de fonction et un renouvellement partiel des membres

La durée de neuf ans non renouvelables pour la fonction de membre de l'autorité de contrôle de la constitutionnalité des lois a été choisie par les deux Constitutions. C'est une durée longue, réputée favoriser l'indépendance.

- **Voir les textes :**
  - **France : C. 1958, art. 56, al. 1.**
  - **Espagne :**
    - **C. 1978, art. 159, al. 3.**
    - **LO 3 oct. 1979, art. 16, al. 2** (non-renouvellement mais interdiction de proposer une seconde nomination « pour une autre période immédiate ». C'est une formule malencontreuse car elle semble n'interdire que deux nominations successives. La doctrine s'accorde à dire que les fonctions ne sont pas renouvelables deux fois même non successivement).

Le renouvellement partiel de la composition permet un lissage des changements, une plus grande diversité des autorités de nomination sur le plan politique (par le jeu des renouvellements de mandat) et une relative continuité de la jurisprudence de l'autorité par le maintien inchangé des deux tiers des membres.

- **Voir les textes :**
  - **France : C. 1958, art. 56, al. 1.**
  - **Espagne : C. 1978, art. 159, al. 3.**

Un seul point de divergence en France sur la durée des fonctions du Président. En Espagne, le juge désigné Président exerce la présidence durant une durée égale au tiers de celle de la fonction de membre du Tribunal constitutionnel, soit trois ans. Cela permet, lors de chaque renouvellement d'un tiers des juges tous les trois ans, de procéder à la désignation d'un nouveau Président, expression de la nouvelle composition du Tribunal. La réélection est possible.

- **Voir les textes :**
  - **Espagne : LO 3 oct. 1979, art. 9, al. 3** (une seule réélection est possible).

La France adopte une solution divergente. Le Président préside toute la durée de ses fonctions, soit neuf ans. Dans le cas où il serait un membre de droit, membre à vie, on admet qu'il le reste également neuf ans bien que l'ordonnance organique qui prévoit cette possibilité reste silencieuse sur ce point.

- **Voir le texte :**
  - **France : Ord. 7 nov. 1958, art. 1, al. 2.**

B. L'unanimité sur un régime d'incompatibilités strict

Une incompatibilité interdit le cumul entre une fonction ou un mandat et un ou plusieurs autres fonctions, mandats ou activités. C'est le moyen utilisé notamment pour lutter contre les conflits d'intérêts. Dans le cas des membres d'une autorité de contrôle de la constitutionnalité des lois, le but est essentiellement celui-là. L'incompatibilité concerne en premier lieu toute activité politique. Il est évident que l'absence de tout lien avec les autorités politiques que sont le Parlement et le Gouvernement et plus largement diverses autorités publiques, voire administratives, est de première importance pour assurer la neutralité politique et l'indépendance des membres de l'autorité chargée du contrôle de la constitutionnalité des lois. Les deux Constitutions instituent une incompatibilité de cumul de fonctions en ce sens.

- **Voir les textes :**
  - **France :**
    - **C. 1958, art. 57,** (incompatibilité avec la fonction ministérielle et le mandat parlementaire).
    - **Ord. 7 nov. 1958, art. 4, al. 1** (incompatibilité avec les fonctions de membres du Conseil économique, social et environnemental, chargé de donner des avis au Gouvernement et au Parlement ; avec celle du Défenseur des droits, autorité

Exercice

administrative indépendante, chargé de veiller au respect des droits et libertés et avec tout mandat électoral).

- **Espagne: C. 1979, art. 159, al. 4** (incompatibilité avec tout mandat représentatif, toute charge politique et administrative, ce qui inclut en particulier la fonction ministérielle).

Autre point de convergence: l'incompatibilité avec un poste ou un emploi public et toute activité professionnelle, indépendante ou salariée.

- **Voir les textes:**
  - **France: Ord. 7 nov. 1958, art. 4, al. 4.**
  - **Espagne: C. 1978, art. 159, al. 4.**

Ainsi, par-delà leur différence quant à la composition de l'autorité de contrôle de la constitutionnalité des lois, les Constitutions française et espagnole se rejoignent pour mettre en place des règles en vue d'assurer au mieux la neutralité politique et l'indépendance de cette autorité garante de l'État de droit.

Doctrine

A. Lancelot, « La légitimité du juge constitutionnel », *in* « La légitimité des juges », (dir.) J. Krynen et J. Raybau, *Actes du colloque de Toulouse 28 et 29 octobre 2003*, Presses de l'Université des Sciences Sociales Toulouse I, disponible en ligne: http://www.conseil-constitutionnel.fr/conseil-constitutionnel/root/bank_mm/pdf/Conseil/legitimite_du_juge_constitutionnel_lancelot_2003.pdf

Pour ma part, je dois reconnaître que je trouvais un peu baroque le mode de désignation des membres du Conseil constitutionnel jusqu'à ce que j'y sois moi-même nommé. Pas seulement parce qu'il montrait par là sa grande pertinence mais, plus sérieusement, parce que j'ai pris conscience que celui-ci tirait l'essentiel de sa légitimité du panachage subtil dans sa composition, de l'expérience politique et de la compétence juridique… La présence de nombreux juristes garde le Conseil du côté de la doctrine et la présence de nombreux politique le garde du côté du Parlement car celui-ci sait qu'il n'est pas jugé par des conseillers qui ignorent superbement les conditions du travail parlementaire mais par des anciens praticiens qui en connaissent les arcanes et reconnaissent de leur côté la difficulté et la pleine légitimité.

D. Rousseau, « Une procédure de nomination toujours discutable », *Les Petites Affiches*, 2008, n° 254, p. 101 s.

De la rédaction du nouvel article 56 de la Constitution, il semble résulter que les avis ne lient l'autorité de nomination que dans l'hypothèse où une majorité des trois cinquièmes se dégage contre la proposition présidentielle; en deçà de cette majorité, c'est-à-dire, si l'avis est négatif « seulement » à la majorité simple, le président garde le pouvoir de nommer la personne qu'il avait pressentie… Tout autre aurait été le système soumettant les nominations à un avis positif des commissions exprimé à la majorité des trois cinquièmes: la majorité parlementaire disposant rarement à elle seule des trois cinquièmes des voix, il lui faudrait obtenir l'accord de l'opposition et le président serait donc obligé de proposer un candidat bénéficiant, au-delà de son éventuelle « sensibilité » politique, d'une forte reconnaissance académique. Le constituant de 2008 a suivi une autre voie, plus favorable à la liberté des autorités de nomination qu'au contrôle parlementaire.

P. Bon, « Présentation du Tribunal constitutionnel espagnol », *Cahiers du Conseil constitutionnel* n° 2, mai 1997, accessible en ligne: http://www.conseil-constitutionnel.fr/conseil-constitutionnel/francais/nouveaux-cahiers-du-conseil/cahier-n-2/presentation-du-tribunal-constitutionnel-espagnol.52867.html

C'est pour éviter justement que la participation d'autorités politiques à la désignation des membres du Tribunal constitutionnel n'aboutisse à une politisation excessive de l'institution qu'ont été mis en place un certain nombre de garde-fous. Au nombre de ces derniers, on évoque parfois l'exigence d'une majorité des trois cinquièmes pour pouvoir être élu au Tribunal constitutionnel… Cette exigence d'une majorité qualifiée peut en effet faire l'objet d'une lecture idéaliste selon laquelle elle permettrait de désigner au Tribunal des personnalités indépendantes… Mais, d'autres comportements des forces politiques sont également concevables… Au total, l'exigence d'une majorité qualifiée des trois cinquièmes n'est pas un véritable garde-fou à une politisation excessive du Tribunal. Elle est plutôt un élément garantissant en principe le caractère pluraliste de sa composition.

Discours politique

Michel Debré, Discours devant le Conseil d'État, 27 août 1958

La création du Conseil constitutionnel manifeste la volonté de subordonner la loi, c'est-à-dire la volonté du Parlement, à la règle supérieure édictée par la Constitution. Il n'est ni dans l'esprit du régime parlementaire, ni dans la tradition française, de donner à la justice, c'est-à-dire à chaque justiciable, le droit d'examiner la valeur de la loi… L'existence de ce Conseil, l'autorité qui doit être la sienne représentent une grande et nécessaire innovation. La Constitution crée ainsi une arme contre la déviation du régime parlementaire.

Document

Tableau : la formation juridique et la carrière des membres du Conseil constitutionnel en 2018

Membres		Correspondance d'orientation politique des membres ayant eu une carrière politique et leur autorité de nomination
V. Giscard d'Estaing	Membre de droit (ENA)	
L. Fabius (président)	École nationale d'administration (carrière politique)	Nommé par le Président F. Hollande (correspondance)
M. Charasse	Licence en droit (carrière politique)	Nommé par le Président N. Sarkozy (correspondance)
C. Bazy Malaurie	Maîtrise en droit (juridictions financières)	
N. Maestracci	École nationale de la magistrature (Avocate)	
L. Jospin	École nationale d'administration (carrière politique)	Nommé par le Président de l'Assemblée nationale C. Bartolone (correspondance)
J.-J. Hyest	Diplôme d'études supérieures de droit public (carrière politique)	Nommé par le Président du Sénat G. Larcher (correspondance)
M. Pinault	Licence en droit, École nationale d'administration (carrière dans le secteur privé puis le Conseil d'État)	

C. Luquiens	Diplôme d'études supérieures de droit public (carrière dans les services de l'Assemblée nationale)	
D. Lottin	Maîtrise en droit (magistrate)	

Jurisprudence

Cour suprême, 1er février 1803, Marbury c/ Madison (extrait)

« C'est précisément le domaine et le devoir du pouvoir judiciaire de dire ce qu'est la loi. Ceux qui appliquent une règle à un cas particulier doivent nécessairement exposer et interpréter cette règle. Si deux lois se contredisent, les tribunaux doivent décider comment chacune s'applique. Il en est ainsi si une loi contredit la Constitution : si la loi et la Constitution s'appliquent toutes deux à une affaire particulière, alors le tribunal doit soit trancher l'affaire selon la loi, en ignorant la Constitution ; ou conformément à la Constitution, il doit ignorer la loi : le tribunal doit déterminer laquelle de ces deux règles en conflit décide de l'affaire. C'est l'essence même du travail du Juge. »

I. Constitutions françaises

Constitution de l'An I (24 juin 1793)

Article 123. La République française honore la loyauté, le courage, la vieillesse, la piété filiale, le malheur. Elle remet le dépôt de sa Constitution sous la garde de toutes les vertus.

Constitution du 5 Fructidor an III (22 août 1795)

Article 377. Le peuple français remet le dépôt de la présente Constitution à la fidélité du Corps législatif, du Directoire exécutif, des administrateurs et des juges ; à la vigilance des pères de famille, aux épouses et aux mères, à l'affection des jeunes citoyens, au courage de tous les Français.

Constitution du 22 Frimaire an VIII (13 décembre 1799)

TITRE II - Du Sénat conservateur

Article 15. Le Sénat conservateur est composé de quatre-vingts membres, inamovibles et à vie, âgés de quarante ans au moins…

Article 16. La nomination à une place de sénateur se fait par le Sénat, qui choisit entre trois candidats présentés, le premier par le Corps législatif ; le second, par le Tribunat ; et le troisième par le Premier consul. - Il ne choisit qu'entre deux candidats, si l'un d'eux est proposé par deux des trois autorités présentantes : il est tenu d'admettre celui qui serait proposé à la fois par les trois autorités.

Article 21. Il maintient ou annule tous les actes qui lui sont déférés comme inconstitutionnels par le Tribunat ou par le gouvernement : les listes d'éligibles sont comprises parmi ces actes.

Constitution de l'An XII - Empire - 28 floréal An XII

Article 57. Le Sénat se compose, - 1° Des princes français ayant atteint leur dix-huitième année ; - 2° Des titulaires des grandes dignités de l'Empire ; - 3° Des quatre-vingts membres nommés sur la présentation de candidats choisis par l'Empereur sur les listes formées par les collèges électoraux de département ; - 4° Des citoyens que l'Empereur juge convenable d'élever à la dignité de sénateur.

Article 70. Tout décret rendu par le Corps législatif peut être dénoncé au Sénat par un sénateur… ; 3° comme n'ayant pas été délibéré dans les formes prescrites par les Constitutions de l'Empire, les règlements et les lois ; …

Constitution du 4 novembre 1848

Chapitre X – Dispositions particulières

Article 110. L'Assemblée nationale confie le dépôt de la présente Constitution, et des droits qu'elle consacre, à la garde et au patriotisme de tous les Français.

Constitution du 14 janvier 1852

Titre IV - Du Sénat

Article 20. Le Sénat se compose : 1° Des cardinaux, des maréchaux, des amiraux ; 2° Des citoyens que le président de la République juge convenable d'élever à la dignité de sénateur.

Article 21. Les sénateurs sont inamovibles et à vie.

Article 25. Le Sénat est le gardien du pacte fondamental et des libertés publiques. Aucune loi ne peut être promulguée avant de lui avoir été soumise.

Article 26. Le Sénat s'oppose à la promulgation. ***1°*** Des lois qui seraient contraires ou qui porteraient atteinte à la Constitution, à la religion, à la morale, à la liberté des cultes, à la liberté individuelle, à l'égalité des citoyens devant la loi, à l'inviolabilité de la propriété et au principe de l'inamovibilité de la magistrature ; …

Constitution du 27 octobre 1946

Titre XI – De la révision de la Constitution

Article 91. 1. Le Comité constitutionnel est présidé par le président de la République.- **2.** Il comprend le président de l'Assemblée nationale, le président du Conseil de la République, sept membres élus par l'Assemblée nationale au début de chaque session annuelle à la représentation proportionnelle des groupes, et choisis en dehors de ses membres, trois membres élus dans les mêmes conditions par le Conseil de la République. - **3.** Le Comité constitutionnel examine si les lois votées par l'Assemblée nationale supposent une révision de la Constitution.

Article 92. 1. Dans le délai de promulgation de la loi, le Comité est saisi par une demande émanant conjointement du président de la République et du président du Conseil de la République, le Conseil ayant statué à la majorité absolue des membres le composant. - **2.** Le Comité examine la loi, s'efforce de provoquer un accord entre l'Assemblée nationale et le Conseil de la République et, s'il n'y parvient pas, statue dans les cinq jours de la saisine. Ce délai est ramené à deux jours en cas d'urgence. - **3.** Il n'est compétent que pour statuer sur la possibilité de révision des dispositions des titres Ier à X de la présente Constitution.

Constitution du 4 octobre 1958

Titre II - Le Président de la République

Article 13... - 5. Le pouvoir de nomination du Président de la République s'exerce après avis public de la commission permanente compétente de chaque assemblée. Le Président de la République ne peut procéder à une nomination lorsque l'addition des votes négatifs dans chaque commission représente au moins trois cinquièmes des suffrages exprimés au sein des deux commissions.

Article 19. Les actes du Président de la République autres que ceux prévus aux articles... 56... sont contresignés par le Premier ministre et, le cas échéant, par les ministres responsables.

Titre VII - Le Conseil constitutionnel

Article 62. 1. Une disposition déclarée inconstitutionnelle sur le fondement de l'article 61 ne peut être promulguée ni mise en application. - **2.** Une disposition déclarée inconstitutionnelle sur le fondement de l'article 61-1 est abrogée à compter de la publication de la décision du Conseil constitutionnel ou d'une date ultérieure fixée par cette décision. Le Conseil constitutionnel détermine les conditions et limites dans lesquelles les effets que la disposition a produits sont susceptibles d'être remis en cause. - **3.** Les décisions du Conseil constitutionnel ne sont susceptibles d'aucun recours. Elles s'imposent aux pouvoirs publics et à toutes les autorités administratives et juridictionnelles.

II. Constitution étrangère

Constitution du Royaume d'Espagne du 27 décembre 1978

Titre IX - De la Cour constitutionnelle

Article 164. 1. Les sentences du Tribunal constitutionnel sont publiées au Bulletin officiel de l'État, avec les opinions particulières, s'il y a lieu. Elles ont l'autorité de la chose jugée à partir du jour suivant celui de leur publication et il n'y a aucun recours contre elles. Celles qui prononcent l'inconstitutionnalité d'une loi ou d'une norme ayant force de loi et toutes celles qui ne se limitent pas à l'estimation subjective d'un droit ont les mêmes effets *erga omnes*. – **2.** Sauf si le jugement en dispose autrement, la loi demeure en vigueur dans sa partie non affectée par l'inconstitutionnalité.

☛ Pour aller plus loin

A. Delcamp, « Cours constitutionnelles et parlements – ou comment se conjuguent aujourd'hui principe de souveraineté et État de droit », *Nouveaux Cahiers du Conseil constitutionnel*, n° 38, janvier 2013, accessible en ligne : http://www.conseil-constitutionnel.fr/conseil-constitutionnel/francais/nouveaux-cahiers-du-conseil/cahier-n-38/cours-constitutionnelles-et-parlements-ou-comment-se-conjuguent-aujourd-hui-principe-de-souverainete-et-etat-de-droit.135708.htm

F. Pérez de Los Cobos Orihuel, « Le tribunal constitutionnel espagnol », *Nouveaux Cahiers du Conseil constitutionnel*, 2015/4, n° 49, p. 59, accessible en ligne : https://www.cairn.info/revue-les-nouveaux-cahiers-du-conseil-constitutionnel-2015-4-page-59.htm

F. Hourquebie, « Les nominations au Conseil constitutionnel », *Les Petites Affiches*, 2001, n° 108, p. 9.

Sénat, Étude de législation comparée n° 179 – novembre 2007 – La composition des cours constitutionnelles, Service des études juridiques, accessible en ligne : https://www.senat.fr/lc/lc179/lc1790.html

M. Verpeaux, « Le Conseil constitutionnel, 49 ans après... », *Les Petites Affiches*, 10 juillet 2008, n° 138, dossier les 50 ans de la Ve République.

Thème 5

La protection des droits et libertés constitutionnels

Exercice

Commentaire comparé de textes constitutionnels

Constitution du 4 octobre 1958

Titre VII - Le Conseil constitutionnel

Article 61-1. 1. Lorsque, à l'occasion d'une instance en cours devant une juridiction, il est soutenu qu'une disposition législative porte atteinte aux droits et libertés que la Constitution garantit, le Conseil constitutionnel peut être saisi de cette question sur renvoi du Conseil d'État ou de la Cour de cassation qui se prononce dans un délai déterminé…

Ordonnance n° 58-1067 du 7 novembre 1958 portant loi organique sur le Conseil constitutionnel (modifiée par la **LO du 10 décembre 2009** relative à l'application de l'article 61-1 de la Constitution)

Chapitre II *bis* - De la question prioritaire de constitutionnalité

Section I- Dispositions applicables devant les juridictions relevant du Conseil d'État ou de la Cour de cassation

« **Art. 23-1. 1.** Devant les juridictions relevant du Conseil d'État ou de la Cour de cassation, le moyen tiré de ce qu'une disposition législative porte atteinte aux droits et libertés garantis par la Constitution est, à peine d'irrecevabilité, présenté dans un écrit distinct et motivé. Un tel moyen peut être soulevé pour la première fois en cause d'appel. Il ne peut être relevé d'office… - **4.** Le moyen ne peut être soulevé devant la cour d'assises. En cas d'appel d'un arrêt rendu par la cour d'assises en premier ressort, il peut être soulevé dans un écrit accompagnant la déclaration d'appel…

Art. 23-2. 1. La juridiction statue sans délai par une décision motivée sur la transmission de la question prioritaire de constitutionnalité au Conseil d'État ou à la Cour de cassation. Il est procédé à cette transmission si les conditions suivantes sont remplies : - **2.** 1° La disposition contestée est applicable au litige ou à la procédure, ou constitue le fondement des poursuites ; - **3.** 2° Elle n'a pas déjà été déclarée conforme à la Constitution dans les motifs et le dispositif d'une décision du Conseil constitutionnel, sauf changement des circonstances ; - **4.** 3° La question n'est pas dépourvue de caractère sérieux… - **6.** La décision de transmettre la question est adressée au Conseil d'État ou à la Cour de cassation dans les huit jours de son prononcé avec les mémoires ou les conclusions des parties…

Article 23-3. 1. Lorsque la question est transmise, la juridiction sursoit à statuer jusqu'à réception de la décision du Conseil d'État ou de la Cour de cassation ou, s'il a été saisi, du Conseil constitutionnel… - **2.** Toutefois, il n'est sursis à statuer ni lorsqu'une personne est privée de liberté à raison de l'instance ni lorsque l'instance a pour objet de mettre fin à une mesure privative de liberté. - **3.** La juridiction peut également statuer sans attendre la décision relative à la question prioritaire de constitutionnalité si la loi ou le règlement prévoit qu'elle statue dans un délai déterminé ou en urgence…

Section 2 Dispositions applicables devant le Conseil d'État et la Cour de cassation

Art. 23-4. Dans un délai de trois mois à compter de la réception de la transmission prévue à l'article 23-2 ou au dernier alinéa de l'article 23-1, le Conseil d'État ou la Cour de cassation se prononce sur le renvoi de la question prioritaire de constitutionnalité au Conseil constitutionnel. Il est procédé à ce renvoi dès lors que les conditions prévues aux 1° et 2° de l'article 23-2 sont remplies et que la question est nouvelle ou présente un caractère sérieux.

Art. 23-5. 1. Le moyen tiré de ce qu'une disposition législative porte atteinte aux droits et libertés garantis par la Constitution peut être soulevé, y compris pour la première fois en cassation, à l'occasion d'une instance devant le Conseil d'État ou la Cour de cassation. Le moyen est présenté, à peine d'irrecevabilité, dans un mémoire distinct et motivé. Il ne peut être relevé d'office…

Constitution du Royaume d'Espagne du 27 décembre 1978

Titre I - Des droits et des devoirs fondamentaux

Chapitre IV - Des garanties des libertés et des droits fondamentaux

Article 53… - 2. Tout citoyen pourra demander la protection des libertés et des droits reconnus à l'article 14 et à la section 1re du chapitre II aux tribunaux ordinaires… et, le cas échéant, par le recours d'amparo devant le Tribunal constitutionnel…

Loi organique du 3 octobre 1979 relative au Tribunal constitutionnel

Titre III - Du recours d'*amparo* constitutionnel

Chapitre I - Du bien-fondé et de l'interjection du recours d'*amparo* constitutionnel

Article 41. 1. Les droits et les libertés reconnus aux articles 14 à 29 de la Constitution seront susceptibles du recours d'amparo, dans les cas et suivant les formes que la présente loi établit, sans préjudice de leur tutelle générale confiée aux tribunaux de justice. La même protection sera applicable à l'objection de conscience reconnue à l'article 30 de la Constitution

Article 42. Les décisions ou les actes n'ayant pas valeur de loi qui émanent des Cortes ou de l'un quelconque de leurs organes, ou des assemblées législatives des Communautés autonomes ou de leurs organes,… qui violent les droits et les libertés sont susceptibles d'amparo constitutionnel… dans un délai de trois mois à partir du moment où… elles sont définitives.

Article 43. 1. Les violations des droits et des libertés précités, provenant de dispositions, d'actes juridiques ou de simples comportements matériels du gouvernement, de ses autorités ou de ses fonctionnaires, ou des organes exécutifs collégiaux des Communautés autonomes ou de leurs autorités, fonctionnaires ou agents, pourront donner lieu à recours d'amparo, une fois épuisée la voie judiciaire pertinente… **- 2.** Le délai pour intenter le

Exercice

recours d'amparo constitutionnel sera de vingt jours à compter de la notification de la décision rendue lors du procès judiciaire préalable.

Article 44. 1. Les violations des droits et libertés susceptibles d'amparo constitutionnel qui auraient leur origine immédiate et directe dans un acte ou une omission d'un organe juridictionnel pourront donner lieu à recours… - **2.** Le délai pour intenter le recours d'amparo sera de vingt jours à partir de la notification de la décision rendue dans le procès judiciaire.

Article 46. 1. Ont droit à intenter le recours d'amparo constitutionnel : ***a)*** Dans les cas des articles 42 et 45, la personne directement affectée, le Défenseur du peuple et le Ministère public. ***b)*** Dans les cas des articles 43 et 44, ceux qui ont été partie au procès judiciaire correspondant, le Défenseur du peuple et le Ministère public…

Chapitre II - De la procédure d'examen des recours d'*amparo* constitutionnels

Article 50. 1. La section peut décréter… l'inadmission du recours dans les cas suivants : ***a)*** Lorsque la demande ne remplit pas de façon manifeste et irréversible l'une quelconque des conditions contenues dans les articles 41 à 46, ou que se produit le cas auquel il est fait référence à l'article 4-2. ***b)*** Lorsque la demande a trait à des droits ou libertés qui ne sont pas susceptibles d'amparo constitutionnel. ***c)*** Lorsque la demande manque manifestement de contenu justifiant une décision du Tribunal constitutionnel portant sur le fond de cette dernière. ***d)*** Lorsque le Tribunal constitutionnel a déjà débouté sur le fond un recours ou une question d'inconstitutionnalité ou un recours d'amparo dans un cas d'espèce substantiellement identique, auquel cas il doit mentionner expressément dans l'ordonnance le ou les jugements de rejet…

Article 55. … - **2.** Au cas où il serait fait droit au recours d'amparo parce que la loi appliquée lèse des droits fondamentaux ou des libertés publiques, la chambre présentera la question au Tribunal statuant en assemblée plénière, qui pourra déclarer l'inconstitutionnalité de ladite loi par un nouvel arrêt…

Article 56. 1. La chambre qui connaîtra d'un recours d'amparo suspendra, d'office ou sur la demande du pétitionnaire, l'exécution de l'acte des pouvoirs publics à propos duquel l'amparo constitutionnel est réclamé lorsque ladite exécution pourrait occasionner un préjudice qui ferait perdre à la protection son objet même. Elle pourra cependant refuser le sursis lorsqu'il pourrait s'ensuivre une grave perturbation des intérêts généraux ou des droits fondamentaux ou des libertés publiques d'un tiers.

Conseil méthodologique

Mêmes risques d'erreurs que pour l'exercice précédent.

Corrigé

Aujourd'hui, la question des droits et libertés est au cœur de la démocratie car celle-ci est indissociable du respect de ceux-là.

C'est pourquoi les Constitutions ne se contentent plus de poser les règles de fonctionnement de l'État, elles inscrivent aussi dans leur texte une liste de droits et de libertés, comme le fait la Constitution du Royaume d'Espagne du 27 décembre 1978 (**voir, Titre 1 - Des droits et devoirs fondamentaux**) ou bien elles renvoient à des textes qui les reconnaissent à l'instar de la Constitution française du 4 octobre 1958 (**voir, Préambule** renvoyant à la Déclaration des droits de l'homme et du citoyen, au Préambule de la Constitution de 1946 et à la Charte de l'environnement). Cependant, la simple consécration constitutionnelle ne suffit pas. Il faut s'assurer du respect effectif de ces droits et libertés et ces deux Constitutions ne manquent pas de s'en préoccuper.

Leur démarche apparaît au premier abord assez similaire : chacune confie à son autorité de contrôle de constitutionnalité le soin de sanctionner les violations des droits et libertés qu'elle consacre (le Conseil constitutionnel pour la Constitution française et le Tribunal constitutionnel pour la Constitution espagnole) et elle charge une autorité administrative indépendante d'intervenir, mais sans pouvoir de sanction, à l'égard des agissements contraires aux droits et libertés imputables aux administrations en particulier (le Défenseur des droits pour la Constitution française depuis la révision du 23 juillet 2008, **voir C. 1958, Titre XI bis, art. 71-1** et le Défenseur du peuple pour la Constitution espagnole, **voir C. 1978, art. 54**). La proximité apparente des deux Constitutions se prolonge sur le plan des procédures de contrôle : chacune prévoit une voie dédiée : la question prioritaire de constitutionnalité (QPC) pour la Constitution française depuis la révision constitutionnelle du 23 juillet 2008 (**voir C. 1958, art. 61-1**) et le recours en *amparo* (*brevitatis causa* : « l'*amparo* », dans le reste du texte) pour la Constitution espagnole (**voir C. 1978, art. 53**). Enfin, dernière convergence, les dispositions constitutionnelles sont complétées par des textes organiques : l'ordonnance du 7 novembre 1958 portant loi organique sur le Conseil constitutionnel telle que modifiée par la loi organique du 10 décembre 2009 pour la France et la loi organique du 3 octobre 1979 relative au Tribunal constitutionnel pour l'Espagne.

Mais si l'on se penche sur le détail des textes, ne révèlent-ils pas de grandes différences ?

Certainement. Il est aisé de mettre en évidence de réelles différences à la fois sur le plan du champ d'application qui est restreint pour la QPC et très large pour l'*amparo* (I) que sur le plan de leur mise en œuvre qui se déroule de façon totalement opposée malgré un but commun (II).

I. Le domaine restreint de la QPC *versus* le domaine très large de *l'amparo*

L'appréciation du champ d'application de la QPC et de *l'amparo* passe d'abord par l'examen des droits et libertés protégés par ces deux voies de contrôle. Sur ce point, il existe une certaine proximité entre les Constitutions française et espagnole (A). En revanche, sur le second point à examiner, l'objet du contrôle de la QPC et de l'*amparo*, on constate une très grande différence. La focalisation exclusive sur la loi de la QPC tranche avec l'éventail d'actes et d'agissements susceptibles d'*amparo* (B).

A. La proximité des droits et libertés protégés par la QPC et l'*amparo*

En abordant les droits et libertés consacrés par les deux Constitutions, on remarque en premier lieu une différence déjà signalée dans l'introduction : la Constitution espagnole intègre dans son corps même les droits et libertés tandis que la Constitution française se contente d'un renvoi à des textes distincts. Cette différence aurait pu avoir une conséquence déterminante si l'on avait considéré que le Préambule de la Constitution n'avait pas de valeur juridique, qu'il constituait une simple introduction solennelle et déclaratoire, dénuée de tout caractère normatif. En faveur de cette thèse, on peut faire valoir que la Constitution de 1946 excluait son Préambule du champ d'application du contrôle de constitutionnalité assuré par le Comité constitutionnel, preuve que le Préambule ne se prêtait pas à un tel contrôle en raison de son caractère politique et non juridique.

- **Voir le texte (Focus) :**
  - **C. 1946, art. 92, al. 3** (le contrôle commence au Titre Ier, ce qui soustrait implicitement mais sans aucun doute le Préambule de la compétence du Comité constitutionnel).

La question de la constitutionnalité du Préambule de la Constitution a rebondi quand la Constitution de 1958 a abandonné cette exclusion. En gardant le silence sur l'étendue du texte constitutionnel protégé par le contrôle du Conseil constitutionnel, elle rendait possible la reconnaissance de la valeur juridique du Préambule et par voie de conséquence, celle des textes auxquels il renvoie. Le Conseil constitutionnel en 1971 réalisa cette possibilité.

- **Voir les textes (Focus) :**
  - **France, C. 1958, art. 61, al 1 et 2.**
  - **CC, Décision n° 71-44 DC du 16 juillet 1971** (pour effectuer son contrôle et censurer finalement la loi, le CC se fonde sur les « principes fondamentaux reconnus par les lois de la République », formule utilisée par le Préambule de la Constitution de 1946 - voir le texte du Préambule - qui renvoie aux lois sur les libertés de la IIIe République ; ce faisant, le Conseil reconnaît la valeur juridique du Préambule).

Depuis lors, le Conseil a utilisé la Déclaration des droits de l'homme et la Charte de l'environnement dans le cadre du contrôle de constitutionnalité des lois. Les trois générations de droits (celle de 1789 des droits civils et politiques, celle de 1946 des droits économiques et sociaux, celle de 2004 des droits environnementaux) ont été ainsi garantis.

- **Voir les textes et tableaux (Focus) :**
  - **Décision n° 73-51 DC du 27 décembre 1973** - Loi de finances pour 1974 (pour la Déclaration des droits de l'homme et du citoyen de 1789).
  - **Décision n° 2008-564 DC du 19 juin 2008** - Loi relative aux organismes génétiquement modifiés (pour la Charte de l'environnement).
  - **Tableaux des droits et libertés consacrés par les trois textes de 1789, 1946, 2004.**

La Constitution espagnole ne soulève pas de telles difficultés. Elle intègre les droits et libertés dans son texte et l'article relatif à l'*amparo* précise clairement quels sont les droits et libertés qui en relèvent. Ils apparaissent globalement plus restreints que ceux consacrés par la Constitution française car ils se limitent aux droits civils et politiques.

- **Voir les textes et le tableau (Focus)**
  - **Espagne : C. 1978, Titre I, art. 53, al. 2** (art. 14 et l'ensemble de la première section du chapitre II).
  - **Tableau des droits et libertés protégés par l'*amparo*.**

La grande différence entre la QPC et l'*amparo* réside surtout dans l'étendue des objets du contrôle.

B. L'étroitesse du champ d'application de la QPC *versus* la largesse de celui de l'*amparo*

La Constitution de 1958 ne prévoit qu'un contrôle des lois par le Conseil constitutionnel au moyen de la QPC. Il s'agit des lois promulguées (avant ou après 1958) et donc en application. C'est en effet à l'occasion d'un litige auquel la loi doit s'appliquer que la QPC est utilisable.

- **Voir le texte :**
  - **France : C. 1958, art. 61-1** (« à l'occasion d'une instance en cours », « une disposition législative »).

La QPC apparaît comme le complément du contrôle mis en place en 1958 qui est un contrôle *a priori* effectué avant la promulgation de la loi. Elle élargit le champ du contrôle de constitutionnalité en y soumettant l'ensemble des lois en vigueur (sous réserve qu'elles portent atteinte aux droits et libertés constitutionnellement garantis), ce qui est un progrès incontestable.

- **Voir le texte (Focus) :**
  - **France, C. 1958, art. 61.**

L'*amparo* apparaît très différent puisqu'il exclut les lois et concerne tant des actes juridiques que des comportements. Son champ d'application est donc très hétérogène et très étendu.

Exercice

- **Voir les textes :**
  - **Espagne : LO 1979, art. 42** (actes sans caractère législatif des législateurs national et régionaux et de leurs organes), **art. 43** (actes et agissements des exécutifs national et régionaux et de leurs organes), **art. 44** (actes, omissions d'un organe juridictionnel).

La loi échappe donc à l'*amparo,* ce qui peut sembler étrange. La loi ne fait l'objet que d'un contrôle de constitutionnalité *a posteriori*, par recours d'inconstitutionnalité (ouvert à des autorités politiques et au Défenseur du peuple) ou par question d'inconstitutionnalité, ouverte à tout juge dans le cadre d'une instance.

- **Voir les tableaux (Focus) :**
  - **Tableaux : des voies de contrôle de constitutionnalité *a priori* en Espagne et des voies de contrôle de constitutionnalité *a posteriori* en Espagne.**

Cependant, une loi peut être vérifiée à l'occasion d'un recours en *amparo* de façon indirecte lorsqu'un de ses actes d'application a été annulé pour inconstitutionnalité. Dans cette hypothèse, la chambre du Tribunal constitutionnel concernée posera une question d'inconstitutionnalité à l'assemblée plénière du Tribunal qui permettra de sanctionner la loi elle-même.

- **Voir le texte et la doctrine (Focus) :**
  - **Espagne : LO 1979, art. 55, al. 2.**
  - **P. Bon, « Présentation du Tribunal constitutionnel espagnol »** (parle de « l'auto question de constitutionnalité » ou question de constitutionnalité interne).

Ainsi, malgré ce contrôle compliqué quand il concerne la loi, l'*amparo* est la voie essentielle du respect de la Constitution et des droits et libertés constitutionnels.

- **Voir la doctrine (Focus) :**
  - **F. Pérez de Los Cobos Orihuel, « Le Tribunal constitutionnel espagnol »** (l'*amparo* est la voie la plus commune de contrôle de constitutionnalité).

II. Une mise en œuvre opposée de deux voies de droit au but identique

La QPC et l'*amparo* partagent le même objectif (la défense des droits et libertés constitutionnels) mais leur mise en œuvre passe par des mécanismes différents. Ils divergent quant au moment de leur utilisation (A) et quant à l'appréciation des conditions de leur recevabilité (B).

A. La QPC au cœur d'une instance, l'*amparo* après épuisement des voies de droit

La QPC est un moyen utilisable par les parties à une instance uniquement. Elle peut être soulevée lors d'une première instance, et même pour la première fois en appel ou devant le juge suprême (Cour de cassation ou Conseil d'État). En revanche, la QPC ne constitue pas un moyen d'ordre public que le juge pourrait soulever d'office.

- **Voir les textes :**
  - **France : Ord. 1958, art. 23-1, al. 1** (moyen soulevable en appel pour la première fois et impossibilité pour le juge de le soulever d'office) ; **al. 4** (moyen soulevable seulement en appel dans le cas de la Cour d'assises) ; **art. 23-5, al. 1** (moyen soulevable devant la Cour de cassation ou le Conseil d'État pour la première fois et réitération de l'impossibilité de le soulever d'office).

L'*amparo* est au contraire une voie de recours qui n'intervient que lorsque les voies de droit normales n'ont pas permis d'obtenir gain de cause en matière de protection des droits et libertés.

- **Voir la doctrine (Focus) :**
  - **F. Pérez de Los Cobos Oribuel, précité** (« procédure subsidiaire »).
  - **Espagne : C. 1978, art. 53** (il résulte de la rédaction que la voie normale de protection des droits et libertés est le recours aux tribunaux ordinaires et seulement « le cas échéant » par l'*amparo*).

Il n'est possible que durant un laps de temps variable à partir du moment où cet acte est devenu définitif ou bien la décision de justice a été notifiée.

- **Voir le texte :**
  - **Espagne : LO 1979, art. 42** (trois mois pour les actes sans valeur législative émanant des législateurs) ; **art. 43 et 44** (vingt jours à partir de la notification de la décision rendue lors du procès judiciaire).

Cette particularité de l'*amparo* explique peut-être que le recours soit ouvert non seulement à la personne affectée ou au justiciable mais aussi au Défenseur du peuple et au Ministère public.

- **Voir le texte :**
  - **Espagne : LO 1979, art. 46, al. 1. a) et b).**

La différence des mécanismes explique celle des effets de deux voies de recours. La QPC suspend l'instance (sauf exceptions), l'*amparo* suspend l'exécution de l'acte des pouvoirs publics mais sous conditions.

- **Voir les textes :**
  - **France : Ord. 1958, art. 23-3** (principe du sursis et exceptions en cas de lien entre l'instance et une privation de liberté, ou en cas de délai ou d'urgence pour statuer s'imposant à la juridiction).
  - **Espagne : LO 1979, art. 56-1** (principe d'une suspension d'office ou à la demande du pétitionnaire en cas de préjudice « qui ferait perdre à la protection son objet même » mais possibilité de refus en cas de risque d'une « grave perturbation des intérêts généraux ou des droits fondamentaux ou des libertés publiques d'un tiers »).

B. La recevabilité de la QPC et de l'*amparo* : entre proximité et divergence

Sur le fond, les conditions de recevabilité des deux recours présentent certaines similitudes. Ainsi, le caractère sérieux de la QPC que doivent examiner le juge de l'instance et son juge suprême peut être rapproché de la vérification du contenu de la demande d'*amparo*.

- **Voir les textes :**
  - **France : Ord. 1958, art. 23-2, 3°** (demande « pas dépourvue de caractère sérieux »), **art. 23-4** (question présentant un caractère sérieux).
  - **Espagne : LO 1979, art. 50, *c)*** (demande manquant manifestement de contenu).

De même, les conditions fondamentales de chacun des recours doivent être remplies sous peine de rejet : l'applicabilité de la loi contestée au procès dans le cas de la QPC et le respect du champ d'application de l'*amparo*.

- **Voir les textes :**
  - **France : Ord. 1958, art. 23-2, 1° et art. 23-4** (loi applicable au litige ou qui constitue le fondement des poursuites).
  - **Espagne : LO 1979, art. 50, *a), b)*** (respect du champ d'application du recours)

Enfin, il ne faut pas qu'une décision précédente ait été rendue apportant déjà une réponse à la demande de QPC ou d'*amparo*.

- **Voir les textes :**
  - **France : Ord. 1958, art. 23-2, 2° et art. 23-4** (absence de déclaration de conformité de la loi contestée dans les motifs et le dispositif, sauf changement de circonstances).
  - **Espagne : LO 1979, art. 50 *d)*** (cas de rejet d'un recours ou d'une question d'inconstitutionnalité ou d'un *amparo* dans un cas d'espèce « substantiellement identiques »).

Mais l'immense différence entre la QPC et l'*amparo* provient du mécanisme de filtrage mis en place par la Constitution de 1958. En effet, la procédure prévoit que la recevabilité est appréciée d'abord par le juge saisi de la QPC. S'il estime la demande recevable, il renvoie celle-ci à son juge suprême (Cour de cassation ou Conseil d'État) qui lui-même appréciera une nouvelle fois la recevabilité de la demande de QPC sur la base de deux conditions de recevabilité sur trois identiques à celles prévues pour le premier juge (la troisième est différente : c'est la condition alternative du caractère sérieux ou de la question nouvelle).

- **Voir les textes :**
  - **France :**
    - **1958, art. 61-1** (le renvoi au Conseil constitutionnel est effectué par les deux juridictions suprêmes et non les juges du premier ou second degré).
    - **Ord. 1958, art. 23-2, al. 6** (renvoi de la décision du juge de l'instance au Conseil d'État ou à la Cour de cassation) ; **art. 23-4** (conditions de recevabilité devant les juridictions suprêmes).

Il résulte de ce mécanisme que l'intervention du Conseil constitutionnel est soumise à un double aléa : la décision sur la recevabilité du juge saisi de la demande de QPC, puis de celle d'une des deux juridictions suprêmes. Au contraire, le mécanisme de l'*amparo* permet de saisir directement le Tribunal constitutionnel qui appréciera lui-même la recevabilité du recours.

- **Voir les textes :**
  - **Espagne : LO 1979, art. 50.**

La comparaison entre la QPC et l'*amparo,* en révélant de réelles différences entre les deux mécanismes, suggère peut-être que la QPC gagnerait à être renvoyée directement au Conseil constitutionnel afin que sa recevabilité ne soit pas laissée à la responsabilité des juges ordinaires, ceci dans un souci de simplification et d'efficacité de cette voie de protection des droits et libertés qui, malgré ses défauts, a malgré tout constitué une réelle avancée.

FOCUS

1. Tableaux

Tableau des voies de contrôle de constitutionnalité *a priori* en Espagne

Normes contrôlées	Traités internationaux
Titulaires de la saisine	Le Gouvernement, l'une ou l'autre des deux chambres
Procédure	Saisine après la signature, avant la ratification

Tableau des voies de contrôle de constitutionnalité *a posteriori* en Espagne (en dehors de l'*amparo*)

1. Recours d'inconstitutionnalité (Const. art. 162, al. 1)

Normes contrôlées	– traités internationaux; – lois de l'État et des Communautés autonomes; – actes ayant force de loi de l'État et des Communautés autonomes – règlements des Cortes generales et des assemblées législatives des Communautés autonomes
Titulaires de la saisine	Président du gouvernement, Défenseur du peuple, cinquante députés ou cinquante sénateurs, organes exécutifs collégiaux et assemblées des Communautés autonomes
Délai	Trois mois à compter de la publication de l'acte attaqué

2. Question d'inconstitutionnalité (QIC) (Const. art. 163)

Normes contrôlées	Les mêmes que pour le recours d'inconstitutionnalité
Titulaires de la saisine	Tout juge quelle que soit sa place dans la hiérarchie des tribunaux ordinaires, d'office ou à la demande des parties
Procédure	Demande préalable aux parties et au ministère public de leur position sur la pertinence de la QIC
Conditions de recevabilité de la question	Le juge doit éprouver un doute sur la constitutionnalité d'une norme et démontrer que l'issue du procès dépend de la constitutionnalité de la norme, objet de la QIC

Tableau des droits et libertés protégés par l'*amparo*

Art.	Droits et libertés
14	Égalité de tous les citoyens
Ch. II section 1 - Des droits fondamentaux et des libertés publiques	
15	Respect de l'intégrité physique et morale
16	Liberté de pensée, de religion, de culte et d'opinion
17	Liberté individuelle et sûreté
18	Droit à l'honneur et à l'intimité de la vie personnelle et familiale
19	Liberté de circulation

20	Liberté d'expression, liberté artistique, scientifique, d'information
21, 22	Liberté de réunion et liberté d'association
23, 24	Droits civiques, droit au procès équitable
25	Droits en matière pénale
26, 27, 28	Droit à l'éducation- liberté syndicale- droit de pétition
Ch. III - Section II- Des droits et des devoirs des citoyens	
30	Objection de conscience

Tableau des droits et libertés de la Déclaration des droits de l'homme et du citoyen

Art.	Droits et libertés
1	Liberté et égalité de tous les citoyens
2	Liberté - égalité- sûreté – propriété (v. aussi art. 17)
4, 5	Légalité des interdits
6	Droits politiques, égalité devant la loi, d'accès aux emplois publics
7, 8, 9	Droits en matière pénale (not. présomption d'innocence)
10, 11	Liberté de pensée, de conscience, religieuse, d'expression
13	Égalité devant l'impôt
14	Droit au consentement à l'impôt
17	Droit de propriété

Tableau des droits et libertés du Préambule de la Constitution de 1946

Alinéa	Droits et libertés
3	Égalité des sexes
5, 7	Droit à l'emploi et non discrimination dans l'emploi
6,7	Liberté syndicale, droit de grève
11	Droit à la santé, à la sécurité matérielle, au repos, aux loisirs, aux moyens convenables d'existence
12	Droit à la solidarité nationale pour calamités nationales
13	Droit à l'éducation, à la formation professionnelle, à la culture

FOCUS

Tableau des droits de la Charte de l'environnement

Art.	Droits
1er	Droit de vivre dans un environnement équilibré et respectueux de la santé
7	Droit d'accès aux informations relatives à l'environnement détenues par les autorités publiques et de participer à l'élaboration des décisions publiques ayant une incidence sur l'environnement

Tableau des obligations imposées aux pouvoirs publics par la Charte de l'environnement engendrant des droits pour les citoyens

Article	Obligations
5	Principe de précaution : mise en œuvre de procédures d'évaluation des risques, adoption de mesures provisoires et proportionnées afin de parer à la réalisation du dommage
6	Promotion du développement durable

2. Textes constitutionnels

Constitution du 27 octobre 1946

Préambule. Au lendemain de la victoire remportée par les peuples libres sur les régimes qui ont tenté d'asservir et de dégrader la personne humaine, le peuple français proclame à nouveau que tout être humain, sans distinction de race, de religion ni de croyance, possède des droits inaliénables et sacrés. Il réaffirme solennellement les droits et libertés de l'homme et du citoyen consacrés par la Déclaration des droits de 1789 et les principes fondamentaux reconnus par les lois de la République (soulignez par nous). Il proclame, en outre, comme particulièrement nécessaires à notre temps, les principes politiques, économiques et sociaux ci-après :...

Titre XI – De la révision de la Constitution

Article 92. ... - 3. Il [Le Comité constitutionnel] n'est compétent que pour statuer sur la possibilité de révision des dispositions des titres Ier à X de la présente Constitution.

Constitution du 4 octobre 1958

Préambule. 1. Le Peuple français proclame solennellement son attachement aux Droits de l'Homme et aux principes de la souveraineté nationale tels qu'ils sont définis par la Déclaration de 1789, confirmée et complétée par le préambule de la Constitution de 1946, ainsi qu'aux droits et devoirs définis dans la Charte de l'environnement de 2004.

Titre VII - Le Conseil constitutionnel

Article 61. 1. Les lois organiques, avant leur promulgation, les propositions de loi mentionnées à l'article 11 avant qu'elles ne soient soumises au référendum, et les règlements des assemblées parlementaires, avant leur mise en application, doivent être soumis au Conseil constitutionnel, qui se prononce sur leur conformité à la Constitution. - **2.** Aux mêmes fins, les lois peuvent être déférées au Conseil constitutionnel, avant leur promulgation, par le Président de la République, le Premier ministre, le Président de l'Assemblée nationale, le Président du Sénat ou soixante députés ou soixante sénateurs…

Titre XI *bis* - Le Défenseur des droits

Article 71-1. 1. Le Défenseur des droits veille au respect des droits et libertés par les administrations de l'État, les collectivités territoriales, les établissements publics, ainsi que par tout organisme investi d'une mission de service public, ou à l'égard duquel la loi organique lui attribue des compétences. - **2.** Il peut être saisi, dans les conditions prévues par la loi organique, par toute personne s'estimant lésée par le fonctionnement d'un service public ou d'un organisme visé au premier alinéa. Il peut se saisir d'office.

Constitution du Royaume d'Espagne du 27 décembre 1978

Titre I - Des droits et des devoirs fondamentaux

Chapitre IV - Des garanties des libertés et des droits fondamentaux

Article 54. Une loi organique réglemente l'institution du Défenseur du peuple comme haut commissaire des Cortès générales, désigné par celles-ci pour la défense des droits inclus dans le présent titre. Chargé à cet effet de contrôler l'activité de l'administration, il en rendra compte devant les Cortès générales.

3. Doctrine

F. Pérez de Los Cobos Orihuel, « Le Tribunal constitutionnel espagnol », Nouveaux Cahiers du Conseil constitutionnel n° 49, octobre 2015, p. 59 à 68, accessible en ligne : http://www.conseil-constitutionnel.fr/conseil-constitutionnel/francais/nouveaux-cahiers-du-conseil/cahier-n-49/le-tribunal-constitutionnel-espagnol.144546.html

La protection de ces droits peut être mise en œuvre par le biais des recours et questions d'inconstitutionnalité… Cependant, la voie la plus commune à cet effet est sans aucun doute le recours dit en amparo… formé en cas de violations des droits fondamentaux découlant de décisions administratives et judiciaires… Néanmoins, dans de tels cas, le recours en amparo se conçoit comme une procédure subsidiaire qui ne peut être engagée qu'après qu'aient été préalablement épuisés tous les recours disponibles devant la juridiction ordinaire, sans avoir obtenu la réparation de la violation incriminée.

P. Bon, « Présentation du Tribunal constitutionnel espagnol », Cahiers du Conseil constitutionnel n° 2, mai 1997, accessible en ligne : http://www.conseil-constitutionnel.fr/conseil-constitutionnel/francais/nouveaux-cahiers-du-conseil/cahier-n-2/presentation-du-tribunal-constitutionnel-espagnol.52867.html

On constatera tout d'abord que si les actes parlementaires peuvent faire l'objet d'un recours d'amparo, il n'en va pas de même des actes législatifs. Toutefois, il est parfaitement possible d'attaquer devant le Tribunal constitutionnel, par le biais d'un recours d'amparo, l'acte d'application d'une loi considérée comme inconstitutionnelle, qu'il s'agisse par exemple d'un acte administratif ou d'un acte juridictionnel, et, si le Tribunal constitutionnel… est d'accord avec les griefs d'inconstitutionnalité invoqués dans le recours, il accordera l'amparo et annulera en conséquence l'acte d'application de loi avec effets *inter partes*. Quant à la loi elle-même, elle devra faire l'objet d'une question d'inconstitutionnalité posée par la chambre du Tribunal constitutionnel à l'assemblée plénière (compétente en matière de questions d'inconstitutionnalité)… C'est ce que l'on appelle l'auto-question d'inconstitutionnalité ou encore la question de constitutionnalité interne.

4. Conseil constitutionnel

Décision n° 71-44 DC du 16 juillet 1971 – Liberté d'association

Vu la Constitution et notamment son préambule ; …

2. Considérant qu'au nombre des principes fondamentaux reconnus par les lois de la République et solennellement réaffirmés par le préambule de la Constitution il y a lieu de ranger le principe de la liberté d'association ; que ce principe est à la base des dispositions générales de la loi du 1er juillet 1901 relative au contrat d'association ; qu'en vertu de ce principe les associations se constituent librement et peuvent être rendues publiques sous la seule réserve du dépôt d'une déclaration préalable ; qu'ainsi, à l'exception des mesures susceptibles d'être prises à l'égard de catégories particulières d'associations, la constitution d'associations, alors même qu'elles paraîtraient entachées de nullité ou auraient un objet illicite, ne peut être soumise pour sa validité à l'intervention préalable de l'autorité administrative ou même de l'autorité judiciaire ;

3. Considérant que, si rien n'est changé en ce qui concerne la constitution même des associations non déclarées, les dispositions de l'art. 3 de la loi dont le texte est, avant sa promulgation, soumis au Conseil constitutionnel pour examen de sa conformité à la Constitution, ont pour objet d'instituer une procédure d'après laquelle l'acquisition de la capacité juridique des associations déclarées pourra être subordonnée à un contrôle préalable par l'autorité judiciaire de leur conformité à la loi ;

4. Considérant, dès lors, qu'il y a lieu de déclarer non conformes à la Constitution les dispositions de l'article 3 de la loi soumise à l'examen du Conseil constitutionnel complétant l'article 7 de la loi du 1er juillet 1901, ainsi, par voie de conséquence, que la disposition de la dernière phrase de l'alinéa 2…

Décision n° 73-51 DC du 27 décembre 1973 - Loi de finances pour 1974

2. Considérant, toutefois, que la dernière disposition de l'alinéa ajouté à l'article 180 du code général des impôts par l'article 62 de la loi de finances pour 1974, tend à instituer une discrimination entre les citoyens au regard de la possibilité d'apporter une

preuve contraire à une décision de taxation d'office de l'administration les concernant ; qu'ainsi ladite disposition porte atteinte au principe de l'égalité devant la loi contenu dans la Déclaration des Droits de l'Homme de 1789 et solennellement réaffirmé par le préambule de la Constitution ; ...

Décision n° 2008-564 DC du 19 juin 2008 – Loi relative aux organismes génétiquement modifiés

Communiqué de presse

II - La loi est conforme à la Charte de l'environnement qui a pleine valeur constitutionnelle. Les requérants soutenaient que les articles 2, 3 et 6 de la loi méconnaissaient le principe de précaution (article 5 de la Charte de l'environnement). Ils soutenaient également que ses articles 10 et 11 méconnaissaient le principe d'information du public (article 7 de la Charte). Le Conseil a jugé que toutes les dispositions de la Charte de l'environnement avaient valeur constitutionnelle. Il a constaté qu'en l'espèce, celles-ci étaient respectées par la loi.

Pour aller plus loin

V. Champeil-Desplats, « Le Conseil constitutionnel, protecteur des droits et libertés ? » 30/12/2010, accessible en ligne : https://www.unicaen.fr/puc/images/crdf0901champeil.pdf

J.-L. Debré, « Protection des libertés et QPC », allocution au Conseil National des Barreaux, 21 octobre 2011, accessible en ligne : http://www.conseil-constitutionnel.fr/conseil-constitutionnel/francais/documentation/contributions-et-discours/themes/la-protection-des-droits-et-libertes-fondamentaux/la-protection-des-droits-et-libertes-fondamentaux.4728.html

A.-M. Le Pourhiet, « Les armes du juge constitutionnel dans la protection des libertés fondamentales », *Actes du colloque organisé par l'Association des étudiants du droit public (AEDP)* le 3 avril 2015 à la Faculté de droit de l'Université de Rennes 1, *Revue générale du droit*, accessible en ligne : http://www.revuegeneraledudroit.eu/blog/2016/02/02/les-armes-du-juge-constitutionnel-dans-la-protection-des-libertes-fondamentales/

D. Loschak, « Le Conseil constitutionnel protecteur des libertés ? », *Pouvoirs* n° 13, Le Conseil constitutionnel, p. 41, accessible en ligne : http://www.revue-pouvoirs.fr/Le-Conseil-constitutionnel,3494.html

C. RUIZ MIGUEL, « L'amparo constitutionnel en Espagne : droit et politique », *Cahiers du Conseil constitutionnel* n° 10 (Dossier : L'accès des personnes à la justice constitutionnelle), mai 2001, accessible en ligne : http://www.conseil-constitutionnel.fr/conseil-constitutionnel/francais/nouveaux-cahiers-du-conseil/cahier-n-10/l-amparo-constitutionnel-en-espagne-droit-et-politique.52372.html

Thème 6

L'État unitaire

Exercice

Dissertation

La loi en État régional

Conseil méthodologique

L'erreur de plan

Le sujet présente le même risque d'erreur que celui du thème 1. C'est un sujet précis. Si on tient un raisonnement du type : « nous verrons dans une partie I les principes généraux de l'État régional et dans une partie II le cas de la loi. » La partie I ne traite pas du sujet précis qui est la loi dans ce type d'État.

Le risque de dilution du sujet

Ce sujet demande de reconsidérer les principes d'autonomie et de participation à partir de la loi. Le risque est de ne pas faire ce travail et de se contenter d'exposer ces deux principes en évoquant simplement la loi dans leur cadre. Il faut inverser la perspective : partir de la loi et recomposer les deux principes par rapport à elle. Sinon le sujet (la loi) est diluée dans un exposé plus général sur l'État régional.

Corrigé

L'Italie et l'Espagne sont deux pays voisins de la France, mais ô combien différents d'elle sur le plan de la forme juridique de leur État respectif.

Alors que la loi, indépendamment de la forme de l'État et de façon générique, peut se définir juridiquement comme l'acte abstrait, général, impersonnel d'une autorité ayant une compétence législative, la forme de l'État demande plusieurs définitions. Tout d'abord, l'État unitaire s'oppose à l'État composé : le premier n'a qu'un seul ordre juridique et une seule Constitution, le second en a plusieurs. Ensuite, au sein de l'État unitaire, apparaissent ses formes concentrée, déconcentrée, décentralisée et régionale (ou autonomique, adjectif équivalent mais spécifique à l'Espagne).

Le choix des formes de l'État est un produit de l'histoire de chaque pays. L'État unitaire correspond à une société qui est parvenue à une cohésion nationale forte et qui accepte un pouvoir organisé puissant. En effet, l'État unitaire est une organisation dans laquelle existe un seul pouvoir politique et un seul pouvoir normatif (**voir Focus, M. Verpeaux**). Elle connaît plusieurs modalités. La concentration est celle dans laquelle toutes les décisions (tant politiques qu'administratives) sont prises par les autorités centrales. La déconcentration est celle dans laquelle un certain pouvoir de décision est délégué à des fonctionnaires agissant sous le contrôle et au nom des autorités centrales de l'État. La décentralisation est la modalité de l'État unitaire qui, à la différence de la déconcentration, fractionne le pouvoir étatique par une reconnaissance de collectivités locales disposant d'un pouvoir de décision propre, exercé par des élus agissant au nom de la collectivité elle-même et non pas au nom de l'État. C'est le cas actuel de la France qui est un État unitaire décentralisé (**voir Focus, Constitution du 4 octobre 1958, art. 1er**). Mais dans des pays où la diversité prévaut, où des collectivités aux identités culturelles, historiques, linguistiques restent très affirmées (**voir Focus, Constitution du 27 décembre 1978, art. 143,** les critères de constitution d'une Communauté autonome en Espagne), la forme décentralisée apparaît encore trop « centralisatrice » et une forme originale est mise en place : l'État régional (pour l'Espagne, on parle d'État autonomique en référence à la Communauté autonome qui correspond à la collectivité régionale. Dans le devoir, nous emploierons « Région », « État régional » pour désigner indifféremment le cas italien et espagnol). Empruntant certains traits à l'État fédéral composé d'entités fédérées ayant le statut d'État, l'État régional n'en reste pas moins un État unitaire mais très particulier en raison de l'acceptation en son sein de fortes autonomies. C'est ce qui ressort de **l'article 5 de la Constitution italienne (voir Focus)** qui dispose que « La République, une et indivisible, reconnaît et favorise les autonomies locales » et de **l'article 2 de la Constitution espagnole (voir Focus)** qui affirme « l'unité indissoluble de la Nation espagnole, patrie commune et indivisible de tous les Espagnols », tout en rappelant que la Constitution « reconnaît et garantit le droit à l'autonomie des nationalités… ». La forme régionale de l'État est donc difficile à appréhender, écartelée entre le modèle fédéral qu'elle n'atteint pas et le modèle décentralisé classique qu'elle dépasse (**voir Focus, M. Verpeaux, F. Lafaille, H. Alcaraz, O. Lecucq**).

Dans ce cadre conceptuel problématique, quelle place la loi tient-elle dans la définition de la spécificité de l'État unitaire régional ?

Nous allons montrer que sa place est essentielle car la loi est à la croisée des deux principes fondamentaux de l'État régional que sont le principe d'autonomie et le principe de participation : la loi est un signe indispensable du premier (I) et un enjeu majeur pour le second (II).

I. La loi, signe indispensable de l'autonomie régionale

L'attribution d'un pouvoir législatif aux Régions est un des éléments distinctifs du modèle de l'État régional (A). Il en découle une répartition de la compétence législative qui exprime la logique d'autonomie du modèle (B).

A. La reconnaissance d'un pouvoir législatif aux Régions, expression de la spécificité de l'autonomie régionale

Le pouvoir d'édicter des actes de nature législative et pas simplement réglementaire est caractéristique de l'autonomie régionale. Il existe des lois nationales et des lois régionales. Ce pouvoir législatif justifie que l'on parle en État régional d'« auto-gouvernement » des Régions et non de « libre administration », comme c'est le cas pour les collectivités territoriales en État décentralisé.

- **Voir les textes :**
  - **Italie : C. 1947, art. 117, al. 1** (partage du pouvoir législatif entre l'État et les Régions).
  - **Espagne : C. 1978, art. 143, al. 1** (la création d'une Communauté autonome signifie l'accès à l'auto-gouvernement).
  - **France : C. 1958, art. 72, al. 3** (la décentralisation est une libre administration et confère un pouvoir simplement réglementaire).

Mais outre ce pouvoir législatif ordinaire, les Régions ont aussi un pouvoir législatif statutaire (ou organique). Il leur permet de poser elles-mêmes leurs règles d'organisation interne et de compétence.

- **Voir les textes :**
  - **Italie : C. 1947, art. 123, al. 1, 2** (le Conseil régional adopte le statut qui organise la Région).
  - **Espagne : C. 1978, art. 147, al. 1** (le statut est la base institutionnelle fondamentale), **art. 146** (le projet de statut initial est élaboré par une assemblée de représentants provinciaux).

Les collectivités décentralisées, comme, par exemple, les collectivités françaises, n'ont pas un tel pouvoir : leur organisation et leurs compétences sont fixées par la loi dans le respect des principes de la Constitution.

- **Voir les textes :**
  - **France : C. 1958, art 34, al. 2** (la loi détermine les principes de mise en œuvre des dispositions du Titre XII de la Constitution, ce qui signifie que les lois organisent les collectivités décentralisées en fixant leur statut) ; **art. 72, al. 3** (parle de libre administration et non d'autonomie locale, ne prévoit qu'un pouvoir de nature strictement réglementaire).
    - Cependant, l'État régional restant un État unitaire, la Constitution restreint l'autonomie statutaire en imposant un cadre d'organisation uniforme aux entités régionales.

- **Voir les textes :**
  - **Italie : C. 1947, art. 121** (l'article impose les organes dirigeants de la Région et détaille leurs compétences).
  - **Espagne : C. 1978, art. 147, al. 2 et art. 152, al. 1** (fixent le contenu minimal des statuts et les organes dirigeants).

Dans la même logique unitaire, un contrôle de l'État est prévu sur ces statuts. La loi nationale peut les adopter ou un contrôle de leur constitutionnalité peut être déclenché à la demande des autorités étatiques.

- **Voir les textes :**
  - **Italie : C. 1947, art. 123, al. 2** (contrôle du statut par la Cour constitutionnelle à la demande du Gouvernement).
  - **Espagne : C. 1978, art. 146** (examen par les Cortes générales comme une loi).

B. La répartition de la compétence législative favorable à l'autonomie régionale

Le pouvoir législatif étant exercé par l'État et les Régions, il est nécessaire de répartir les matières qui relèvent respectivement de la loi nationale et de la loi régionale. C'est une question que l'on retrouve également en État fédéral. En effet, l'existence d'un double niveau législatif, fédéral et fédéré, engendre la même problématique. Et la solution adoptée est identique dans les deux formes d'État : la Constitution prévoit une liste de domaines attribués à la loi nationale (ou fédérale) et les matières ne figurant pas sur cette liste relèvent de la loi régionale (ou fédérée). Cela signifie que les Régions (comme les États fédérés) ont une compétence législative de droit commun - ou de principe - et l'État (comme la Fédération) une compétence législative d'attribution - ou d'exception -.

- **Voir les textes :**
  - **Italie : C. 1947, art. 117** (prévoit la liste des matières de compétence exclusive de l'État et la compétence de droit commun des Régions qui résulte de la formule : « Dans toutes les matières qui ne sont pas expressément réservées à la législation de l'État, le pouvoir législatif échoit aux Régions »).
  - **Espagne : C. 1978, art. 149** (prévoit la liste des matières de compétence exclusive de l'État et la compétence de droit commun des Communautés autonomes : « Les matières qui ne sont pas attribuées expressément à l'État par la Constitution peuvent appartenir aux Communautés autonomes en vertu de leurs statuts respectifs. ». Mais la liberté est donnée aux Communautés autonomes de choisir de ne pas assumer toutes les compétences législatives qui leur sont offertes et d'en laisser la charge à l'État : « La compétence sur les matières qui ne sont pas assumées par les Communautés autonomes appartient à l'État »).

Rien de tel en État unitaire décentralisé. La compétence de droit commun appartient à l'État et les collectivités décentralisées bénéficient d'une compétence d'attribution dont l'étendue est déterminée par la loi fixant leur statut. Tout au plus en France, la révision constitutionnelle du 28 mars 2003 a-t-elle introduit un principe de subsidiarité, réputé favoriser le transfert de compétences aux collectivités.

- **Voir le texte :**
  - **France : C. 1958, art. 72, al. 2** (ce principe ne confère pas un droit pas une « vocation » à obtenir un transfert de compétences justifié par un souci d'efficacité de l'action publique).

Mais l'État régional reste unitaire et la Constitution de l'État étant la norme suprême, un double contrôle est prévu pour en assurer le respect. Les lois nationales et les lois régionales sont susceptibles d'un contrôle de constitutionnalité. Plus particulièrement, dans le cadre de ce contrôle, il est prévu un contrôle du respect de la répartition de la compétence législative entre l'État et les Régions.

- **Voir les textes :**
  - **Italie : C. 1947, art. 127** (contrôle de constitutionnalité des lois de l'État et des Régions dans un délai de soixante jours après leur promulgation) ; **art. 134** (prévoit la compétence de la Cour constitutionnelle pour arbitrer les conflits d'attribution entre l'État et les Régions).
  - **Espagne : C. 1978, art. 161, al. 1** (compétence de la Cour constitutionnelle pour les conflits de compétence entre l'État et les Communautés autonomes et entre elles).

II. La loi, enjeu majeur du principe de participation

Le principe de participation doit permettre aux Régions d'être associées à la production législative au travers d'une chambre au Parlement qui les représente. L'existence de cette chambre ne pose pas de problème et on la retrouve en État décentralisé au bénéfice des collectivités territoriales (A). En réalité, l'enjeu essentiel est le rôle des Régions dans la confection des lois au travers de cette chambre ou au-delà d'elle (B).

A. La chambre des Régions au Parlement national, une nécessité peu originale

Le principe de participation se concrétise par une représentation des Régions au sein du Parlement national. L'État régional a donc forcément un Parlement bicaméral : une chambre (dite « basse ») représente la Nation et une autre (dite « haute ») représente les Régions. Mais il faut relever que ce principe de participation et ce bicaméralisme se retrouve en État décentralisé où, de façon similaire, une chambre représente la Nation et une autre les collectivités décentralisées. Sur ce point, c'est exactement la même logique qui est à l'œuvre.

- **Voir les textes :**
  - **Italie : C. 1947, art. 55, al. 1** (bicaméralisme, la Chambre des députés représentant la Nation), **art. 57, al. 1** (représentation des Régions par le Sénat).
  - **Espagne : C. 1978, art. 66, al. 1** (bicaméralisme, Congrès des députés représentant la Nation), **art. 69, al. 5** (représentation des Communautés autonomes par le Sénat qui est la chambre « des territoires »).
  - **France : C. 1958, art. 24, al. 2, al. 3** (bicaméralisme, Assemblée nationale représentant la Nation et le Sénat des collectivités décentralisées).

Une spécificité de l'État régional existe cependant sur le plan du mode de suffrage utilisé par l'élection de la seconde chambre du Parlement. L'élection des sénateurs par les électeurs eux-mêmes, c'est-à-dire le mode direct du suffrage, est dans la logique de l'État régional. En effet, les Régions s'auto-gouvernant, il est normal qu'elles soient représentées par des élus ayant une légitimité démocratique égale à celle des députés. Au contraire, en État décentralisé, les collectivités territoriales s'auto-administrant, il est acceptable que leurs représentants au Parlement soient élus indirectement. Ainsi, en France, les sénateurs sont élus par un collège électoral d'élus alors que les députés sont élus directement par les électeurs.

- **Voir les textes :**
  - **Italie : C. 1947, art. 56, al. 1** (élection des députés au suffrage direct), **art. 58, al. 1** (élection des sénateurs au suffrage indirect).
  - **France : C. 1958, art. 24, al. 2, al. 3** (élection des députés au suffrage direct et élection des sénateurs au suffrage indirect).

Cependant, la réalité peut être plus complexe. En Espagne, la Constitution n'impose pas l'existence des Communautés autonomes, elle donne aux provinces l'initiative de leur création. C'est pourquoi, en raison de cette originalité, la représentation des Communautés autonomes au Parlement espagnol n'a été prévue qu'à titre secondaire et au suffrage indirect. Ce sont les sénateurs représentant les provinces qui sont élus au suffrage direct.

- **Voir les textes :**
  - **Espagne : C. 1978, art. 68, al. 1** (élection au suffrage direct du Congrès des députés), **art. 69, al. 2 et al. 5** (élection au suffrage direct des sénateurs représentant les provinces et ceux représentant les Communautés autonomes au suffrage indirect).

B. Le degré de participation à la confection de la loi

L'initiative des lois est donnée aux membres des deux chambres du Parlement de façon identique. Cependant, cette égale possibilité de proposer des textes donnés aux sénateurs comme aux députés n'est pas propre à l'État régional puisqu'on la retrouve à l'identique en État décentralisé, la France en donnant un exemple.

- **Voir les textes :**
  - **Italie : C. 1947, art. 71, al. 1.**
  - **Espagne : C. 1978, art. 87, al. 1, al. 2** (à noter cependant que les assemblées des Communautés autonomes ont la possibilité d'exercer un droit d'initiative législative en leur nom propre par transmission d'une proposition de loi au bureau du Congrès. Elles peuvent aussi demander au Gouvernement l'adoption d'un projet de loi).
  - **France : C. 1959, art. 39, al. 1.**

En fait, l'enjeu se situe au plan du vote de la loi. La logique de l'État régional est de donner aux deux chambres un pouvoir égal de sorte que la loi doive être adoptée en termes identiques par les deux assemblées. Ainsi, la Chambre des députés n'est pas en mesure d'imposer la loi à la chambre qui représente les Régions. Cette dernière dispose donc d'un droit de blocage (de veto) à l'égard des lois. L'Italie est dans cette logique de bicaméralisme égalitaire.

- **Voir le texte :**
  - **Italie : C. 1947, art. 70** (l'égalité du pouvoir législatif des deux assemblées se déduit de l'exercice « collectif » de la fonction législative que prévoit cet article).

Exercice

En Espagne, le bicaméralisme n'est pas égalitaire. Certes, le Sénat examine toujours la loi qui a été votée par le Congrès des députés et il peut en voter des amendements ou s'y opposer par un veto. Mais le Congrès des députés est en mesure de surmonter le veto et de rejeter les amendements. Cela rappelle le bicaméralisme inégalitaire de l'État décentralisé dans lequel la chambre représentant les collectivités territoriales ne peut empêcher le vote d'une loi, la chambre représentant la Nation ayant le dernier mot.

- **Voir les textes :**
  - **Espagne : C. 1978, art. 90, al. 1, al. 2** (à noter que le veto sénatorial requiert une majorité absolue - majorité des sénateurs et non majorité des votants -, ce qui le rend difficile à adopter ; il aurait été plus facile à voter si la majorité « simple » des suffrages exprimés avait suffi).
  - **France : C. 1958, art. 45, al. 4.**

Ainsi se vérifie la complexité de la forme régionale de l'État unitaire, tiraillée entre la logique décentralisatrice et la logique fédéraliste.

1. Doctrine

M. Verpeaux, Principes d'organisation administrative, *Jurisclasseur*, Fasc.10, 2016.

Dans la typologie traditionnelle des États, la France appartient sans conteste à la catégorie des États unitaires, par opposition aux États fédéraux, en ce qui concerne la séparation verticale des pouvoirs. Celle-ci désigne la répartition territoriale des pouvoirs, que ceux-ci soient de nature politique, pour les États fédérés, ou administrative, pour les diverses entités territoriales des États unitaires. Ces derniers se définissent par l'unité du pouvoir politique et par celle du pouvoir normatif. S'il n'existe qu'une seule Constitution, il n'y a aussi qu'une seule catégorie de lois, qui sont adoptées par un organe unique disposant du monopole d'édicter les normes juridiques les plus importantes, c'est-à-dire situées juste en dessous de la norme fondamentale qu'est la Constitution, et, depuis le milieu du XXe siècle dans beaucoup d'États, en dessous des traités et des autres engagements internationaux auxquels l'État a souscrit. Il n'y a pas de place, en principe, dans ces États, pour d'autres lois que celles édictées par une instance étatique ayant une compétence sur l'ensemble du territoire de l'État…

L'opposition entre l'État fédéral et l'État unitaire est parfois plus complexe et il existe une extrême diversité des situations concrètes. Dans certains États qui s'affirment encore comme unitaires, des collectivités territoriales peuvent bénéficier d'une très grande autonomie. Ces États ne sont ni des États fédéraux ni des États véritablement unitaires et sont qualifiés parfois d'autonomiques (l'Espagne) ou de régionaux (l'Italie ou la Belgique avant que celle-ci ne devienne un État fédéral en 1993).

F. Lafaille, État et territoire(s) en Italie, *Revue du droit public*, 2015, n° 5, p. 1205.

Si la République italienne « promeut les autonomies locales », elle demeure « une et indivisible ». Cette formule soucieuse d'équilibre institutionnel – tirée de l'article 5 de la Constitution de 1947 – illustre à souhait un classique paradoxe : celui rencontré par un État avide de conserver une structure unitaire tout en choyant les autonomies régionales. L'Italie est dite État régional depuis les révisions fondatrices de 1999 (loi constitutionnelle n° 1) et 2001 (la loi constitutionnelle n° 3) : la compétence législative de principe revient aux entités régionales, l'autonomie statutaire est reconnue quant à la forme de gouvernement. Avec ce dernier point, le constituant institue alors un mécanisme fédéral (compétence d'attribution à l'État) dans le cadre d'un État (seulement) régional.

H. Alcaraz, O. Lecucq, « L'État des autonomies après l'arrêt du Tribunal constitutionnel espagnol sur le nouveau Statut de la Catalogne », *Revue française de droit administratif*, 2011, p. 403.

Bien que la Constitution ne l'ait pas imposé, le système autonomique a été généralisé sur l'ensemble du territoire espagnol, d'où la référence au modèle de l'État autonomique présente parfois dans les manuels de droit constitutionnel pour identifier l'Espagne en tant que catégorie singulière de forme d'État, à mi-chemin entre l'État unitaire et

FOCUS

l'État fédéral. Mais le schéma espagnol est en réalité plus complexe et l'instabilité du processus d'autonomie suffisamment prononcée pour rendre toute classification fragile.

2. Constitutions françaises

Constitution française du 4 octobre 1958

Article 1. La France est une République indivisible, laïque, démocratique et sociale… Son organisation est décentralisée.

Titre IV - Le Parlement

Article 24… - **2.** Il… comprend l'Assemblée nationale et le Sénat…- **2.** Les députés à l'Assemblée nationale… sont élus au suffrage direct. – **3.** Le Sénat… est élu au suffrage indirect. Il assure la représentation des collectivités territoriales de la République.

Titre V - Des rapports entre le Parlement et le Gouvernement

Article 34. 2. La loi détermine les principes fondamentaux:

… - de la libre administration des collectivités territoriales, de leurs compétences et de leurs ressources;…

Article 39. 1. L'initiative des lois appartient concurremment au Premier ministre et aux membres du Parlement.

Article 45… - 4. Si la commission mixte ne parvient pas à l'adoption d'un texte commun ou si ce texte n'est pas adopté dans les conditions prévues à l'alinéa précédent, le Gouvernement peut, après une nouvelle lecture par l'Assemblée nationale et par le Sénat, demander à l'Assemblée nationale de statuer définitivement.

Titre XII – Des collectivités territoriales

Article 72… - **2.** Les collectivités territoriales ont vocation à prendre les décisions pour l'ensemble des compétences qui peuvent le mieux être mises en œuvre à leur échelon. - **3.** Dans les conditions prévues par la loi, ces collectivités s'administrent librement par des conseils élus et disposent d'un pouvoir réglementaire pour l'exercice de leurs compétences.

3. Constitutions étrangères

Constitution de la République italienne du 27 décembre 1947

Principes fondamentaux

Article 5. 1. La République, une et indivisible, reconnaît et favorise les autonomies locales…

Titre I - Le Parlement

Section I – Les chambres

Article 55. 1. Le Parlement se compose de la Chambre des députés et du Sénat de la République…

Article 56. 1. La Chambre des députés est élue au suffrage universel et direct...

Article 57. 1. Le Sénat de la République est élu sur une base régionale, à l'exception des sièges attribués à la circonscription « Étranger ».

Article 58. 1. Les sénateurs sont élus au suffrage universel et direct...

Section II – La formation des lois

Article 70. La fonction législative est exercée collectivement par les deux chambres.

Article 7. 1. L'initiative législative appartient au gouvernement, à chaque membre des chambres et aux organes et institutions auxquels elle est conférée par la loi constitutionnelle.

Titre V - Les Régions, les provinces, les communes

Article 117. 1. Le pouvoir législatif est exercé par l'État et les Région dans le respect de la Constitution, aussi bien que des contraintes découlant de l'ordre juridique communautaire et des obligations internationales. - **2.** L'État a le pouvoir exclusif de légiférer dans les matières suivantes:...- **3.** Dans toutes les matières qui ne sont pas expressément réservées à la législation de l'État, le pouvoir législatif échoit aux Région.

Article 121. 1. Les organes de la Région sont: le Conseil régional, la Commission et son président. - **2.** Le Conseil régional exerce les pouvoirs législatifs attribués à la Région ainsi que les autres fonctions qui lui sont conférées par la Constitution et par les lois. Il peut soumettre des propositions de loi aux chambres. - **3.** La Commission régionale est l'organe exécutif des Région. Le président de la Commission régionale représente la Région; il dirige la politique de l'exécutif et en est responsable, il promulgue les lois et édicte les règlements régionaux; il dirige les fonctions administratives déléguées par l'État à la Région, en se conformant aux instructions du gouvernement de la République.

Article 123. 1. Chaque Région a un statut qui, en harmonie avec la Constitution, en fixe la forme de gouvernement et les principes fondamentaux d'organisation et de fonctionnement. Le statut réglemente l'exercice du droit d'initiative et du référendum sur les lois et sur les mesures administratives de la Région ainsi que la publication des lois et des règlements régionaux. - **2.** Le statut est adopté et modifié par le Conseil régional par une loi approuvée à la majorité absolue de ses membres, au moyen de deux délibérations successives à un intervalle de deux mois au moins. Cette loi ne requiert pas d'être visée par le commissaire du gouvernement. Le Gouvernement de la République peut déclencher le contrôle de constitutionnalité sur les statuts régionaux devant la Cour constitutionnelle, dans les trente jours suivant leur publication...

Article 127. Lorsque le Gouvernement estime qu'une loi régionale excède la compétence de la Région, il peut déclencher le contrôle de constitutionnalité devant la Cour constitutionnelle dans les soixante jours qui suivent sa publication. Lorsque la Région estime qu'une loi, ou bien un autre acte ayant valeur de loi de l'État ou d'une autre Région, porte atteinte au domaine de sa compétence, elle peut déclencher le contrôle de constitutionnalité devant la Cour constitutionnelle dans les soixante jours qui suivent la publication de la loi ou de l'acte ayant valeur de loi.

Titre VI - Garanties constitutionnelles

Section première - La Cour constitutionnelle

Article 134. La Cour constitutionnelle juge : les litiges relatifs à la constitutionnalité des lois et des actes, ayant force de loi, de l'État et des Régions ; les conflits d'attribution entre les pouvoirs de l'État, ceux entre l'État et les Région, et entre les Régions…

Constitution du Royaume d'Espagne du 27 décembre 1978

Titre préliminaire

Article 2. La Constitution est fondée sur l'unité indissoluble de la Nation espagnole, patrie commune et indivisible de tous les Espagnols. Elle reconnaît et garantit le droit à l'autonomie des nationalités et des Régions qui la composent et la solidarité entre elles.

Titre III - Des Cortès générales

Chapitre premier - Des chambres

Article 66. 1. Les Cortès générales représentent le peuple espagnol et elles sont formées par le Congrès des députés et le Sénat…

Article 68. 1. Le Congrès se compose de 300 députés au moins et 400 députés au plus, élus au suffrage universel, libre, direct et secret…

Article 69. 1. Le Sénat est la chambre de la représentation du territoire. **- 2.** Dans chaque province, quatre sénateurs sont élus au suffrage universel, libre, égal, direct et secret par les électeurs de chacune d'elles, selon les termes fixés par une loi organique…**- 5.** Les Communautés autonomes désignent en outre un sénateur, ainsi qu'un autre sénateur pour chaque tranche d'un million d'habitants de leurs territoires respectifs. La désignation incombe à l'assemblée législative, ou, à défaut, à l'organe collégial supérieur de la Communauté autonome, conformément aux dispositions des statuts, qui assurent, dans tous les cas, une représentation proportionnelle convenable…

Chapitre II - De l'élaboration des lois

Article 87. 1. L'initiative législative appartient au gouvernement, au Congrès et au Sénat, conformément à la Constitution et aux règlements des chambres. **- 2.** Les assemblées des Communautés autonomes peuvent solliciter du gouvernement l'adoption d'un projet de loi ou remettre au bureau du Congrès une proposition de loi, en déléguant, pour la défendre, devant cette chambre trois membres au plus de l'assemblée.

Article 90. 1. Lorsqu'un projet de loi ordinaire ou organique est adopté par le Congrès des députés, son président en rend immédiatement compte au président du Sénat qui le soumet à la délibération de celui-ci. **- 2.** Le Sénat dans un délai de deux mois, à partir du jour de la réception du texte, peut par un message motivé opposer son veto ou amender le texte. Le veto doit être approuvé à la majorité absolue. Le projet ne peut être soumis à la sanction royale que si le Congrès, en cas de veto, reprend le texte initial à la majorité absolue ; ou à la majorité simple, lorsque deux mois se sont écoulés depuis l'interjection du veto ; ou s'il se prononce sur les amendements, les acceptant ou les rejetant à la majorité simple.

Titre VIII - De l'organisation territoriale de l'État

Chapitre III - Des Communautés autonomes

Article 143. 1. Dans l'exercice du droit à l'autonomie reconnu à l'article 2 de la Constitution, les provinces limitrophes présentant des caractéristiques historiques, culturelles et économiques communes, les territoires insulaires et les provinces constituant une entité régionale historique pourront accéder à l'autogouvernement et se constituer en Communautés autonomes conformément aux dispositions du présent Titre et de leurs statuts respectifs.

Article 146. Le projet de statut est élaboré par une assemblée composée des membres du conseil provincial ou de l'organe interinsulaire des provinces concernées et par les députés et les sénateurs élus dans leur ressort, et il sera transmis aux Cortès générales pour être examiné comme une loi.

Article 147. 1 Selon les termes de la présente Constitution, les statuts sont la norme institutionnelle fondamentale de chaque Communauté autonome et l'État les reconnaît et les protège comme partie intégrante de son ordre juridique. - **2.** Les statuts d'autonomie doivent contenir : ***a)*** le nom de la Communauté qui correspond le mieux à son identité historique ; ***b)*** la délimitation de son territoire ; ***c)*** le nom, l'organisation et le siège des institutions autonomes propres ; ***d)*** les compétences assumées dans le cadre établi par la Constitution et les règles de base pour le transfert des services correspondant à ces compétences.

Article 148. 1. Les Communautés autonomes peuvent assumer des compétences dans les matières suivantes : ...

Article 149. 1. L'État jouit d'une compétence exclusive pour les matières suivantes :... - **3.** Les matières qui ne sont pas attribuées expressément à l'État par la Constitution peuvent appartenir aux Communautés autonomes en vertu de leurs statuts respectifs...

Article 152. 1. Dans les statuts approuvés selon la procédure décrite à l'article précédent, l'organisation des institutions autonomes est fondée sur une assemblée législative élue au suffrage universel, conformément à un système de représentation proportionnelle qui assure, en outre, la représentation des diverses zones du territoire ; un conseil de gouvernement aux fonctions exécutives et administratives et un président, élu par l'assemblée parmi ses membres, et nommé par le roi, auquel incombe la direction du conseil de gouvernement, la représentation suprême de sa communauté et la représentation ordinaire de l'État dans celle-ci. Le président et les membres du conseil de gouvernement sont politiquement responsables devant l'assemblée. Une Cour supérieure de justice, sans préjudice de la juridiction qui appartient au Tribunal suprême, dominera l'organisation judiciaire dans le ressort territorial de la communauté autonome...

Titre IX - De la Cour constitutionnelle

Article 161. 1. La Cour constitutionnelle exerce sa juridiction sur tout le territoire espagnol et elle est compétente pour connaître :... ***c)*** des conflits de compétence entre l'État et les Communautés autonomes et des conflits de compétence entre celles-ci ; ...

Focus

Attention !

L'existence de régions en France ne fait pas de la France un État régional. La région française est une collectivité décentralisée parmi les autres. Si l'on veut trouver des collectivités ayant une autonomie spécifique, il faut se tourner du côté des collectivités d'outre-mer dotées d'autonomie (art. 74, l. 3).

À noter le cas à part de la Nouvelle-Calédonie. Ce n'est plus une collectivité décentralisée mais un territoire engagé dans un processus d'accès à l'indépendance depuis la révision du 20 juillet 1998 (Titre XIII – Dispositions transitoires relatives à la Nouvelle-Calédonie) qui doit se clore par un référendum d'indépendance prévu pour le 4 novembre 2018.

Pour aller plus loin

P. Bon, F. Moderne, *Les autonomies régionales dans la Constitution espagnole*, Economica, 1981.

J. Fougerolles, L'État régional, un modèle original d'organisation territoriale », *Politeia*, 2014, p. 211.

D. Roca, « Vers la fin de l'État des autonomies en Espagne », *Revue Française de Droit Constitutionnel*, 2007, p. 861.

M.-F. Verdier, *Dossier constitutionnel, les formes d'État aujourd'hui*, Politeia, 2007, p. 49.

Thème 7

L'État fédéral

Exercice

Commentaire de textes constitutionnels

I. Constitution de la Fédération de Russie du 12 décembre 1993

Titre I

Chapitre III - La Fédération de Russie

Article 65. 1. Les sujets de la Fédération russe suivants composent la Fédération russe : (nom des Républiques fédérées)... (noms des territoires)**...** (noms des régions).... Moscou, Saint-Pétersbourg – villes d'importance fédérale ; la région autonome juive ; (nom des districts autonomes) ....

Article 66. 1. Le statut de la République est fixé par la Constitution de la Fédération de Russie et la Constitution de la République (fédérée).

Article 71. Relèvent de la compétence de la Fédération de Russie : liste de 18 matières dont j) les affaires étrangères et les traités).

Article 72. 1 Relèvent de la compétence conjointe de la Fédération de Russie et des sujets de la Fédération de Russie : (liste de 14 matières).

Article 73. En dehors des limites de la compétence de la Fédération de Russie et des attributions de la Fédération de Russie dans les domaines de compétence conjointe de la Fédération de Russie et des sujets de la Fédération de Russie, les sujets de la Fédération de Russie possèdent la plénitude du pouvoir d'État.

Article 76. ... **- 2.** Dans les domaines de compétence conjointe de la Fédération de Russie et des sujets de la Fédération de Russie sont adoptées des lois fédérales et des lois des sujets de la Fédération de Russie pris en conformité avec elles... **- 4.** En dehors des limites de la compétence de la Fédération de Russie, de la compétence conjointe de la Fédération de Russie et des sujets de la Fédération de Russie, les Républiques... exercent leur propre réglementation juridique, y compris l'adoption de lois et d'autres actes juridiques normatifs.

Chapitre V- L'Assemblée fédérale

Article 94. L'Assemblée fédérale - Parlement de la Fédération de Russie - est l'organe représentatif et législatif de la Fédération de Russie.

Article 95. 1. L'Assemblée fédérale est composée de deux chambres : le Conseil de la Fédération et la Douma d'État. **- 2.** Le Conseil de la Fédération est constitué à raison de deux représentants de chaque sujet de la Fédération.

Article 105. 1. Les lois fédérales sont adoptées par la Douma d'État. **-... - 4.** La loi fédérale est considérée comme approuvée par le Conseil de la Fédération si plus de la moitié de l'ensemble des membres de cette chambre ont voté en sa faveur ou si elle n'est pas examinée par le Conseil de la Fédération dans les quatorze jours. En cas de rejet d'une loi fédérale par le Conseil de la Fédération, les chambres peuvent constituer une commission de conciliation pour éliminer les désaccords apparus, après quoi la loi est renvoyée en seconde lecture à la Douma d'État. **- 5.** En cas de désaccord de la Douma d'État avec la décision du Conseil de la Fédération, la loi fédérale est considérée comme adoptée si lors du second vote ont voté en sa faveur au moins les deux tiers de l'ensemble des députés à la Douma d'État.

Article 108. 1. Les lois constitutionnelles fédérales sont adoptées sur les questions prévues par la Constitution de la Fédération de Russie. - **2.** La loi constitutionnelle fédérale est considérée comme adoptée si elle est approuvée par la majorité d'au moins les trois quarts des voix de l'ensemble des membres du Conseil de la Fédération et d'au moins les deux tiers des voix de l'ensemble des députés à la Douma d'État...

Chapitre VII - La justice

Article 125... - 2. La Cour constitutionnelle de la Fédération de Russie à la demande... du Conseil de la Fédération, de la Douma d'État, d'un cinquième des membres du Douma d'État ou des députés à la Douma d'État,... des organes du pouvoir législatif et exécutif des sujets de la Fédération de Russie, statue sur la conformité à la Constitution de la Fédération de Russie : ***a)*** des lois fédérales,... ***b)*** des Constitutions des Républiques, des statuts ainsi que des lois et des autres actes normatifs des sujets de la Fédération de Russie... - **3.** La Cour Constitutionnelle de la Fédération de Russie règle les conflits de compétence : ... ***b)*** entre les organes du pouvoir d'État de la Fédération de Russie et les organes du pouvoir d'État des sujets de la Fédération de Russie ; ***c)*** entre les organes supérieurs d'État des sujets de la Fédération de Russie.

Conseil méthodologique

La problématique comparative pour éviter la paraphrase

La problématique comparative est celle qui permet le plus facilement de commenter les articles d'une Constitution. En effet, la démarche comparative suppose un travail de mise en évidence des points de comparaison. La réflexion sur les articles à commenter sera sous-tendue par la question de la similitude et de la différence. Elle permet d'éviter de paraphraser les articles faute de savoir quoi dire de plus sur eux.

La double dimension comparative

La comparaison peut être faite avec les articles équivalents d'autres Constitutions précédentes du pays ou avec d'autres Constitutions étrangères. Les deux approches peuvent se compléter. Mais il est préférable de faire prévaloir l'une des comparaisons et d'ajouter l'autre en complément. Dans ce commentaire, nous avons choisi de privilégier la comparaison avec des Constitutions étrangères et d'user de la comparaison historique à titre secondaire.

Le risque infondé de hors sujet en cas de problématique comparative

Le commentaire porte sur des articles d'une seule Constitution et son objet est la mise en place d'une forme fédérale de l'État. Sachant que cette forme a été inventée en 1787 par les États-Unis et renouvelée, selon une logique un peu différente, par le modèle actuel de l'État fédéral allemand, confronter les dispositions russes à ces deux modèles pour en faire ressortir l'originalité n'est pas un hors-sujet. Certains pourraient le penser en considérant (à tort) que l'on sort des textes à commenter (donc du sujet) en parlant d'autres pays. Il n'en est rien si le but est bien de faire ressortir l'originalité du modèle russe par rapport aux modèles de référence.

Le risque d'une erreur de plan

La problématique comparative ne doit pas conduire à consacrer la partie I à la comparaison historique et/ou à la présentation des modèles étrangers et la partie II à l'étude des articles. Le plan doit rester centrer sur les articles à commenter dans la partie I et la partie II du devoir.

Corrigé

La forme de l'État appelée « État fédéral » a été adoptée par de très nombreux pays, sur tous les continents. C'est le cas de la Russie dans la Constitution russe du 12 décembre 1993.

L'État fédéral est une forme de l'État dite « composée » par opposition à la forme de l'État dite « unitaire ». L'État unitaire n'a qu'une seule Constitution, l'État fédéral en a plusieurs car il repose sur une superposition d'États ayant chacun leur propre Constitution. L'État fédéral est un État composé d'États. Il se distingue ainsi de la Confédération d'États qui regroupe plusieurs États mais qui n'est pas elle-même un État. De plus, la Confédération d'États repose sur un traité international qui la crée alors que l'État fédéral repose sur une Constitution fédérale qui le crée. Les extraits de la Constitution russe que nous allons étudier permettent d'aborder les deux grands principes d'organisation de cette forme d'État : le principe d'autonomie au travers des dispositions du chapitre III du titre I et le principe de participation au travers de celles du chapitre V.

L'ambition du fédéralisme qui sous-tend l'État fédéral, est d'allier la diversité locale la plus poussée avec une unité minimale (alors qu'au contraire, l'État unitaire se contente d'aménager un degré variable de diversité dans une unité privilégiée.

Le choix politique de la forme fédérale répond à la situation d'États existant séparément qui souhaitent s'unir pour différentes raisons. On parle de fédéralisme par association (États-Unis). Ou bien il s'agit d'un État immense incluant des collectivités fortement différenciées qui adopte la forme fédérale afin d'éviter sa dislocation et la création d'États indépendants. L'État unitaire devient un État fédéral pour survivre en maintenant unies dans un ensemble national des collectivités soucieuses de leur identité et désireuses de disposer d'un réel pouvoir de gouvernement. On parle de fédéralisme par dissociation. C'est le cas de la Russie. Après la Révolution de 1917 et une phase d'organisation s'orientant vers une solution fédérale dès 1918, l'URSS est créée et la mise en place de la forme fédérale de l'État adoptée pleinement à compter de la Constitution soviétique de 1925. Elle sera constamment reconduite en 1936, en 1977 et en 1993, (**voir Focus, Présentation chronologique des Constitutions de l'URSS jusqu'à la Constitution russe de 1993**).

La forme fédérale de l'État a été inventée par les États-Unis dont la Constitution de 1787 fournit le modèle classique. L'Allemagne offre au contraire la forme moderne de l'État fédéral. Il apparaît donc pertinent de s'interroger sur la spécificité du système fédéral russe au regard de ces deux modèles américain et allemand.

À cet égard, nous allons montrer qu'il existe une originalité certaine du fédéralisme russe tant du point de vue du principe d'autonomie avec une autonomie partagée et un pouvoir fédéré de législation partiellement subordonné (I) que du principe de participation qui croise les solutions des modèles américain et allemand (II).

I. L'originalité du principe d'autonomie : le partage de l'autonomie et la législation subordonnée

La Constitution russe de 1993 consacre le principe d'autonomie mais les États fédérés n'en sont pas les seuls détenteurs (A). La répartition du pouvoir de législation entre la Fédération et les « sujets de la Fédération » n'est qu'en partie réalisée de façon classique. L'originalité du système russe réside dans la législation concurrente qui associe les sujets de la Fédération à la législation fédérale dans un rapport de subordination (B).

A. Les détenteurs d'une autonomie partagée : les « sujets de la Fédération »

Dans tout État fédéral, des entités politiques méritant la qualité d'État sont reconnues par la Constitution fédérale, mais de différentes façons. La Constitution fédérale peut mentionner que l'État fédéral se compose de la Fédération et d'États (le terme est alors explicitement employé) ou bien elle peut faire référence à l'existence de Constitutions autres que celle de l'État fédéral. Il faut alors y voir une référence implicite à l'existence d'États (puisqu'en droit, seul un État dispose d'un pouvoir constituant et se trouve régi par une Constitution ; toutes les collectivités autres que l'État relèvent d'un statut).

- **Voir les textes (Focus) :**
  - **États-Unis : C. 1787, art. 1, section 10** (« aucun État »), **art. V** (« législatures des États »), **art. VII** (« ratification de neuf États »).
  - **Allemagne : LF 1949, préambule** (« Les Allemands dans les Länder »), **art. 28, al. 1** (« l'ordre constitutionnel des Länder »), **Titre II, art. 24, 32, al. 2.**

La Constitution russe de 1993 mentionne, quant à elle, explicitement qu'il existe des Républiques et deux sortes de Constitution, celle de la Fédération et celles de ces dernières.

- **Voir le texte :**
  - **Russie : C. 1993, art. 66, al. 1 ; art. 125, al. 2, *b)*.**

Mis à part la Constitution soviétique de 1924, les deux autres Constitutions de 1936 et 1977 affirmaient aussi clairement que les Républiques fédérées avaient leur propre Constitution.

- **Voir les tableaux des Constitutions soviétiques (Focus) :**
  - **URSS :**
    - **C. 1936, Titre III, art. 16.**
    - **C. 1977, Titre III, Ch. 10, art. 83.**

Mais avec la Constitution de 1993, l'État fédéral russe ne se compose pas de la Fédération de Russie et des Républiques fédérées mais de la Fédération de Russie et des « sujets de la Fédération », ensemble dans lequel se trouvent les Républiques fédérées mais aussi des entités administratives : les territoires, les régions, des villes « d'importance fédérale » et les districts autonomes.

- **Voir le texte :**
  - **C. 1993, art. 65, al. 1.**

Certes, déjà l'État fédéral soviétique prenait en compte des entités administratives par une représentation au Soviet des nationalités (comme on le verra avec le principe de participation). C'est une des spécificités du fédéralisme soviétique, aujourd'hui russe.

- **Voir les tableaux des Constitutions soviétiques et la doctrine (Focus) :**
  - **URSS :**
    - **C. 1924, art. 15** (Républiques autonomes et régions autonomes).
    - **C. 1936, art. 35** (Républiques autonomes, régions autonomes et districts nationaux).
    - **C. 1977, art. 110** (Républiques autonomes, régions autonomes et districts autonomes).
  - **J. Radvanyi, « Le fédéralisme russe : des mutations inachevées » (**parle d'un « héritage du système soviétique », d'« une des principales singularités du modèle fédéral russe » que cette juxtaposition de régions administratives et d'« entités administratives-nationales »).

Mais, au plan des entités constituant l'État fédéral, les entités administratives n'apparaissaient pas : l'État fédéral se composait de la Fédération et des Républiques fédérées.

- **Voir les tableaux des Constitutions soviétiques (Focus) :**
  - **URSS :**
    - **C. 1924, proclamation en tête de la Constitution.**
    - **C. 1936, art. 13.**
    - **C. 1977, art. 71.**

La Constitution de 1993 amoindrit donc la place des Républiques fédérées en situant les entités administratives à leur niveau dans la composition de l'État fédéral. Et elle diminue leur spécificité puisque le bénéfice du principe d'autonomie n'est pas leur monopole. Finalement, ce qui caractérise les Républiques fédérées, c'est le fait d'avoir une Constitution. En effet, les entités administratives n'ont qu'un statut. Le pouvoir de faire les lois n'est pas au contraire une spécificité des Républiques fédérées puisqu'il appartient aux sujets de la Fédération dans lesquels sont incluses les entités administratives.

- **Voir le texte :**
  - **Russie : C. 1993**
    - **art. 73** (compétence de principe aux sujets de la Fédération).
    - **art. 76, al. 2, 4, 5, art. 125, al. 2,** (mentionne les « lois » des sujets de la Fédération).
    - **art 125, al. 2, *b)*** (distingue les Constitutions et les « statuts » des sujets de la Fédération).

B. La compétence conjointe ou l'association subordonnée à la législation fédérale

L'autonomie passe concrètement par une répartition des matières législatives qui permette de déterminer les compétences législatives respectives de la Fédération et des États fédérés (pour la Russie, les sujets de la Fédération). Par principe, les États fédérés ont une compétence législative de droit commun qu'ils exercent dans la limite de la compétence législative attribuée à la Fédération. Toutes les matières figurant sur la liste de la compétence législative fédérale sont conservées par les États fédérés. Ce mécanisme est la conséquence directe et nécessaire du principe d'autonomie. On le retrouve dans les modèles allemand et américain comme dans la Constitution russe de 1993 et toutes les Constitutions fédérales soviétiques.

- **Voir le texte et les textes et tableaux du Focus :**
  - **Russie : C. 1993, art. 72** (liste des matières fédérales) ; **art. 73** (« les sujets de la Fédération possèdent la plénitude du pouvoir d'État » : compétence de droit commun ou de principe).
  - **URSS :**
    - **C. 1924, art. 1** (liste des matières fédérales), **art. 3** (compétence de droit commun ou de principe des Républiques fédérées).
    - **C. 1936, art. 14** (liste des matières fédérales), **art. 15** (compétence de droit commun ou de principe des Républiques fédérées).
    - **C. 1977, art. 73** (liste des matières fédérales), **art. 83** (compétence de droit commun ou de principe des Républiques fédérées).
    - **États-Unis : C. 1787, art. 1, section 8** (liste des matières relevant du Congrès : compétence fédérale d'attribution dont on déduit la compétence de droit commun ou de principe des États fédérés).
    - **Allemagne : LF 1949, art. 70, al. 1** (compétence de droit commun ou de principe de Länder), **art. 73, al. 1** (liste des matières relevant de la « compétence exclusive de la Fédération »).

Dans la Constitution russe de 1993, cette répartition des compétences de base est complétée par un mécanisme de compétence conjointe (inconnu dans les Constitutions américaine, allemande et soviétique) qui est, en réalité, une façon d'étendre la compétence législative fédérale tout en associant les sujets de la Fédération mais dans une

Exercice

position d'infériorité puisque ces derniers ne peuvent que légiférer « en conformité » avec les lois fédérales prises dans le cadre de cette compétence conjointe. Autrement dit, les sujets de la Fédération sont des législateurs de mise en œuvre de la législation fédérale, en position de subordination.

- Voir le texte :
  - **Russie : C. 1993, art. 76, al. 2.**

Mis à part cette originalité, la Constitution russe de 1993 met en œuvre le principe d'autonomie du modèle de l'État fédéral de manière classique (relève de ce classicisme, la compétence exclusive de la Fédération pour tout ce qui touche aux relations internationales et aux traités).

- Voir le texte, ceux du Focus et les tableaux sur les trois Constitutions soviétiques :
  - **Russie : C. 1993, art. 71.**
  - **États-Unis : C. 1787, section 10.**
  - **Allemagne : LF 1949, art. 24, al. 1 a) ; art. 32, al. 3.**
  - **URSS :**
    - **C. 1924, art. 1, *a) et f)*.**
    - **C. 1936, art. 14, *a)*.**
    - **C. 1977, art. 73, pt. 10.**

II. L'originalité du principe de participation : le croisement des modèles allemand et russe

La Constitution russe de 1993 met en œuvre le principe de participation de façon habituelle par un bicaméralisme. Mais la composition de la chambre représentant traditionnellement les États fédérés rappelle à la fois le modèle américain pour l'aspect égalité et allemand pour l'aspect représentation de l'Exécutif au sein de la Chambre des États (A). Le caractère inégalitaire du bicaméralisme rappelle aussi le modèle allemand (B).

A. Le mélange de l'égalité américaine et de la représentation allemande de l'Exécutif au Conseil de la Fédération

Traditionnellement, l'organe législatif fédéral que l'on appellera « Parlement » pour simplifier, est bicaméral. Une chambre représente la Fédération (principe d'unité) et l'autre les États fédérés (principe de participation, complément du principe d'autonomie). C'est la solution adoptée, dès l'invention de cette forme d'État, par les États américains indépendants en 1787 et qui a été reprise dans la forme moderne de l'État fédéral en Allemagne notamment.

- Voir les textes (Focus) :
  - **États-Unis : C. 1787, art. I, sections 1, 2, 3** (le Congrès, organe législatif fédéral, est composé de la Chambre des représentants, chambre de la Fédération, et du Sénat, chambre des États fédérés).

- **Allemagne : LF 1949, art. 38** (Bundestag représentant l'ensemble du peuple), **art. 51** (Bundesrat représentant les Länder).

La Constitution russe de 1993 ne déroge pas à ce schéma bicaméral et elle reprend à cet égard la solution des trois Constitutions soviétiques : une chambre législative représente la population de la Fédération et une chambre les membres de la Fédération (mais son nom a été modifié : le Soviet des nationalités devient le Conseil de la Fédération).

- **Voir le texte et les tableaux sur les trois Constitutions soviétiques (Focus) :**
  - **Russie : C. 1993, art. 95, al. 1** (Conseil de la Fédération, chambre des États et Douma d'État, chambre de la Fédération).
  - **URSS :** Soviet de l'Union et le Soviet des nationalités.
    - **C. 1924, art. 9, 13.**
    - **C. 1936, art. 16.**
    - **C. 1977, art. 109.**

Une autre tradition soviétique est respectée : la représentation des entités administratives que sont les territoires, régions, villes capitales et districts autonomes au côté des Républiques fédérées.

- **Voir le texte, les tableaux sur les trois Constitutions soviétiques et la doctrine (Focus) :**
  - **Russie : C 1993, art. 95, al. 2** (représentation des « sujets de la Fédération » et non des seules Républiques fédérées).
  - **URSS :**
    - **C. 1924, art. 15** (représentation des Républiques autonomes et régions autonomes).
    - **C. 1936, art. 35** (représentation des Républiques autonomes, régions autonomes et districts nationaux).
    - **C. 1977, art. 110** (représentation des Républiques autonomes, régions autonomes et districts autonomes).
  - **R. Sabitov, « L'application des principes constitutionnels du fédéralisme en Russie »** (« rôle représentatif des unités administrative-nationales au niveau fédéral »).

Au regard de la tradition soviétique, la nouveauté réside dans l'égalité de représentation qui rappelle l'égalité de représentation aux États-Unis (deux sénateurs par État fédéré). En effet, dans la Constitution russe de 1993, les Républiques fédérées sont représentées au même titre que les entités administratives par deux représentants alors que, dans les Constitutions soviétiques, la représentation était inégalitaire et favorisaient les Républiques fédérées. La Constitution de 1993, en optant pour un nombre égal de représentants des entités fédérées, reprend la solution des États-Unis (à l'opposé de celle de l'Allemagne avec son nombre variable de représentants selon la démographie des Länder). Mais, surtout, elle affaiblit le poids politique des Républiques fédérées au nom du principe d'égalité.

- **Voir les textes et les tableaux sur les trois Constitutions soviétiques (Focus) :**
  - **États-Unis : C. 1787, art. I, section 3, al. 1** (deux sénateurs par État).
  - **Allemagne : LF 1949, art. 51, al. 2** (nombre minimal de trois voix et comme chaque membre du Bundesrat dispose d'une voix, cela signifie que tous les Länder ont au minimum trois représentants, puis jusqu'à six pour les plus peuplés).
  - **Russie : C. 1993, (art. 95, al. 1).**
  - **URSS** :
    - **C. 1924, art. 15** (cinq par République fédérée et par Républiques autonome, un par région autonome).
    - **C. 1936, art. 35** (vingt-cinq par République fédérée, onze par République autonome, cinq par région autonome, un par district national).
    - **C. 1977, art. 110** (trente-deux par République fédérée, onze par République autonome, cinq par région autonome, un par district autonome).

Une autre originalité de la Constitution russe de 1993 est une représentation mixte au Conseil de la Fédération : un représentant du Pouvoir législatif élu et un représentant du Pouvoir exécutif nommé. Cette représentation de l'Exécutif à la chambre des États est à rapprocher du modèle allemand. Mais, en Allemagne, il n'y a pas de représentants des organes législatifs des Länder au Bundesrat.

- **Voir le texte et les textes du Focus :**
  - **Russie : C. 1993, art. 95.**
  - **Allemagne : LF 1949, art. 51** (membres des gouvernements de Länder nommés).
  - **R. Sabitov, précité** (le représentant du Législatif, élu par l'organe législatif du pouvoir d'État du sujet de la Fédération ; celui de l'Exécutif, désigné par le Chef de l'Exécutif du sujet de la Fédération).

B. Une participation inégalitaire des deux Conseils au vote des lois fédérales

L'Assemblée fédérale dispose du pouvoir législatif et de révision constitutionnelle. Sur le plan du pouvoir législatif, la Constitution russe de 1993 a opté pour la solution allemande de l'inégalité du pouvoir des deux chambres. Cela signifie que le vote de loi ne requiert pas forcément l'accord de la chambre des sujets de la Fédération, le Conseil de la Fédération. Si ce dernier ne parvient pas à voter le texte de loi adopté par la Douma d'État à la majorité absolue de ses membres ou s'il ne se prononce pas dans un délai imparti, la loi revient devant la Douma d'État (sauf si une commission conciliation est réunie d'un commun accord entre les deux chambres, ce qui n'est pas acquis). La Douma d'État peut alors adopter seule la loi (mais à une majorité renforcée, ce qui rend l'obtention du vote plus difficile).

- **Voir le texte :**

Russie, C. 1993, art. 105, al. 4 (possibilité du vote de la loi par le Conseil de la Fédération ; possibilité de rejet du texte ou de garder le silence durant quatorze jours ;

en cas de rejet du texte, possibilité de constituer une commission de conciliation), **al. 5** (vote du texte par la seule Douma d'État à la majorité des deux tiers de ses membres). Par ce bicaméralisme inégalitaire, la Constitution russe de 1993 rompt avec sa tradition constante de bicaméralisme égalitaire sur le modèle fédéral américain et adopte la solution allemande.

- **Voir les textes et tableaux sur les trois Constitutions soviétiques (Focus) :**
  - **URSS :** tradition de l'égalité des deux Chambres pour voter la loi.
    - **C. 1924, art. 9 et 13**.
    - **C. 1936, art. 33 et 35**.
    - **C. 1977, art. 83**.
  - **États-Unis : C. 1787, art. I, section 7** (égalité absolue des deux chambres, Chambre des représentants et Sénat pour voter la loi).
  - **Allemagne : LF 1949, 77, al. 2** (même possibilité d'une commission de conciliation qu'en Russie), **al. 3, 4** (comme en Russie, même adoption de la loi à une majorité renforcée par la chambre des États. Mais il existe des lois pour lesquelles l'approbation du Bundesrat est exigée, **al. 2a.**).

En revanche, la révision de la Constitution doit être adoptée par les deux assemblées. On pourrait dire qu'il y a égalité des pouvoirs comme aux États-Unis. Mais ce serait négliger la différence de majorité requise dans chacune des chambres de l'Assemblée fédérale. Celle exigée au Conseil de la Fédération est plus importante que celle exigée à la Douma d'État. Cette différence de majorité signifie que la révision exige une forte acceptation des sujets de la Fédération. Cela constitue pour eux une garantie les protection contre une diminution de leur autonomie ou de leur participation. Aux États-Unis, en matière de révision constitutionnelle, la majorité requise dans chaque chambre du Congrès est la même. Mais il y a un second vote de ratification de la révision par chaque État, ce qui renforce leur poids dans la révision constitutionnelle au-delà du vote du Sénat. En Allemagne, les majorités requises au Bundestag et au Bundesrat ne sont pas tout à fait les mêmes en raison de la différence de leur calcul. On retrouve un peu la logique russe d'un vote de la révision au seul niveau fédéral et une certaine inégalité des deux chambres en faveur de celle représentant les membres de la Fédération.

- **Voir le texte et ceux du Focus :**
  - **Russie, C. 1993, art. 108, al. 2** (majorité des trois quarts au Conseil de la Fédération contre majorité des deux tiers à la Douma d'État).
  - **Allemagne : LF. 1949, art. 79, al. 2** (majorité des deux tiers dans les deux Chambres, mais calculée différemment : deux tiers des membres du Bundesrat, deux tiers des voix au Bundestag, de sorte que c'est une quasi égalité comme en Russie, malgré l'identité des majorités requises. Il n'est pas en effet indifférent de déterminer une majorité sur la base du nombre des sièges d'une Assemblée - majorité invariable - ou sur la base du nombre des voix - majorité variant selon les scrutins -). La première est plus difficile à obtenir que la seconde).

Exercice

– **États-Unis : C. 1787, art. V** (égalité des deux chambres du Congrès : vote à la majorité des deux tiers ; le texte ne précise pas si c'est des voix ou des membres et, dans le silence du texte, il faut comprendre que c'est la majorité des voix ; s'ensuit la ratification par les trois quarts des États fédérés).

1. Présentation chronologique des Constitutions de l'URSS jusqu'à la Constitution russe de 1993

Jean-Pierre Maury, extraits de la présentation des différentes Constitutions, accessible en ligne : http://mjp.univ-perp.fr/

Après la dispersion de l'Assemblée constituante dès le 6/19 janvier 1918, tout le pouvoir en Russie appartient aux soviets. Le Congrès panrusse des soviets proclame la République socialiste fédérative soviétique de Russie et adopte, le 12/25 janvier 1918, la Déclaration des droits du peuple travailleur et exploité, proposée par Lénine, qui sera placée en tête de la Constitution du 10 juillet 1918…

L'Union des Républiques socialistes soviétiques a été formée par un traité constitutif, ratifié le 30 décembre 1922 par le Congrès des soviets de Russie, de Biélorussie, d'Ukraine et de Transcaucasie… La date du 31 janvier 1924 est celle de l'adoption de la Constitution de l'URSS (avec plusieurs modifications) par le 2e Congrès des soviets de l'URSS, mais la Constitution était entrée en vigueur dès le 6 juillet 1923, à la suite de son adoption par le Comité exécutif central de l'Union…

Une nouvelle Constitution a été adoptée le 5 décembre 1936 sur la proposition de Staline… En 1936, Staline propose au VIIIe congrès des soviets d'adopter une nouvelle Constitution, correspondant à la nouvelle étape de la construction du socialisme…

Le 7 octobre 1977, le soviet suprême adopta à l'unanimité la quatrième et dernière constitution soviétique, aussi appelée Constitution Brejnev.

Après la tentative de coup d'État d'août 1991, la dissolution de l'URSS permet à Boris Eltsine d'évincer Mikhaïl Gorbatchev et de prendre le pouvoir en Russie. Une nouvelle Constitution de la Russie est alors adoptée par référendum, le 12 décembre 1993…

A. Constitutions soviétiques (tableaux)

19 juillet 1918, adoption de la Constitution de la République socialiste fédérative soviétique de Russie (embryon de fédéralisme).

30 décembre 1922, convention créant l'Union des Républiques socialistes soviétiques (URSS) qui réunit le Russie, l'Ukraine, la Biélorussie et la Transcaucasie.

B. Constitution du 31 janvier 1924. Création de l'État fédéral de l'Union des Républiques socialistes soviétiques

* signale une rubrique aux solutions identiques dans les trois Constitutions.

ø signale une rubrique aux solutions identiques dans deux Constitutions sur trois

Entités fédérées*	Républiques (4 dont une fédérative composée de 3 Républiques fédérées)	Proclamation en tête de la Constitution
Répartition de la compétence législative*	Compétence d'attribution de la Fédération (24 domaines de compétence dont les affaires étrangères a), et la ratification des traités f)	Titre I, art. 1
	Compétence de droit commun (de principe) de chaque République fédérée	Titre II, art 3
Autonomie reconnue	« Chaque République constitue ses pouvoirs publics d'une manière indépendante » (mais le terme de Constitution n'est pas employé)	Titre II, art 3
Bicaméralisme*	Soviet de l'Union et Soviet des nationalités (5 représentants par République fédérée et par Républiques autonome, 1 par région autonome)	Titre III, art. 9, 13,15
Partage du pouvoir législatif*	Partage égalitaire du pouvoir législatif entre les deux Soviets	Titre III, art. 22, 23, 24
Contrôle juridictionnel	Tribunal suprême : donne un simple avis sur légalité constitutionnelle des mesures des Républiques fédérées	Titre VII, art. 43
Révision constitutionnelle	Congrès des soviets (sans lien avec les deux Soviets législatifs)	Titre 1, art. 2

Constitution du 5 décembre 1936

Entités fédérées*	Républiques fédérées (11 en 1936)	Titre II, art. 13
Répartition de la compétence législative*	Compétence d'attribution de la Fédération (23 domaines de compétence, dont a) les affaires étrangères et la conclusion des traités)	Titre II, art. 14
	Compétence de droit commun (de principe) de chaque République fédérée	Titre II, art. 15
Autonomie reconnue ø	« Chaque République fédérée a sa Constitution »	Titre III, art. 16
Bicaméralisme*	Soviet suprême composé du Soviet de l'Union et du Soviet des nationalités (25 représentants par République fédérée, 11 par République autonome, 5 par région autonome, 1 par district national)	Titre III, art. 33, 35
Partage du pouvoir législatif*	Partage égalitaire du pouvoir législatif entre les deux Soviets	Titre III, art. 37, 39
Contrôle juridictionnel ø	Non, plus aucun ni sur la constitutionnalité, ni les conflits de compétence. La Cour suprême créée ne contrôle que l'appareil judiciaire de la Fédération et des Républiques fédérées	Titre IX, art. 105
Révision constitutionnelle ø	Partage égalitaire du pouvoir de révision entre les deux Soviets	Titre XIII, art. 146

Constitution 7 octobre 1977

Entités fédérées*	Républiques (15)	Titre III, Ch. 8, art. 71
Répartition de la compétence législative*	Compétence d'attribution de la Fédération (12 domaines de compétence, dont pt. 10. les relations internationales)	Titre III, Ch. 8, art. 73
	Compétence de droit commun de chaque République fédérée	Titre III, Ch.10 art. 83
Autonomie reconnue ø	« Chaque République fédérée a sa Constitution »	Titre III, Ch. 10, art. 82, al. 3
Bicaméralisme*	Soviet suprême composé du Soviet de l'Union et du Soviet des nationalités (32 représentants par République fédérée, 11 par République autonome, 5 par région autonome, 1 par district autonome)	Titre V, Ch. 15, art. 109, 110
Partage du pouvoir législatif*	Partage égalitaire du pouvoir législatif entre les deux Soviets	Titre V, Ch. 15, art. 109, al. 2, art. 114, al. 3
Contrôle juridictionnel du fédéralisme ø	Non, plus aucun ni sur la constitutionnalité, ni les conflits de compétence. La Cour suprême créée ne contrôle que l'appareil judiciaire de la Fédération et des Républiques fédérées	Titre VII, Ch. 20, art. 153, al. 1
Révision constitutionnelle ø	Partage égalitaire du pouvoir de révision entre les deux Soviets	Titre V, Ch. 15, art. 114, al. 2

2. Constitutions étrangères

Constitution des États-Unis d'Amérique du 17 septembre 1787

Article I

Section I. Tous les pouvoirs législatifs accordés par la présente Constitution seront attribués à un Congrès des États-Unis, qui sera composé d'un Sénat et d'une Chambre des représentants.

Section 2. 1. La Chambre des représentants sera composée de membres choisis tous les deux ans par le peuple des différents États; dans chaque État, les électeurs devront remplir les conditions requises pour être électeur à l'assemblée la plus nombreuse de la législature de cet État.

Section 3. 1. Le Sénat des États-Unis sera composé de deux sénateurs pour chaque État et chaque sénateur disposera d'une voix.

Section 7... 2. Tout projet de loi adopté par la Chambre des représentants et par le Sénat devra, avant d'acquérir force de loi, être soumis au président des États-Unis.

Section 8. Le Congrès aura le pouvoir: (suit une liste des 16 matières de la compétence du Congrès)....

Et de faire toutes les lois qui seront nécessaires et convenables pour mettre à exécution les pouvoirs ci-dessus mentionnés et tous les autres pouvoirs conférés par la présente Constitution au gouvernement des États-Unis ou à l'un quelconque de ses départements ou de ses fonctionnaires.

Section 10. 1. Aucun État ne pourra être partie à un traité ou une alliance ou à une Confédération… - **3.** Aucun État ne pourra, sans le consentement du Congrès… conclure des accords ou des pactes avec un autre État ou une puissance étrangère…

Article V. Le Congrès, quand les deux tiers des deux Chambres l'estimeront nécessaire, proposera des amendements à la présente Constitution ou, sur la demande des législatures des deux tiers des États, convoquera une convention pour en proposer ; dans l'un et l'autre cas, ces amendements seront valides à tous égards comme faisant partie intégrante de la présente Constitution, lorsqu'ils auront été ratifiés par les législatures des trois quarts des États, ou par des conventions dans les trois quarts d'entre eux…

Article VII. La ratification des conventions de neuf États sera suffisante pour l'établissement de la présente Constitution entre les États qui l'auront ainsi ratifiée.

Loi fondamentale de la République fédérale d'Allemagne du 23 mai 1949

PRÉAMBULE

Conscient de sa responsabilité devant Dieu et devant les hommes, animé de la volonté de servir la paix du monde en qualité de membre égal en droits dans une Europe unie, le peuple allemand s'est donné la présente Loi fondamentale en vertu de son pouvoir constituant.

Les Allemands dans les Länder de Bade-Wurtemberg, Bavière, Berlin, Brandebourg, Brême, Hambourg, Hesse, Mecklembourg-Poméranie occidentale, Basse-Saxe, Rhénanie du Nord/- Westphalie, Rhénanie-Palatinat, Sarre, Saxe, Saxe-Anhalt, Schleswig-Holstein et Thuringe, ont parachevé l'unité et la liberté de l'Allemagne par une libre autodétermination.

La présente Loi fondamentale vaut ainsi pour le peuple allemand tout entier.

Article 28. 1. L'ordre constitutionnel des Länder doit être conforme aux principes d'un État de droit républicain, démocratique et social, au sens de la présente Loi fondamentale… - **3.** La Fédération garantit la conformité de l'ordre constitutionnel des Länder avec les droits fondamentaux et avec les dispositions des alinéas 1 et 2.

Titre II - La Fédération et les Länder

Article 24. 1a) Dans la mesure où les Länder sont compétents pour l'exercice des pouvoirs étatiques et l'accomplissement des missions de l'État, ils peuvent, avec l'approbation du gouvernement fédéral, transférer des droits de souveraineté à des institutions de voisinage frontalier.

Article 32... 3. Dans la mesure de leur compétence législative, les Länder peuvent, avec l'approbation du gouvernement fédéral, conclure des traités avec des États étrangers.

Titre III - Le Bundestag

Article 38. 1. Les députés du Bundestag allemand sont élus au suffrage universel, direct, libre, égal et secret. - **2.** Ils sont les représentants de l'ensemble du peuple, ne sont liés ni par des mandats ni par des instructions et ne sont soumis qu'à leur conscience.

Titre IV- Le Bundesrat

Article 51. Le Bundesrat se compose de membres des gouvernements des Länder, qui les nomment et les révoquent. Ils peuvent se faire représenter par d'autres membres de leur gouvernement. - **2.** Chaque Land a au moins trois voix, les Länder qui comptent plus de deux millions d'habitants en ont quatre, ceux qui comptent plus de six millions d'habitants en ont cinq, ceux qui comptent plus de sept millions d'habitants en ont six.

Titre VII - La législation de la Fédération

Article 70. 1. Les Länder ont le droit de légiférer dans les cas où la présente Loi fondamentale ne confère pas à la Fédération des pouvoirs de légiférer...

Article 73. 1. La Fédération a la compétence législative exclusive dans les matières ci-dessous : (suit la liste de 14 matières, parmi lesquelles figurent les affaires étrangères).

Article 77. 1. Les lois fédérales sont adoptées par le Bundestag. Après leur adoption, le président du Bundestag les transmet sans délai au Bundesrat. Dans les trois semaines qui suivent la réception du texte de loi adopté, le Bundesrat eut demander la convocation d'une commission formée de membres du Bundestag et du Bundesrat en vue de la discussion commune de textes. La composition et la procédure de cette commission sont fixées par un règlement intérieur adopté par le Bundestag et qui requiert l'approbation du Bundesrat. Les membres du Bundesrat délégués dans cette commission ne sont pas liés par des instructions. Lorsque l'approbation du Bundesrat est requise pour une loi, le Bundestag et le gouvernement fédéral peuvent également demander la convocation de la commission. Si la commission propose une modification du texte de loi adopté, le Bundestag doit se prononcer à nouveau. - **2a.** Si une loi requiert l'approbation du Bundesrat et qu'une demande selon l'alinéa 2, 1e phrase, n'a pas été formulée ou que la procédure de conciliation s'est achevée sans proposition de modification du texte de loi adopté, le Bundesrat doit se prononcer sur l'approbation dans un délai raisonnable. - **3.** Si une loi ne requiert pas l'approbation du Bundesrat, celui-ci peut faire opposition... - **4.** Si l'opposition est votée à la majorité des voix du Bundesrat, elle peut être levée par une délibération prise à la majorité des membres du Bundestag. Si le Bundesrat a voté l'opposition à une majorité des deux tiers au moins de ses voix, la levée de l'opposition par le Bundestag requiert une majorité des deux tiers et, au moins, la majorité des membres du Bundestag.

Article 78. Une loi adoptée par le Bundestag l'est définitivement si le Bundesrat l'approuve, s'il ne fait pas la demande prévue à l'article 77, al. 2, s'il ne fait pas opposition dans le délai prévu à l'article 77, al. 3, ou s'il retire cette opposition, ou si elle est levée par un vote du Bundestag.

Article 79. 1. La Loi fondamentale ne peut être modifiée que par une loi qui en modifie ou en complète expressément le texte… - **2.** Une telle loi doit être approuvée par les deux tiers des membres du Bundestag et les deux tiers des voix du Bundesrat.

Titre IX - Le pouvoir judiciaire

Article 93. 1. La Cour constitutionnelle fédérale statue:… 2. en cas de divergences d'opinion ou de doutes sur la compatibilité formelle et matérielle, soit du droit fédéral ou du droit d'un Land avec la présente Loi fondamentale, soit du droit d'un Land avec toute autre règle du droit fédéral, sur demande du gouvernement fédéral, d'un gouvernement de Land, ou d'un tiers des membres du Bundestag.

3. Doctrine

A. Thevand, « La pérennité du fédéralisme », Revue du droit public, 2009, n° 5, p. 1431.

L'attrait pour le fédéralisme s'explique par sa vocation à allier l'unité et la diversité… le fédéralisme promet d'instaurer l'unité qui manque à une confédération et la diversité qui fait défaut dans un État décentralisé… Si le fédéralisme exclut une domination de la fédération, l'expression des différentes composantes au niveau fédéral conduit à une cohérence globale du système. Par conséquent, le fédéralisme est un moyen de faire coexister, au sein d'une même structure politique, des entités même très diverses, sans risque d'éclatement.

I. Filippov, « Russie: La fédération la plus complexe du monde », Polémia 2006, accessible en ligne: http://archives.polemia.com/article.php?id=1170

Actuellement, la Russie comprend 88 entités très hétérogènes dont chacune occupe sa place dans la hiérarchie générale. Plus de la moitié d'entre elles (49) sont des régions historiques formées chacune autour d'une ville importante… Les régions sont les unités principales de l'État russe, elles sont entrées au sein de la Russie avant les autres entités actuelles et ce sont les Russes qui constituent la majorité de leur population. Pour nombreuses qu'elles soient, elles viennent seulement en troisième position dans l'échelle hiérarchique. Il y a sept territoires que la Constitution russe place plus haut. En règle générale, ce sont de vastes espaces à population éparse avec, au centre, une importante ville industrielle dans l'est et le nord-est du pays… Mais les « principales » entités fédérées sont les républiques nationales. La Russie en compte 21 dont chacune porte un nom dérivé, en règle générale, de celui du peuple qui l'habite…

J. Radvanyi, « Le fédéralisme russe: des mutations inachevées » Regards de l'Observatoire franco-russe, Le Cherche-Midi, 2013, accessible en ligne: https://hal-inalco.archives-ouvertes.fr/hal-01436160/document

Deux termes sont alors utilisés pour décrire leur fonctionnement : on parle de « fédéralisme asymétrique » ou de fédéralisme « à la carte ». Asymétrique car B. Eltsine… semble beaucoup plus attentif aux revendications des Républiques qu'à celles qui commencent à apparaître dans les régions « administratives ». Car, héritage du système soviétique, c'est là une des principales singularités du modèle fédéral russe que la juxtaposition de deux types de régions (la Constitution de 1993 parle de « sujets ») : des entités « purement » administratives (les oblast – régions – et kraïs – territoires – auxquels ont peut adjoindre les deux capitales Moscou et Saint-Petersbourg) et les entités « administratives-nationales » correspondant aux principales minorités ethniques du pays dont elles portent souvent le nom… À la carte car, à la suite du traité passé en 1994 avec Kazan, B. Eltsine va signer 41 autres traités, et l'étude attentive de ces textes et de leurs annexes montre à quel point jouent dans ces compromis la nature des relations entre les dirigeants, le degré de revendication de telle ou telle région, dans une dérive de plus en plus ouvertement clientéliste.

R. Sabitov, « L'application des principes constitutionnels du fédéralisme en Russie », Revue Est Europa, numéro spécial, Les 20 ans de la Constitution russe, 2014, accessible en ligne : https ://www.est-europa.univ-pau.fr/est-europa-la-revue/dernier-numero-special/394-2014-numero-special-les-20-ans-de-la-constitution-russe.html

…le Conseil de la Fédération est appelé à jouer un rôle représentatif des unités administrative-nationales au niveau fédéral… la loi fédérale du 5 août 2000 prévoit que chaque sujet de la Fédération envoie deux représentants des organes législatif et exécutif au Conseil de la Fédération. Un représentant de l'organe législatif du pouvoir d'État du sujet de la Fédération est élu par l'organe législatif du pouvoir d'État du sujet de la Fédération… La candidature… est proposée par le Président de cet organe. Le représentant de l'organe exécutif du pouvoir d'État du sujet de la Fédération est désigné par le Chef de l'exécutif du sujet de la Fédération.

Pour aller plus loin

M. Fromont, « La réforme du fédéralisme allemand de 2006 », *Revue française de droit constitutionnel*, 2007/2 (n° 70), p. 227-248, accessible en ligne : https://www.cairn.info/revue-francaise-de-droit-constitutionnel-2007-2-page-227.htm

J.-R. Raviot, « Fédéralisme et gouvernement régional en Russie », *Persée*, Politique étrangère 1996, vol. 61, n° 4 p. 803.

M.-F. Toinet, H. Kempf, « La fin du fédéralisme aux États-Unis? » *Revue française de science politique*, 1980, vol. 30, n° 4, p. 735.

Thème 8

Le droit de suffrage

Exercice

Dissertation

Droit de vote et condition de nationalité

Conseil méthodologique

L'erreur sur le sens du « et » du libellé du sujet engendrant un hors-sujet

Lorsqu'un sujet de dissertation est libellé « X *et* Y », il faut comprendre que c'est la relation entre les éléments X et Y qui est l'objet de la dissertation. On commet une erreur très grave si on traite séparément les deux termes reliés par le « et ». Le devoir ne traitera pas du sujet. L'étude du droit de suffrage (restreint, universel) dans une partie I et la condition de nationalité dans la partie II est donc à proscrire.

L'erreur de compréhension engendrant un hors sujet

Le sujet ne concerne pas la nationalité, c'est-à-dire les conditions d'obtention et de retrait de la nationalité. Dans ce sujet, la nationalité est considérée en tant que condition pour pouvoir voter. Des développements sur le régime de la nationalité en France sont hors sujet.

L'étude des autres conditions pour détenir le droit de vote : possible mais sous condition

Il n'est pas interdit de présenter les autres conditions pour avoir le droit de voter mais ce doit être en relation avec la condition de nationalité, par rapport à elle et dans une démarche comparative. Ne jamais oublier qu'il faut rester centrer sur les termes du sujet. La perspective comparative permet d'élargir la perspective et de faire ressortir les caractéristiques de l'objet central de l'étude. Bien utilisée, elle est une bonne solution pour enrichir les développements d'un devoir sans risquer le hors-sujet.

Le danger de dérive vers des considérations politiques personnelles

La partie abordant le droit de vote des étrangers doit rester dans une démarche juridique. Le devoir doit être un devoir de droit. Les critiques porteront donc sur des points de droit (incohérence des solutions apportées par rapport au but, complexité, durée des procédures…).

Corrigé

La question du droit de vote des étrangers a été un thème oublié dans la dernière campagne électorale présidentielle. Ce qui ne signifie pas que la question soit aujourd'hui résolue en France.

Le droit de vote est un droit politique essentiel qui appartient à tous les citoyens depuis l'adoption du suffrage universel (définitivement pour la France en 1848). Il va de pair avec le droit à l'éligibilité (droit d'être candidat aux élections politiques nationales et locales). Pour détenir ce droit, il faut avoir la qualité d'électeur, ce qui suppose de satisfaire à certaines conditions, parmi lesquelles la condition de nationalité. Le lien de nationalité est le lien juridique qui relie une personne à un État et permet de distinguer sur le territoire national ceux qui sont les nationaux du pays et ceux qui ne le sont pas. La condition de nationalité désigne le lien de nationalité considéré en tant que condition nécessaire pour la détention d'un droit, ici le droit de vote. Cette condition signifie qu'au moins en principe les non nationaux ne peuvent pas voter.

Mais la détention du droit de vote connaît encore d'autres conditions. Certes, avec l'instauration du suffrage universel, les conditions de paiement d'un impôt minimal ou d'un certain niveau intellectuel ou d'une certaine origine sont écartées car elles se rattachent au suffrage restreint. Cependant, même en suffrage universel, la détention du droit de vote n'est pas inconditionnée. Et si la condition tenant au sexe a quasiment disparu aujourd'hui, d'autres ont été conservées.

Dès lors, le lien entre droit de vote et nationalité justifie deux interrogations : la condition de nationalité présente-t-elle une spécificité par rapport aux autres conditions exigées pour avoir la qualité d'électeur et est-il possible d'accorder le droit de vote à des non nationaux ?

Nous verrons que la condition de nationalité présente une spécificité par rapport aux autres conditions de détention du droit de vote (I) mais qu'elle n'a pas de caractère absolu puisqu'elle peut être écartée (II).

I. La spécificité de la condition de nationalité par rapport aux autres conditions de détention du droit de vote

La condition de nationalité est la seule des conditions a être à la fois une condition d'une évidence absolue (A) et non modulable (B).

A. Une condition d'une évidence absolue

Avoir la nationalité du pays dans lequel on entend voter est une exigence constitutionnelle qui paraît tomber sous le sens tant on la retrouve autant dans les Constitutions françaises (même si toutes n'abordent pas le sujet de la qualité d'électeur) et que dans les Constitutions étrangères.

- **Voir les textes :**
  - **France :**
    - **C. 1791, art. 2 (**dans le cadre d'un suffrage censitaire)
    - **C. 1795, art. 11.** (dans le cadre d'un suffrage censitaire).
    - **C. 1848, art. 25** (dans le cadre du suffrage universel).
    - **C. 1946, art. 4** (dans le cadre du suffrage universel).
    - **C. 1958, art. 3, al. 4** (dans le cadre du suffrage universel).
  - **Espagne : C. 1978, art. 68.**
  - **Hongrie, C. 2011, art. XXIII.**
  - **Norvège : C. 1814, art. 50.**
  - **Pologne : C. 1997, art. 62.**
  - **Suède : C. 1994, art. 2.**

- **Bulgarie : C. 1991, art. 42, al. 1.** ; **Italie : C. 1947, art. 48** (deux exemples de Constitutions où la nationalité n'est pas explicitement mentionnée mais où elle est sous-entendue dans le terme « citoyen »).

La raison de cette constance tient au fondement théorique très solide du lien établi entre droit de vote et nationalité. En effet, le droit de vote a été conçu dans la perspective de la désignation de représentants à l'assemblée législative, comme un moyen de participer indirectement à la confection de la loi et donc à la souveraineté nationale. C'est ce qu'exprime l'article 3 de la Constitution française de 1958 en traitant successivement mais de façon liée à la fois du détenteur de la souveraineté nationale, de la représentation nationale, du suffrage et de la qualité d'électeur.

- **Voir le texte :**
  - **France : C. 1958, art. 3, al. 1** (le peuple détenteur de la souveraineté nationale exerce cette souveraineté par des représentants) ; **al. 3** (présente les caractères du suffrage), **al. 4** (donne les conditions à remplir pour être électeur).

Il en découle que le vote est indissolublement rattaché à la citoyenneté et à la souveraineté nationale et qu'il apparaît en conséquence logique et nécessaire de le réserver aux seuls membres de la communauté nationale, c'est-à-dire aux nationaux. Le Conseil constitutionnel s'est attaché à cet aspect quand il a eu à apprécier la constitutionnalité du traité de l'Union européenne qui créait un droit de vote aux élections européennes et municipales en France pour les citoyens de l'Union européenne. Le Conseil a relevé que le Parlement européen n'étant pas une institution relevant de la Constitution française, les modalités de son élection n'intéressaient pas la Constitution française et ne pouvaient donc pas engendrer d'incompatibilité du traité au regard de celle-ci.

- **Voir le texte :**
  - **Décision n° 92-308 DC du 9 avril 1992, cons. 31 à 33.**

Cependant, la condition de nationalité partage son caractère de condition évidente avec la condition tenant à l'âge et à la capacité mentale. Mais celles-ci n'ont pas le second caractère de la condition de nationalité, la non-modularité.

B. Une condition non modulable

Le droit de suffrage n'est pas seulement subordonné à la condition de nationalité. Si l'on met de côté le suffrage restreint et ses conditions de revenu ou de propriété, la qualité d'électeur se trouve toujours subordonnée à une condition d'âge car il est évident que l'on ne peut donner le droit de voter avant un certain âge. Mais si cette condition est constante, elle est par nature susceptible de changement. Selon les époques et les pays, l'âge de la majorité électorale varie (généralement, de 25 ans à 18 ans). Ces changements sont aisés quand l'âge n'est pas précisé dans la Constitution qui se contente de parler de citoyens « majeurs ».

- **Voir les textes :**
  - **France : C. 1958, art. 3 et C. 1946, art. 4.**

- **Italie : C. 1947, art. 48.**
- **Hongrie : C. 2011, art. XXIII.**

Dans le cas contraire, l'âge étant inscrit dans le Constitution, le changer requiert une révision de la Constitution, procédure toujours complexe et difficile à mener à bien.

- **Voir les textes :**
  - **France :**
    - **C. 1791, art. 2** (25 ans).
    - **C. 1793, art. 4** (21 ans).
    - **C. 1795, art. 8** (21 ans).
    - **C. 1848, art. 25** (21 ans).
  - **Bulgarie : C. 1991, art. 42** (18 ans).
  - **Norvège : C. 1814, art. 50** (18 ans).
  - **Pologne : C. 1997, art. 62** (18 ans).
  - **Suède : C. 1994, art. 2 du chapitre III** (18 ans).

De même, il est évident que le droit de vote ne pourra pas être exercé par une personne démente. Mais l'altération mentale est susceptible de degrés, ce qui engendre une modularité de cette condition du droit de vote. Selon les pays et les époques, la perte du droit de vote pourra en effet concerner des déficients mentaux différemment atteints. Quant à la condition de détention des droits civils et politiques, elle n'a pas de caractère d'absolue évidence et elle est modulable selon les infractions dont la peine est susceptible d'être assortie d'une privation du droit de vote. Or, contrairement à ces conditions modulables, la condition de nationalité se présente comme une condition excluant toute nuance, tout degré. On est un national ou on ne l'est pas. Aucune distinction n'est faite, par souci d'égalité, entre les nationaux selon l'origine de la nationalité (de naissance ou acquise en cours d'existence). C'est pourquoi la condition de nationalité est qualifiable de « rigide ».

II. La possible mis à l'écart de la condition de nationalité pour certaines élections

La condition de nationalité peut être écartée pour les élections locales, généralement municipales. C'est le cas pour les citoyens de l'Union européenne dans les pays membres de l'Union (A) et pour les étrangers extérieurs à l'Union, dans certains pays mais pas en France (B).

A. Le droit de vote limité des citoyens européens

Le traité sur l'Union européenne (ou traité de Maastricht) du 4 févier 1992 a créé une citoyenneté européenne comprenant une série de droits, dont un droit de vote dans les pays membres de l'Union, d'une part, aux élections du Parlement européen et, d'autre part, aux élections municipales. Seules ces élections étaient concernées. Comme nous l'avons noté précédemment, les premières ne posent guère de problème de principe en termes de souveraineté nationale puisqu'elles visent une institution européenne, le Parlement européen, et non une autorité nationale. En revanche, les secondes peuvent s'avérer problématiques. Certes, les élections municipales ne visent qu'à désigner directement l'organe délibérant (le conseil municipal) et indirectement l'exécutif (le maire et ses adjoints) d'une simple collectivité décentralisée, ne disposant que d'un pouvoir de libre administration dans le cadre constitutionnel et législatif. Mais, dans la mesure où les communes sont représentées au Parlement national au travers d'une chambre représentant les collectivités décentralisées, associée au pouvoir législatif et au pouvoir de révision de la Constitution, il devient évident que ces élections « locales » ont un impact au niveau national et, à ce titre, touchent à la souveraineté nationale. C'est ce que le Conseil constitutionnel a constaté lors de son examen de la compatibilité du traité sur l'Union européenne avec la Constitution et qui l'a amené à déclarer contraires à la Constitution les dispositions prévoyant le droit de vote des citoyens de l'Union aux élections municipales. Sa décision a provoqué une révision de la Constitution afin que la France puisse ratifier le traité. Et le nouvel article 88-3 a clairement exclu toute participation des citoyens européens à la composition du Sénat.

- **Voir les textes :**
  - **Décision n° 92-308 DC du 9 avril 1992, cons. 25 à 27** (particulièrement le considérant 26) où le Conseil relève « qu'en sa qualité d'assemblée parlementaire le Sénat participe à l'exercice de la souveraineté nationale »).
  - **C. 1958, art. 88-3** (« ces citoyens ne peuvent… participer à la désignation des électeurs sénatoriaux et à l'élection des sénateurs. »).

Tous les États membres de l'Union européenne doivent donc accorder ce droit de vote aux citoyens de l'Union, ce qui en fait une dérogation d'une grande ampleur. Mais elle reste cantonnée au niveau municipal, ce qui en réduit la portée.

Après cette dérogation, la question du droit de vote des étrangers hors Union européenne s'est imposée et a été diversement résolue.

B. Le droit de vote des étrangers hors Union européenne encore non généralisé

Divers pays européens ont accordé le droit de vote aux étrangers aux élections locales sous condition de résidence plus ou moins longue.

- **Voir le tableau :**
  - **Tableau de synthèse du droit de vote des étrangers dans divers États européens.**

La France, à l'instar de l'Allemagne ou de l'Italie, refusent encore le droit de vote aux étrangers. Pourtant, historiquement, la France avait prévu de l'accorder dans la Constitution de sa première République de 1793 mais sous diverses conditions qui l'encadraient et le limitaient.

- **Voir le texte :**
  - **France : C. 1793, art. 4** (tout étranger qui remplit des conditions d'âge – 21 ans –, de domiciliation en France – un an minimum –, et diverses conditions alternatives établissant un lien particulier avec la France - de nature économique, familiale, social - ou par décision du Corps législatif « pour avoir bien mérité de l'humanité »).

Mais depuis lors, jamais la France n'a réitéré. Or, après l'instauration du droit de vote pour les citoyens européens, l'octroi d'un droit de vote aux étrangers a figuré dans des programmes électoraux de candidats à la présidence de la République (François Mitterrand et François Hollande) sans que jamais, ces engagements de campagne n'aient été tenus par les candidats devenus présidents.

- **Voir les textes :**
  - **Programme électoral du Parti socialiste** (PS) pour l'élection présidentielle de 1981, intitulé : 110 propositions pour la France, avril-mai 1981, point 80 (pour les « travailleurs immigrés », aux élections municipales exclusivement, après 5 ans de résidence).
  - **F. Hollande, « Le changement, c'est maintenant. Les 60 engagements pour la France »,** point. 50 (étrangers résidant régulièrement depuis cinq ans, pour les élections « locales », ce qui peut être compris comme allant au-delà des seules élections municipales).

En 1999 et 2000, diverses propositions de loi ont été déposées à l'Assemblée nationale et en 2011, une au Sénat, pour modifier la Constitution en vue d'ouvrir le droit de vote aux non nationaux. La comparaison des arguments présentés par leurs auteurs permet de faire apparaître des convergences. Pour justifier ce droit de vote, il est avancé d'abord la participation des étrangers à l'économie nationale par leur activité. Ensuite, le fait qu'une différence de droits d'avec les citoyens européens est contraire au principe d'égalité. Enfin, il est rappelé que les étrangers ont souvent participé à la défense du pays et de ses valeurs. La durée de résidence et l'alignement de la France sur d'autres États européens tiennent une moindre place.

- **Voir le tableau :**
  - **Tableau comparatif des arguments en faveur du droit de vote des étrangers.**

La comparaison du contenu des propositions de loi constitutionnelle permet de mettre à part la proposition de M. Aschieri car elle est la seule à proposer un droit de vote des étrangers étendu à toutes les élections locales. Quant à la fusion du régime des étrangers entraînant la suppression de l'article 88- 3, elle la prévoit aussi, de même que la proposition de la sénatrice Mme Borvo Cohen Seat. Toutes les autres propositions maintiennent la distinction entre les citoyens européens et les autres étrangers mais avec un droit vote identique. Selon les propositions, les limitations prévues par l'article 88-3 sont ou pas reprises, des conditions spécifiques aux étrangers sont ou non prévues, l'intervention d'une loi ordinaire ou d'une loi organique doit venir préciser ce droit de vote des étrangers.

- **Voir les textes :**
  - **M. André Aschieri** (fusion des régimes et suppression de l'article 88-3, condition de résidence sans précision de durée).
  - **M. Birsinger** (alignement du droit de vote sur celui des citoyens européens et conditions fixées par une simple loi ordinaire).
  - **M. Schwartzenberg** (alignement du droit de vote et de ses limitations sur ceux des citoyens européens, sous plusieurs conditions : la réciprocité, la régularité de l'établissement en France, une résidence de plus de cinq ans ; les autres conditions sont fixées par une loi organique).
  - **M. Yamgnane** (alignement du droit de vote et de ses limitations sur celui des citoyens européens, conditions fixées par une loi organique).
  - **Mme Borvo Cohen Seat** (alignement du droit de vote et de ses limitations sur celui des citoyens européens, conditions fixées par une loi organique).

Le parcours législatif de ces propositions déposées en 1990-2000 (à l'exception de celle de Mme Borvo Cohen Seat, déposée en 2011) démontre l'extrême difficulté d'aboutir sur le sujet. En effet, les propositions passèrent en commission puis donnèrent lieu au vote d'un texte à l'Assemblée nationale, le 3 mai 2000. Mais ce n'est qu'en 2011 qu'une commission du Sénat examinera le texte transmis par l'Assemblée nationale onze années auparavant (!). Le Sénat ne votera pas le même texte, le 8 décembre 2011. Sur un point essentiel, les deux assemblées s'opposaient. L'Assemblée nationale avait décidé d'une possibilité de droit de vote des étrangers, ce qui laissait la possibilité de ne pas l'accorder, au moins immédiatement. Au contraire, le Sénat avait voté un droit de vote immédiatement accordé.

- **Voir les textes :**
  - **Texte adopté en première lecture par l'Assemblée nationale, le 3 mai 2000, art. 1er** (« le droit de vote… *peut* être accordé », ce qui signifie qu'une loi pourra à tout moment l'accorder mais ce n'est qu'une possibilité).
  - **Texte adopté en première lecture par le Sénat, le 8 décembre 2011, art. 1er (**le droit de vote… est accordé », ce qui signifie que le droit est conféré par la Constitution et qu'il ne reste qu'à le mettre en œuvre par une loi organique).

La procédure de révision constitutionnelle s'acheva après la transmission du texte adopté par le Sénat à l'Assemblée nationale. En France, le débat sur le vote des étrangers n'est donc pas clos.

1. Programmes électoraux de candidats à l'élection présidentielle

Programme électoral du Parti socialiste (PS) pour l'élection présidentielle de 1981, intitulé : 110 propositions pour la France, avril – mai 1981

80 -… Droit de vote aux élections municipales après cinq ans de présence sur le territoire français…

Élections présidentielles 2012 – Programme de F. Hollande, « Le changement, c'est maintenant. Mes 60 engagements pour la France »

50 - J'accorderai le droit de vote aux élections locales aux étrangers résidant légalement en France depuis cinq ans.

2. Constitutions françaises

Constitution du 3 septembre 1791

Titre III - Des pouvoirs publics

Chapitre I - De l'Assemblée législative nationale

Section II - *Assemblées primaires. Nomination des électeurs*

Article 2. - Pour être citoyen actif, il faut : - Être né ou devenu Français ; être âgé de 25 ans accomplis…

Constitution du 24 juin 1793

De l'état des citoyens

Article 4. Tout homme né et domicilié en France, âgé de vingt et un ans accomplis ; - Tout étranger âgé de vingt et un ans accomplis, qui, domicilié en France depuis une année - Y vit de son travail - Ou acquiert une propriété - Ou épouse une Française - Ou adopte un enfant - Ou nourrit un vieillard ; - Tout étranger enfin, qui sera jugé par le Corps législatif avoir bien mérité de l'humanité - Est admis à l'exercice des Droits de citoyen français.

Constitution du 5 Fructidor An III (22 août 1795)

Titre II - État politique des citoyens

Article 8. Tout homme né et résident en France, qui âgé de 21 ans accomplis… est citoyen français.

Art 11. Les citoyens français peuvent seuls voter dans les Assemblées primaires, et être appelés aux fonctions établies par la Constitution.

Focus

Constitution du 4 novembre 1848

Chapitre IV - Du pouvoir législatif

Article 25. Sont électeurs, sans condition de cens, tous les Français âgés de vingt et un ans, et jouissant de leurs droits civils et politiques.

Constitution du 27 octobre 1946

Titre I - De la souveraineté

Article 4. Sont électeurs, dans les conditions déterminées par la loi, tous les nationaux et ressortissants français majeurs des deux sexes, jouissant de leurs droits civils et politiques.

Constitution du 4 octobre 1958

Titre I - De la Souveraineté

Article 3. 1. La souveraineté nationale appartient au peuple qui l'exerce par ses représentants et par la voie du référendum. - **2.** Aucune section du peuple ni aucun individu ne peut s'en attribuer l'exercice. - **3.** Sont électeurs, dans les conditions déterminées par la loi, tous les nationaux français majeurs des deux sexes, jouissant de leurs droits civils et politiques.

Titre XV - De l'Union européenne

Article 88-3. Sous réserve de réciprocité et selon les modalités prévues par le Traité sur l'Union européenne signé le 7 février 1992, le droit de vote et d'éligibilité aux élections municipales peut être accordé aux seuls citoyens de l'Union résidant en France. Ces citoyens ne peuvent exercer les fonctions de maire ou d'adjoint ni participer à la désignation des électeurs sénatoriaux et à l'élection des sénateurs. Une loi organique votée dans les mêmes termes par les deux assemblées détermine les conditions d'application du présent article.

3. Tableau comparatif des arguments en faveur du droit de vote des étrangers

Tableau synthétisant l'exposé des motifs des propositions de lois constitutionnelles présentées en vue d'octroyer le droit de vote aux étrangers

Nom de l'auteur de la proposition de loi	Aschieri	Birsinger	Schwartzenberg	Yamgnane	Borvo Cohen-Seat
Résidence prolongée	x		x		

Égalité de droits avec Français	x				
Égalité de droits d'avec les citoyens de l'UE	x	x			x
Participation à l'économie nationale		x	x	x	x
Participation à la défense du pays et de ses valeurs		x	x		x
Facteur d'intégration	x	x		x	
Évitement du communauta-risme			x		
Alignement sur d'autres pays européens				x	x

4. Propositions de lois constitutionnelles visant à donner le droit de vote aux étrangers

Proposition de loi constitutionnelle présentée par M. Aschieri et d'autres députés d'Europe Écologie les Verts, n° 2063, déposée à l'Assemblée nationale, le 23 décembre 1999

Proposition de loi constitutionnelle

Article 1er. L'article 3 de la Constitution est complété par un alinéa ainsi rédigé : « Peuvent être électeurs et éligibles pour les élections aux conseils des collectivités territoriales les citoyens étrangers majeurs des deux sexes résidant en France, dans les conditions déterminées par une loi organique. »

Article 2. L'article 88-3 de la Constitution est supprimé.

Proposition de loi constitutionnelle présentée par M. Bernard Birsinger et des députés, n° 1881, déposée à l'Assemblée nationale, le 21 décembre 1999

Proposition de loi constitutionnelle

Article unique. L'article 3 de la Constitution est complété par un alinéa ainsi rédigé : « Les catégories d'étrangers qui ne sont pas visées à l'article 88-3 du présent texte peuvent être électeurs et éligibles pour les élections municipales dans les conditions déterminées par la loi. »

Proposition de loi constitutionnelle présentée par M. Roger-Gérard Schwartzenberg et d'autres députés, n° 2042, déposée à l'Assemblée nationale, le 21 décembre 1999

Proposition de loi constitutionnelle

Article unique : Avant le dernier alinéa de l'article 3 de la Constitution, il est inséré un alinéa ainsi rédigé :

« Sous réserve de réciprocité, le droit de vote et d'éligibilité aux élections municipales peut être accordé aux résidents étrangers établis régulièrement en France depuis plus de cinq ans. Les conditions d'exercice de ce droit sont les mêmes que celles prévues à l'article 88-3 pour les résidents étrangers citoyens de l'Union européenne. Celles-ci sont précisées par une loi organique. »

Proposition de loi constitutionnelle présentée par M. Kofi Yamgnane, d'autres députés et les membres du groupe socialiste et apparentés, n° 2075, déposée à l'Assemblée nationale, le 12 janvier 2000.

Proposition de loi constitutionnelle

Article unique. L'article 3 de la Constitution est ainsi complété :

« Le droit de vote et d'éligibilité aux élections municipales peut être accordé aux étrangers non ressortissants de l'Union européenne résidant en France. Ils ne peuvent exercer les fonctions de maire ou d'adjoint, ni participer à l'élection des sénateurs. Une loi organique votée dans les mêmes termes par les deux assemblées détermine les conditions d'application du présent article. »

Proposition de loi constitutionnelle présentée par Mme Nicole Borvo Cohen Seat et plusieurs sénateurs, n° 188, déposée au Sénat, le 8 février 2011

Proposition de loi constitutionnelle

Article 1er : Après le titre XII de la Constitution, il est inséré un titre XII bis ainsi rédigé : « Titre XII -bis « Du droit de vote des étrangers aux élections municipales »

« Article 75-2. « Le droit de vote et d'éligibilité aux élections municipales est accordé aux étrangers. Ces derniers ne peuvent exercer la fonction de maire ou d'adjoint au maire, ni participer à la désignation des électeurs sénatoriaux et à l'élection des sénateurs. Une loi organique votée dans les mêmes termes par les deux assemblées détermine les conditions d'application du présent article ».

Article 2. L'article 88-3 de la Constitution est abrogé.

Après nomination d'un rapporteur, proposition frappée de caducité par application du Règlement intérieur du Sénat.

5. Suites données à ces trois propositions de loi constitutionnelle

L'Assemblée nationale, en première lecture

Passage en commission des trois propositions de loi constitutionnelle

Texte adopté par la commission des lois constitutionnelles, de la législation et de l'administration générale de la République

Article unique : Après l'article 72 de la Constitution, il est inséré un article ainsi rédigé :

« Le droit de vote et d'éligibilité aux élections municipales peut être accordé aux étrangers non ressortissants de l'Union européenne résidant en France. Ils ne peuvent exercer les fonctions de maire ou d'adjoint, ni participer à la désignation des électeurs sénatoriaux et à l'élection des sénateurs. Une loi organique détermine les conditions d'application du présent article. »

Texte adopté en première lecture par l'Assemblée nationale, le 3 mai 2000 et transmis au Sénat, le 4 mai 2000

Article 1er. Après l'article 72 de la Constitution, il est inséré un article 72-1 ainsi rédigé :

« Art. 72-1. - Le droit de vote et d'éligibilité aux élections municipales peut être accordé aux étrangers non ressortissants de l'Union européenne résidant en France. Ils ne peuvent exercer les fonctions de maire ou d'adjoint, ni participer à la désignation des électeurs sénatoriaux et à l'élection des sénateurs. Une loi organique détermine les conditions d'application du présent article. »

Article 2 *(nouveau)* Dans la première phrase de l'article 88-3 de la Constitution, le mot : « seuls » est supprimé.

Le Sénat, en première lecture

Passage en commission du texte transmis par l'Assemblée nationale

Texte adopté par la commission des lois constitutionnelles de législation, du suffrage universel, du règlement et d'administration générale, le 30 novembre 2011

Texte identique à celui voté par l'Assemblée nationale mais une modification du positionnement de l'article 1er placé après l'article 72-4, ce dernier devenant l'article 72-5.

Texte adopté en première lecture par le Sénat, le 8 décembre 2011 et transmis à l'Assemblée nationale, le 9 décembre 2011

Article 1er. Après l'article 72-4 de la Constitution, il est inséré un article 72-5 ainsi rédigé :

FOCUS

« Art. 72-5. - Le droit de vote et d'éligibilité aux élections municipales est accordé aux étrangers non ressortissants de l'Union européenne résidant en France. Ils ne peuvent exercer les fonctions de maire ou d'adjoint, ni participer à la désignation des électeurs sénatoriaux et à l'élection des sénateurs. Une loi organique détermine les conditions d'application du présent article. »

Article 2. À la première phrase de l'article 88-3 de la Constitution, les mots : « peut être » sont remplacés par le mot : « est » et le mot : « seuls » est supprimé.

Ce texte sera à nouveau transmis à l'Assemblée nationale, le 2 juillet 2012 et la procédure n'ira pas plus loin.

6. Tableau de synthèse du droit de vote des étrangers dans divers États européens

(source : Sénat - Étude de législation comparée n° 218 - novembre 2011)

Le droit de vote des étrangers (hors citoyens de l'UE) aux élections locales et les principales conditions auxquelles il est soumis.

ÉTATS	**Droit de vote**	
	Communes et équivalents	**Autres élections locales**
Allemagne	non	non
Autriche	non	non
Belgique	Condition de résidence : 5 ans	non
Danemark	Islandais et Norvégiens : régime des nationaux Autres étrangers : condition de résidence de 4 ans	
Espagne	Uniquement certains pays Condition de résidence de 3 ou 5 ans + condition de réciprocité	non
Hongrie	Oui (pour réfugiés, immigrés ou résidents permanents)	
Irlande	Même régime que les nationaux	sans objet
Italie	non	non
Luxembourg	Condition de résidence : 5 ans	sans objet
Pays-Bas	Condition de résidence : 5 ans	non
Portugal	Condition de résidence : lusophones : 2 ans, autres étrangers : 3 ans + condition de réciprocité*	sans objet
Suède	Islandais et Norvégiens : même régime que les nationaux Autres étrangers : condition de résidence de 3 ans	

* La condition de réciprocité signifie que le droit de vote n'est accordé dans un pays que si les nationaux de ce pays ont aussi le droit de vote dans le pays dont l'étranger est le ressortissant.

7. Constitutions étrangères

Loi fondamentale de la Hongrie du 25 avril 2011

Liberté et responsabilité

Article XXIII. 1. Tout citoyen hongrois majeur est électeur et éligible lors des élections pour désigner les représentants à l'Assemblée nationale, les représentants aux organes des collectivités locales, les maires et les députés au Parlement européen.

Constitution de la Norvège du 17 mai 1814 (version de 2013)

C. Des droits des citoyens et du pouvoir législatif

Article 50. Le droit de suffrage appartient aux citoyens norvégiens, hommes et femmes, qui atteignent l'âge de 18 ans révolus au plus…

Constitution de la Pologne du 2 avril 1997

Titre II - Les libertés, les droits et les devoirs de l'homme et du citoyen

Article 62. 1. Tout citoyen polonais ayant 18 ans accomplis au plus tard le jour du vote a le droit de participer au référendum et le droit d'élire le président de la République, les députés, les sénateurs et les représentants des collectivités territoriales.

Constitution de la République de Bulgarie du 13 juillet 1991 (version 2007)

Article 42. 1. Les citoyens ayant l'âge de 18 ans révolus…

Constitution de la République italienne du 27 décembre 1947

Rapports politiques

Article 48. 1. Sont électeurs tous les citoyens, hommes et femmes, qui ont atteint l'âge de la majorité.

Constitution du Royaume d'Espagne du 27 décembre 1978

Titre III - Chapitre premier

Des chambres

Article 68… - 5. Sont électeurs et éligibles, tous les Espagnols qui jouissent pleinement de leurs droits politiques.

Constitution de la Suède du 28 février 1994

Chapitre III - Le Riksdag

Article 2. Le droit de voter pour l'élection des membres du Riksdag appartient à tout citoyen suédois… Quiconque n'a pas atteint l'âge de 18 ans au plus tard le jour des élections ne dispose pas du droit de vote.

8. Traité sur l'Union européenne ou traité de Maastricht, 7 février 1992

La citoyenneté de l'Union

Article 8 B. 1. Tout citoyen de l'Union résidant dans un État membre dont il n'est pas ressortissant a le droit de vote et d'éligibilité aux élections municipales dans l'État membre où il réside, dans les mêmes conditions que les ressortissants de cet État...

2. Sans préjudice des dispositions de l'article 138 paragraphe 3 et des dispositions prises pour son application, tout citoyen de l'Union résidant dans un État membre dont il n'est pas ressortissant a le droit de vote et d'éligibilité aux élections au Parlement européen dans l'État membre où il réside, dans les mêmes conditions que les ressortissants de cet État...

9. Conseil constitutionnel

Décision n° 92-308 DC du 9 avril 1992 – Traité sur l'Union européenne

En ce qui concerne la reconnaissance du droit de vote et d'éligibilité aux élections municipales :

24. Considérant que l'article 3 de la Constitution dispose dans son premier alinéa que « la souveraineté nationale appartient au peuple qui l'exerce par ses représentants et par la voie du référendum » ; que le même article dispose, dans son troisième alinéa, que « le suffrage peut être direct ou indirect dans les conditions prévues par la Constitution. Il est toujours universel, égal et secret » ; qu'il est spécifié au quatrième alinéa de l'article 3 que « sont électeurs, dans les conditions déterminées par la loi, tous les nationaux français majeurs des deux sexes, jouissant de leurs droits civils et politiques » ;

25. Considérant qu'en vertu de l'article 24 de la Constitution, le Sénat, qui est élu au suffrage indirect, « assure la représentation des collectivités territoriales de la République » ; qu'aux termes du premier alinéa de l'article 72 de la Constitution « les collectivités territoriales de la République sont les communes, les départements, les territoires d'outre-mer. Toute autre collectivité territoriale est créée par la loi » ; que selon le deuxième alinéa du même article « ces collectivités s'administrent librement par des conseils élus et dans les conditions prévues par la loi » ;

26. Considérant qu'il résulte de ces dispositions que l'organe délibérant d'une collectivité territoriale de la République ne peut procéder que d'une élection effectuée au suffrage universel ; que le Sénat doit, dans la mesure où il assure la représentation des collectivités territoriales de la République, être élu par un corps électoral qui est lui-même l'émanation de ces collectivités ; qu'il s'ensuit que la désignation des conseillers municipaux a une incidence sur l'élection des sénateurs ; qu'en sa qualité d'assemblée parlementaire le Sénat participe à l'exercice de la souveraineté nationale ; que, dès lors,

le quatrième alinéa de l'article 3 de la Constitution implique que seuls les « nationaux français » ont le droit de vote et d'éligibilité aux élections effectuées pour la désignation de l'organe délibérant d'une collectivité territoriale de la République et notamment pour celle des conseillers municipaux ou des membres du Conseil de Paris ;

27. Considérant, qu'en l'état, l'article 8 B, paragraphe 1, ajouté au traité instituant la Communauté européenne par l'article G de l'engagement international soumis au Conseil constitutionnel, est contraire à la Constitution ;

[...] En ce qui concerne la reconnaissance du droit de vote et d'éligibilité aux élections au Parlement européen :

31. Considérant qu'il ressort des dispositions combinées du quatrième alinéa de l'article 3 de la Constitution et des autres alinéas du même article que la règle constitutionnelle qui limite le droit de vote aux « nationaux français » ne s'impose que pour l'exercice du droit de suffrage « dans les conditions prévues par la Constitution » ;

32. Considérant que le Parlement européen a pour fondement juridique, non les termes de la Constitution de 1958, mais des engagements internationaux souscrits, sur une base de réciprocité... ; qu'au demeurant, selon l'article E du traité sur l'Union européenne, le Parlement européen exerce ses attributions dans les conditions et aux fins prévues, d'une part, par les dispositions des traités instituant les Communautés européennes et des traités et actes subséquents qui les ont modifiés et complétés et, d'autre part, par les autres stipulations du traité sur l'Union européenne ;....

33. Considérant qu'il suit de là que la reconnaissance au profit de tout citoyen de l'Union européenne, sur une base de réciprocité, du droit de vote et d'éligibilité aux élections au Parlement européen dans un État membre de la Communauté européenne où il réside, sans en être ressortissant, ne contrevient pas à l'article 3 de la Constitution

☛ Pour aller plus loin

E. Aubin, « La transposition dans l'ordre constitutionnel français du droit de vote et d'éligibilité des citoyens européens résidant en France aux élections municipales : vers une citoyenneté multiple ? », *Petites affiches*, 19 août 1998, n° 99, p. 3.

P.Y. Chicot, « La citoyenneté entre conquête de droits et droits à conquérir », *Revue du droit public*, janvier 2005, n° 1, p. 213.

C. Houteer, « Le droit de vote et d'éligibilité des citoyens européens aux élections municipales devant le Conseil constitutionnel », *Gazette du Palais*, 28 décembre 1999, n° 362.

R. Schwartz, « Constitution et nationalité », *Les nouveaux Cahiers du Conseil constitutionnel*, 1er avril 2013, n° 39.

M. Verpeaux, « La souveraineté nationale et les élections locales (1) », *Petites affiches*, 28/08/1996, n° 104, p. 4.

Thème 9

La démocratie représentative

Exercice

Dissertation

Mandat représentatif ou mandat impératif pour les élus législateurs ?

Conseil méthodologique

Le risque de ne pas voir l'importance du « ou » dans le libellé du sujet

Le sujet précédent comportait un « et » dans le libellé du sujet, ce qui signifiait que le sujet portait sur la relation entre les deux éléments reliés par le « et ». Faire une partie sur l'un des éléments et une autre partie sur l'autre élément était une erreur. Ici, il y a un « ou ». Ce « ou » renvoie à l'idée d'une alternative, d'une option, d'un choix. Le sujet porte donc sur le choix entre les deux termes reliés par le « ou ». Il est alors possible d'étudier chaque option séparément.

Le risque d'absence de problématique quand le sujet est interrogatif

Relire les conseils généraux sur la dissertation, point e.

Corrigé

Le 28 juillet 2016, Vincent Macé publiait sur jlm 2017. fr : « Les Français n'ont plus confiance dans leurs représentants élus. Quelle que soit la forme que prendront les assemblées de la VIe République, il me semble nécessaire d'imposer un mandat impératif, c'est-à-dire une obligation pour les candidats aux assemblées de se positionner, par exemple, sur trois propositions claires qu'ils s'engagent à proposer et à voter dans l'assemblée. S'ils ne tiennent pas cet engagement, ils seront immédiatement révoqués. ». C'était soulever la question ancienne du contrôle des représentants par les électeurs dont on trouve l'écho dès 1780, dans une des premières Constitutions modernes, celle du Massachusetts, où il était dit que les élus au Congrès « peuvent être révoqués à tout moment dans l'année. » Une question devenue d'actualité avec la candidature de J.-L. Mélenchon à la présidence de la République dont le programme « L'Avenir en commun », prévoit, au point 3, « un droit de révoquer un élu en cours de mandat, par référendum, sur demande d'une partie du corps électoral. »

Les élus législateurs sont les élus qui doivent voter les lois, au plan national, fédéral, régional selon la forme de l'État. Il existe également des élus locaux (dans le cadre de la décentralisation) pour lesquels la question de la nature représentative ou impérative du mandat se pose aussi mais notre sujet les exclut puisqu'ils ne votent pas de lois. Le mandat dont il s'agit ici est un mandat politique. En droit privé, le mandat est un contrat de représentation par lequel un mandant charge un mandataire d'agir en son nom et dans son intérêt. En droit constitutionnel, le mandat est un lien de représentation qui se forme par le choix des électeurs lors de l'élection. On distingue deux types de mandat.

On parle de mandat représentatif pour désigner un mandat qui laisse l'élu libre de ses choix durant la durée de son mandat et dont la seule sanction est la non réélection. S'y oppose le mandat impératif qui soumet l'élu à la volonté et au contrôle des électeurs durant toute la durée du mandat, la sanction de l'élu pouvant être sa révocation (ce qu'on appelle « le rappel » ou *recall* aux États-Unis), par référendum révocatoire. Ces deux visions du lien de représentation trouvent leur origine historique et théorique dans deux conceptions de la souveraineté.

L'élection de représentants des citoyens appelés à faire la loi a été la marque de l'avènement de la démocratie moderne en 1789. La Déclaration des droits de l'homme et du citoyen du 24 août 1789 (**voir texte Focus)** affirme ainsi que les citoyens ont le droit de concourir à la confection de la loi par représentants interposés (même si une participation personnelle de chacun est aussi évoquée), ce qui fonde le droit de suffrage et en même temps établit la démocratie dite « représentative ». Cette sorte de démocratie s'appuie sur une conception particulière de la souveraineté « dans » l'État, aspect interne de la souveraineté (par opposition à la souveraineté « de » l'État sur le plan extérieur vis-à-vis des États étrangers) : la souveraineté nationale. Selon cette conception, le détenteur de la souveraineté est la Nation, c'est-à-dire une entité abstraite et une, fusionnant en un tout indivisible des citoyens abstraits, strictement identiques et indifférenciés, non seulement non seulement vivants mais aussi morts. Cette Nation souveraine est au cœur de la représentation politique puisque celle-ci a pour but de donner à cette entité abstraite une dimension humaine et réelle au travers de représentants élus, agissant en son nom et dans son intérêt (l'intérêt général étant l'intérêt national). En opposition avec cette vision souvent qualifiée de « libérale », s'affirme une conception de la souveraineté dite « populaire » qui attribue au peuple la détention de la souveraineté. Ce « peuple » est un corps collectif bien réel (par opposition à la Nation-abstraction), composé des citoyens vivants à un moment donné et détenant par leur citoyenneté une parcelle de la souveraineté (on parle de souveraineté parcellaire, inspirée de J.-J. Rousseau (**voir Focus, Du contrat social, titre III, chapitre premier**). Cette sorte de démocratie privilégie la participation directe des citoyens à la confection des lois et ne se résout à l'élection de représentants que parce que la démocratie directe (la seule authentique) toute souhaitable qu'elle puisse paraître, reste irréalisable… ne serait-ce que parce que les citoyens ne peuvent en permanence se consacrer à la législation en délaissant leurs affaires privées (**voir Focus, J.-J. Rousseau, *op. cit.* titre III, ch. IV)**. Les deux conceptions de la démocratie aboutissent donc toutes les deux à une représentation politique. Mais, pour l'une, c'est un idéal; pour l'autre, c'est un pis-aller. Et de ce jugement de valeur contradictoire sur la représentation politique découle un lien entre l'élu et l'électeur en totale opposition. Au cœur de ce lien, se trouve posée la question de l'option entre mandat représentatif et mandat impératif.

Au regard des Constitutions françaises et de diverses Constitutions étrangères lequel de ces deux mandats a-t-il été clairement préféré ?

Nous verrons que c'est le mandat représentatif qui a été largement préféré (I). Cependant, des procédures de révocation des élus en cours de mandat existent qui prouvent que le mandat impératif peut être une réalité (II).

I. Le mandat représentatif largement préféré

La plupart des États démocratiques a voulu que les élus soient libres durant leur mandat afin de remplir leur fonction de représentant de la Nation tout entière. Dès lors, le mandat représentatif s'imposait (A) ainsi que sa protection grâce à une immunité parlementaire spécifique : l'irresponsabilité (B).

A. La nécessité d'un mandat représentatif pour l'élu, représentant de la Nation

Les défenseurs du mandat représentatif affirment que l'élu doit être au service de la Nation. C'est elle qu'ils représentent et c'est en son nom qu'ils recherchent l'intérêt national. Si l'élu est tenu d'obéir à ses électeurs, si ces derniers dictent ses actes à leur représentant, comment l'intérêt national y trouvera-t-il son compte ? L'élu ne sera-t-il pas obligé de défendre les intérêts particuliers de ses électeurs ? C'est ce refus d'élus au service d'intérêts particuliers qu'exprime E. Burke quand il repousse le mandat impératif au nom de l'unité nationale, du « bien général » que doit servir l'élu. Tout en ayant égard aux opinions de ses électeurs, l'élu se doit donc d'agir selon ses propres convictions.

- Voir le texte :
  - **E. Burke, discours de 1774** (le Parlement n'est pas « un congrès d'ambassadeurs d'intérêts différents et hostiles… c'est l'assemblée délibérante d'une seule nation »).

On trouve ainsi dans différentes Constitutions françaises et étrangères la prohibition du mandat impératif et parfois la précision que l'élu appartient à la Nation entière (sous-entendu, non aux électeurs ou à sa circonscription).

- Voir les textes :
  - **France :**
    - **C. 1958, art. 27, al. 1** (interdiction du mandat impératif).
    - **C. 1848, art. 35** (interdiction du mandat impératif).
  - **Hongrie : C. 2011, art. 4, al. 1** (l'élu est au service de l'intérêt général et par voie de conséquence sous-entendue, mandat impératif interdit).
  - **Pologne : C. 1997, art. 104, al. 1** (l'élu est représentant de la Nation et, par voie de conséquence sous-entendue, n'est pas tenu d'obéir à ses électeurs, pas de mandat impératif).
  - **Bulgarie : C. 1991, art. 67** (précise que les élus représentent le peuple dans son entier, interdit le mandat impératif et enjoint l'élu d'obéir à sa conscience et ses convictions).

- **Italie : C. 1947, art. 67** (l'élu représente la Nation et, par voie de conséquence sous-entendue, mandat impératif interdit).
- **Espagne : C. 1978, art. 67, al. 2** (interdiction du mandat impératif).

Et il semble même que le mandat impératif ne trouve véritablement une terre d'élection que dans des régimes que la Commission de Venise du Conseil de l'Europe qualifie de « totalitaires communistes » où il sert en réalité au contrôle des élus par le parti et non par les électeurs eux-mêmes.

- Voir le texte :
  - **Le mandat impératif dans les régimes totalitaires communistes et son évolution** (la Commission souligne l'artificialité du rôle des électeurs et la faible effectivité de ce mécanisme).

B. La nécessité d'une protection du mandat représentatif par l'irresponsabilité

Il est apparu immédiatement indispensable d'assurer l'effectivité de la liberté de l'élu dans l'accomplissement de son mandat au travers d'une immunité qui le prémunisse contre toute poursuite judiciaire, appelée l'irresponsabilité. L'immunité parlementaire ne se limite pas à celle-ci puisqu'il en existe une autre qui couvre les actes de la vie privée de l'élu, l'inviolabilité. L'inviolabilité a pour but d'éviter que l'élu ne soit empêché de siéger, d'assurer sa fonction, par des procédures judiciaires politiquement motivées et juridiquement infondées. Au contraire, l'irresponsabilité a pour but d'éviter que l'élu ne soit empêché d'exprimer ses opinions et de voter librement par crainte de poursuites judiciaires. Elle est la garantie de l'effectivité du mandat représentatif. Ces deux immunités se complètent mais doivent être nettement distinguées bien que certaines Constitutions créent la confusion en utilisant le terme « inviolabilité » pour désigner l'irresponsabilité ou bien ne distinguent pas les deux et les fusionnent en une seule immunité générale de l'élu.

Pour l'utilisation du terme « inviolabilité » pour désigner l'irresponsabilité.

- Voir les textes :
  - **France : C. 1791, art. 7 ; C. 1848, art. 36.**
  - **Espagne : C. 1978, art. 71, al. 1.**

    Pour une fusion dans un régime unique d'immunité.

- Voir les textes :
  - **France :**
    - **Charte 1814, art. 52.**
    - **Charte 1830, art. 44.**

Cette protection de la liberté de l'élu est donc très présente dans les Constitutions.

Le domaine de l'irresponsabilité varie souvent dans sa formulation. Selon les Constitutions, il est plus ou moins étendu. Normalement doivent être protégés les opinions et les votes. C'est souvent le cas.

- **Voir les textes :**
  - **France :**
    - **C. 1791, art. 7.**
    - **C. 1795, art. 110.**
    - **Loi 16 juillet 1875, art. 13.**
    - **C. 1946, art. 21.**
    - **C. 1958, art. 26**
  - **Allemagne : LF 1949, art. 46, al. 1** (parle « d'un vote émis ou d'une déclaration faite par lui au Bundestag ». Par « déclaration », il faut comprendre « expression d'une opinion »).
  - **Suède : C. 1994, art. 8** (les votes sont remplacés par « les actes » accomplis dans l'exercice du mandat).
  - **Italie : C. 1947, art. 68.**

Mais on trouve aussi une protection limitée aux opinions. Dans ce cas, on peut se demander si les votes sont englobés dans les opinions. Et si ce n'est pas le cas, cela réduit fortement la portée de protection et donc la liberté effective de l'élu.

- **Voir les textes :**
  - **France :**
    - **C. 1793, art. 43.**
    - **C. 1848, art. 36.**
  - **Bulgarie : C. 1991, art. 69.**
  - **Espagne : C. 1978, art. 71, al. 1.**

Enfin, il n'est fait parfois mention que des « actes liés à l'exercice du mandat », expression qui ne distingue pas les opinions et les votes mais les englobe.

- **Voir le texte :**
  - **Pologne : C. art. 105, al. 1.**

En réalité, ce qui est protégé ce n'est pas l'élu en tant que personne mais l'élu dans sa fonction. La liberté des votes n'est pas source de difficultés car le lien avec la fonction est évident. Il n'en va pas de même pour les opinions. Leur lien avec la fonction est parfois déterminé dans les textes par le lieu où elles sont exprimées.

- **Voir les textes :**
  - **France :**
    - **C. 1793, art. 43** (opinions « énoncées au sein du Corps législatif »).
    - **C. 1848, art. 36** (opinions « émises dans le sein de l'Assemblée nationale »).
  - **Allemagne : LF 1949, art. 46, a.1** (« vote émis ou d'une déclaration faite par lui au Bundestag ou dans l'une de ses commissions »).
  - **Bulgarie : C. 1991, art. 69** (« opinions qu'ils ont exprimées … à l'Assemblée nationale »).

Quand les Constitutions ne précisent rien, il faut se tourner vers la jurisprudence judiciaire comme en France où la Cour de cassation a refusé le jeu de l'irresponsabilité pour des propos tenus hors de l'enceinte du Parlement dans le cadre d'une interview téléphonique avec un journaliste.

- **Voir le texte :**
  - **Cour de cassation, chambre criminelle, 7 mars 1988** (la Cour relève en outre que la « circonstance que la qualité du prévenu de président de la commission des lois ait été invoquée à l'occasion des déclarations faites par lui ne suffit pas à donner à celles-ci le caractère d'acte de la fonction parlementaire ».

Il arrive aussi qu'une Constitution exclu expressément des propos dont le caractère injurieux empêche de les considérer comme l'expression des opinions de l'élu. C'est le cas de la Loi fondamentale allemande.

- **Voir le texte :**
  - **Allemagne : LF 1949, art. 46, al. 1** (l'irresponsabilité ne « s'applique pas aux injures diffamatoires »).

Généralement, l'irresponsabilité est une immunité absolue qui ne peut être levée à la différence de l'inviolabilité. Cependant, certaines Constitutions prévoient une levée de cette immunité.

- **Voir les textes :**
  - **Pologne : C. 1997, art. 105, al. 1** (pour les actes portant atteinte aux droits de tiers).
  - **Suède : C. 1994, art. 8** (levée de l'immunité à la majorité renforcée des cinq sixièmes des suffrages, cette forte majorité, proche de l'unanimité, tendant à dépolitiser la décision).

II. Des procédures de révocation des élus prouvant la réalité du mandat impératif

Sur le plan des principes, la nécessité d'un contrôle des élus en cours de mandat a été fermement affirmée par les partisans d'une démocratie fondée sur la souveraineté populaire (A). Et ce contrôle s'est concrétisé par des procédures de révocation des élus dans de nombreux pays dont les règles souvent très détaillées encadrent rendent très aléatoire la réussite de l'organisation d'un référendum révocatoire (B).

A. La nécessité d'un contrôle sanctionné des élus en cours de mandat

Le mandat impératif est ainsi sous-tendu par une relation bilatérale entre l'élu et ses électeurs. C'est dire que ce sont les électeurs qui confient à l'élu le soin de les représenter et non la Nation. Nous sommes dans la logique de la souveraineté populaire. Ces électeurs ont donné leur voix, ils attendent que leur confiance ne soit pas trahie et leurs espoirs déçus. L'élu doit tenir ses promesses, doit prendre les consignes d'action auprès de ses électeurs et, en cas de manquement, il encourt la révocation populaire. Mais, ainsi que les détracteurs du mandat impératif l'ont relevé, l'obligation de l'élu d'obéir à ses électeurs fait courir un risque, celui de voir chaque élu prendre la défense des intérêts particuliers de ses propres électeurs au mépris de l'intérêt général national. C'est pourquoi, les défenseurs du mandat impératif affirment en même temps que l'élu représente l'intérêt général et non les intérêts de sa circonscription. Le père de la démocratie semi-directe, J.-J. Rousseau, ne dit pas autre chose quand il affirme que les députés sont des députés « du peuple » et non les députés des électeurs d'une circonscription. Et le jacobin Robespierre ne dit pas autre chose non plus.

- Voir les textes :
  - **J.-J. Rousseau, Du contrat social, Livre III, Chapitre XV, Des députés ou représentants** (L'idée de « représentants » du peuple est exclue et elle est remplacée par celle de « commissaires », c'est-à-dire de « commis » au service du peuple dans son ensemble. Ils ne peuvent adopter seuls les lois, car seul le peuple le peut par sa ratification du vote des élus lors d'un référendum d'approbation de la loi. Le contrôle des élus est en conséquence celui de tous les électeurs et il porte sur les décisions collectives des élus et non les élus pris individuellement).
  - **Robespierre, Projet de déclaration des droits de l'homme et du citoyen** (il est question du « gouvernement » terme qu'il faut entendre comme désignant l'ensemble de ceux qui gouvernent, c'est-à-dire de ceux qui votent les lois : ce gouvernement est un mandataire du peuple dans son ensemble).

Le contenu du mandat impératif va donc évoluer et comporter surtout des obligations de comportement général, relevant du respect des lois mais aussi du respect de la morale ou de l'éthique. La révocation prendra en conséquences un tour autant politique que moral. Elle ne sanctionne plus uniquement les mauvais choix, les erreurs politiques mais l'absence de probité, l'absence de sérieux dans la fonction, de compétence, d'éthique. Le Comité central de la Garde nationale de la Commune de Paris appelle ainsi les électeurs à la vigilance et au discernement dans le choix des élus afin que les personnes choisies puissent être des mandataires du peuple à son service et non au service de leur intérêt personnel. Et en complément du droit de vote, le programme communal fait donc figurer le contrôle et la révocation des élus comme un moyen de punir l'élu corrompu, indigne de la confiance qui a été mise en lui. Ce contrôle pointilleux des élus est le gage d'une « vraie démocratie ».

- Voir les textes :
  - **L'Appel du comité central de la garde nationale, le 25 mars 1871** (dresse le portrait-type du candidat qui fera un « bon élu » : « hommes aux convictions sincères, des hommes du Peuple, résolus, actifs, ayant un sens droit et une honnêteté reconnue ».
  - **Programme communal. Déclaration au peuple français** (dans le texte, le terme de « magistrat » ne doit pas être compris comme désignant un juge mais une personne investie d'une fonction publique élue, tel un maire qui est le premier magistrat de la commune. Comme le texte concerne une commune, le terme se justifie).

- **La démocratie citoyenne** (cite l'appel du 22 mars qui évoque le mandat impératif et des élus « contrôlés, surveillés, discutés par l'opinion, sont révocables, comptables et responsables »).

Ce souci de contrôle des élus n'est pas resté qu'une idée théorique. Dans de nombreux pays, des procédures de révocation des élus ayant pour but de priver ces derniers de leur mandat avant terme ont été mises en place. Mais les motifs justifiant la révocation posent problème. Certaines procédures peuvent être engagées sans qu'une liste de griefs contre l'élu soit fixée, ce qui laisse toute liberté et permet de reprocher à l'élu autant son comportement personnel que ses choix politiques. Dans d'autres cas, la motivation de la pétition révocatoire est précisée.

- **Voir les tableaux :**
  - **Tableaux sur la motivation de la pétition révocatoire** (aux États-Unis, une majorité d'États ne précise pas la motivation. Ailleurs, également, c'est très fréquent. Quand les motifs sont prévus, ils mêlent la malhonnêteté, les manquements aux devoirs du mandat, les actes contraires à la loi).

L'exemple des États américains où vingt élus ont fait l'objet d'une pétition révocatoire soumise au référendum durant la période 2003/2013 montre que deux cas seulement ne concernaient pas une prise de position politique à l'égard d'une loi et se rapportaient à de motifs exprimant un mécontentement global à l'encontre de l'élu.

- **Voir le tableau :**
  - **Tableau des « rappels » sur la période 2003-2013 (États-Unis)**

L'exemple américain illustre aussi la difficulté pour une pétition à remplir les conditions lui permettant de déclencher un référendum révocatoire.

B. La forte conditionnalité des procédures de révocation

La procédure de révocation n'est généralement pas simple. Elle commence par une pétition qui doit recueillir un certain nombre de signatures pour être validée et déclencher le référendum révocatoire. De surcroît, très souvent, un délai encadre la collecte des signatures. Il est donc aisé de moduler la probabilité de la survenance d'un référendum en jouant sur ces deux paramètres. Si un nombre élevé de signatures doit être obtenu dans un délai très court, il est évident que l'on organise ainsi la rareté des référendums révocatoires. L'exemple américain montre que l'État dans lequel il y a eu le plus de procédures de révocation ayant abouti à un référendum révocatoire est le Wisconsin où il n'y a pas de délai pour les signatures.

- **Voir les tableaux :**
  - **Tableau du nombre de signatures nécessaires à la pétition révocatoire**
  - **Tableau de la durée accordée pour la réunion des signatures de la pétition révocatoire (ex. États-Unis).**

Par ailleurs, le choix du terme de référence du pourcentage de signatures à obtenir a également son importance. Si le pourcentage s'applique au nombre des électeurs inscrits, le nombre des signatures sera plus élevé que si ce même pourcentage s'applique au nombre des suffrages exprimés lors de l'élection de l'élu mis en cause car avec le jeu des abstentions, des votes blancs et nuls qui n'entrent pas dans les suffrages exprimés, le chiffre sera nécessairement inférieur au précédent. On peut aussi choisir de se baser sur le nombre des électeurs ayant voté, ce qui permet comptabiliser ceux qui ont déposé un bulletin blanc ou nul. Tous ces cas de figure se rencontrent.

- **Voir les tableaux :**
  - **Tableaux sur le terme de référence pour le calcul des signatures nécessaires à la pétition**

Enfin, pour éviter les abus, une durée de mandat minimale est fréquemment précisée durant laquelle aucune pétition ne peut être lancée.

- **Voir le tableau :**
  - **Tableau de la durée de mandat minimale avant une pétition révocatoire (ex. États-Unis).**

L'ensemble de ce régime témoigne de la volonté de préserver les élus sans fermer la porte à tout contrôle en cours de mandat.

1. Écrits politiques

J.-J. Rousseau, *Du contrat social*

Livre III - Chapitre premier - Du gouvernement en général. « Supposons que l'État soit composé de dix mille citoyens. Le souverain ne peut être considéré que collectivement et en corps. Mais chaque particulier en qualité de sujet est considéré comme individu. Ainsi le souverain est au sujet comme dix mille est à un. C'est-à-dire que chaque membre de l'État n'a pour sa part que la dix millième partie de l'autorité souveraine, quoiqu'il y soit soumis tout entier. »

Livre III - Chapitre IV - De la démocratie. « On ne peut imaginer que le peuple reste incessamment assemblé pour vaquer aux affaires publiques... D'ailleurs que de choses difficiles à réunir ne suppose pas ce gouvernement ? Premièrement un État très petit où le peuple soit facile à rassemblé et où chaque citoyen puisse aisément connaître les autres ; secondement une grande simplicité de mœurs qui prévienne la multitude d'affaires et les discussions épineuses ; ensuite beaucoup d'égalité dans les rangs et les fortunes... enfin peu ou point de luxe... S'il y avait un peuple de dieux, il se gouvernerait démocratiquement. Un gouvernement si parfait ne convient pas à des hommes. »

Livre III - Chapitre XV - Des députés ou représentants. « La souveraineté ne peut être représentée par la même raison qu'elle ne peut être aliénée ; elle consiste essentiellement dans la volonté générale, et la volonté ne se représente point. [...] Les députés du peuple ne sont donc ni ne peuvent être ses représentants, ils ne sont que ses commissaires ; ils ne peuvent rien conclure définitivement. Toute loi que le peuple en personne n'a pas ratifiée est nulle ; ce n'est point une loi. »

E. Burke, Discours « Speech to the electors of Bristol » (novembre 1774)

Source : Conseil de l'Europe, Commission européenne pour la démocratie par le droit (commission de Venise), Rapport sur le mandat impératif et les pratiques similaires, 2009, accessible en ligne : http://www.venice.coe.int/webforms/documents/default.aspx?pdffile=CDL-AD(2009)027-f

« Exprimer une opinion est le droit de tout homme ; l'opinion des électeurs est une opinion qui pèse et qui doit être respectée, une opinion qu'un représentant devrait toujours être disposé à entendre et à prendre sérieusement en considération. Mais, pour ce qui est des instructions impératives, des mandats auxquels un représentant doit obéir aveuglément et expressément, qu'il doit voter et approuver même s'ils sont contraires à ses convictions les plus intimes et à sa conscience - ce sont-là des choses complètement étrangères aux lois de cette terre et qui naissent d'une erreur fondamentale, liée à une interprétation erronée de la lettre et de l'esprit de notre Constitution. Le Parlement n'est pas un congrès d'ambassadeurs d'intérêts différents et hostiles, que chaque agent doit défendre contre tous les autres ; c'est l'assemblée délibérante d'une seule nation, avec un seul intérêt, celui du tout, dans laquelle ce ne sont pas les buts ni les préjugés locaux qui doivent guider, mais le bien général, résultant de la raison générale du tout. Vous choisissez un membre, en effet ; mais, une fois choisi, ce n'est plus votre représentant de Bristol, c'est un membre du Parlement ».

Robespierre, *Projet de déclaration des droits de l'homme et du citoyen*, 24 avril 1793

Texte de la déclaration accessible en ligne :

http://www.lecanardrépublicain.net/spip.php?article378#outil_sommaire_1

Art. 14. Le peuple est souverain : le gouvernement est son ouvrage et sa propriété, les fonctionnaires publics sont ses commis. Le peuple peut, quand il lui plaît, changer son gouvernement, et révoquer ses mandataires.

2. Constitutions françaises

Constitution du 3 septembre 1791

Déclaration des droits de l'homme et du citoyen du 26 août 1789

Article 6. La Loi est l'expression de la volonté générale. Tous les Citoyens ont droit de concourir personnellement, ou par leurs Représentants, à sa formation.

Chapitre I - De l'Assemblée nationale législative

Section V - Réunion des représentants en Assemblée nationale législative

Article 7. Les représentants de la Nation sont inviolables : ils ne pourront être recherchés, accusés ni jugés en aucun temps pour ce qu'ils auront dit, écrit ou fait dans l'exercice de leurs fonctions de représentants.

Constitution du 24 juin 1793

Déclaration des droits de l'homme et du citoyen

Article 25. La souveraineté réside dans le peuple ; elle est une et indivisible, imprescriptible et inaliénable.

De la souveraineté du peuple

Article 7. Le peuple souverain est l'universalité des citoyens français.

De la Représentation nationale

Article 29. Chaque député appartient à la nation entière.

Du Corps législatif

Article 43. Les députés ne peuvent être recherchés, accusés ni jugés en aucun temps, pour les opinions qu'ils ont énoncées dans le sein du Corps législatif.

Constitution du 5 Fructidor An III (22 août 1795)

De la garantie des membres du Corps législatif

Article 110. Les citoyens qui sont, ou ont été, membres du Corps législatif, ne peuvent être recherchés, accusés ni jugés en aucun temps, pour ce qu'ils ont dit ou écrit dans l'exercice de leurs fonctions.

Charte constitutionnelle du 4 juin 1814

De la Chambre des députés

Article 52. Aucun membre de la Chambre ne peut, pendant la durée de la session, être poursuivi ni arrêté en matière criminelle, sauf le cas de flagrant délit, qu'après que la Chambre a permis sa poursuite.

Charte constitutionnelle du 14 août 1830

De la Chambre des députés

Article 44. Aucun membre de la Chambre ne peut, pendant la durée de la session, être poursuivi ni arrêté en matière criminelle, sauf le cas de flagrant délit, qu'après que la Chambre a permis sa poursuite.

Constitution du 4 novembre 1848

Chapitre IV - Du pouvoir législatif

Article 35. Ils ne peuvent recevoir de mandat impératif.

Article 36. Les représentants du peuple sont inviolables. - Ils ne pourront être recherchés, accusés, ni jugés, en aucun temps, pour les opinions qu'ils auront émises dans le sein de l'Assemblée nationale.

Loi constitutionnelle du 16 juillet 1875 sur les rapports des pouvoirs publics

Article 13. Aucun membre de l'une ou de l'autre chambre ne peut être poursuivi ou recherché à l'occasion des opinions ou votes émis par lui dans l'exercice de ses fonctions.

Constitution du 27 octobre 1946

Titre II - De Parlement

Article 21. Aucun membre du Parlement ne peut être poursuivi, recherché, arrêté, détenu ou jugé à l'occasion des opinions ou votes émis par lui dans l'exercice de ses fonctions.

Constitution du 4 octobre 1958

Titre IV - Du Parlement

Article 26. Aucun membre du Parlement ne peut être poursuivi, recherché arrêté, détenu ou jugé à l'occasion des opinions ou votes émis par lui dans l'exercice de ses fonctions.

Article 27. 1. Tout mandat impératif est nul.

3. Constitutions étrangères

Loi fondamentale de la Hongrie du 25 avril 2011

L'État - L'Assemblée nationale

Article 4. 1. Les membres de l'Assemblée nationale ont des droits et des devoirs égaux; ils exercent leurs fonctions dans l'intérêt général et ne peuvent recevoir de mandat impératif. - **2.** Les membres de l'Assemblée nationale jouissent de l'immunité parlementaire…

Constitution de la Pologne du 2 avril 1997

Titre IV - La Diète et le Sénat

Les députés et les sénateurs

Article 104. 1. Les députés sont les représentants de la Nation. Ils ne sont pas liés par les instructions des électeurs.

Article 105. 1. Le député n'est pas responsable des actes liés à l'exercice de son mandat, ni pendant la durée de celui-ci, ni après son expiration. Pour ces actes, le député n'est responsable que devant la Diète et en cas d'atteinte portée aux droits de tierces personnes, il ne peut encourir la responsabilité devant les tribunaux qu'avec l'autorisation de la Diète.

Constitution de la République de Bulgarie du 13 juillet 1991 (version 2007)

Chapitre III - Assemblée nationale

Article 67. 1. Les députés représentent non seulement leurs électeurs, mais le peuple entier. Tout mandat impératif est nul. - **2.** Les députés agissent aux termes de la Constitution et des lois, en accord avec leur conscience et leurs convictions.

Article 69. Les députés ne sont pas pénalement responsables des opinions qu'ils ont exprimées et des votes qu'ils ont émis à l'Assemblée nationale.

Loi fondamentale de la République fédérale d'Allemagne du 23 mai 1949

Article 46. 1. Un député ne peut à aucun moment faire l'objet de poursuites judiciaires ou disciplinaires, ni voir sa responsabilité mise en cause d'une quelconque façon hors du Bundestag, en raison d'un vote émis ou d'une déclaration faite par lui au Bundestag ou dans l'une de ses commissions. Cette disposition ne s'applique pas aux injures diffamatoires.

Constitution de la République italienne du 27 décembre 1947

Deuxième partie - Organisation de la République

Titre premier - Le Parlement

Section I - Les chambres

Article 67. Chaque membre du Parlement représente la nation et exerce ses fonctions sans mandat impératif.

Article 68. Les membres du Parlement ne peuvent être appelés à répondre des opinions exprimées et des votes émis par eux dans l'exercice de leurs fonctions.

Constitution du Royaume d'Espagne du 27 décembre 1978

Titre III - Des Cortès générales

Chapitre premier - Des chambres

Article 67... - 2. Les membres des Cortès générales ne sont pas liés par mandat impératif.

Article 71. 1. Les députés et les sénateurs jouissent de l'inviolabilité pour les opinions émises dans l'exercice de leurs fonctions.

Constitution de la Suède du 28 février 1994

Chapitre IV - Fonctionnement du Riksdag

Article 8. Nul ne pourra intenter une action contre une personne exerçant ou ayant exercé un mandat de député, la priver de sa liberté ou l'empêcher de se déplacer à l'intérieur de la Suède en raison des opinions qu'elle aura exprimées ou des actes qu'elle aura accomplis dans l'exercice de ce mandat, à moins que le Riksdag y ait donné son consentement par une décision à laquelle les cinq sixièmes au moins des votants se sont ralliés.

4. Limite de l'irresponsabilité (arrêt de la Cour de Cassation)

Propos d'un député tenus par téléphone à son domicile sur interview d'un journaliste.

Cour de cassation, chambre criminelle, 7 mars 1988, *Bull. crim.* n° 113 p. 286.

Attendu qu'il appert de l'arrêt attaqué, d'une part, que les propos imputés à Raymond X... n'ont pas été tenus au cours de l'une des activités prévues aux titres IV et V de la Constitution, pouvant seules caractériser l'exercice des fonctions parlementaires, non plus qu'au sein de l'Assemblée nationale ; que, d'autre part, la circonstance que la qualité du prévenu de président de la commission des lois ait été invoquée à l'occasion des déclarations faites par lui ne suffit pas à donner à celles-ci le caractère d'acte de la fonction parlementaire ;

D'où il suit que c'est à bon droit et sans contradiction que les juges du fond n'ont pas fait bénéficier X... de l'immunité prévue par l'alinéa 1 de l'article 26 de la Constitution...

5. Le mandat impératif et la révocation des élus : La Commune de Paris

Programme communal. Déclaration au peuple français, le 20 avril 1871 (extrait)

texte intégral : https://blogs.mediapart.fr/eloi-valat/blog/020515/commune-de-paris-programme-communal-declaration-au-peuple-francais

« Les droits inhérents à la Commune sont :... ; Le choix par l'élection ou le concours, avec la responsabilité et le droit permanent de contrôle et de révocation, des magistrats ou fonctionnaires communaux de tous ordres... »

L'Appel du comité central de la garde nationale le 25 mars 1871 (extrait)

Texte intégral : https://fr.wikipedia.org/wiki/Appel_du_comité_central_de_la_garde_nationale_le_25_mars_1871

(C'est un appel diffusé par affiches aux électeurs parisiens la veille des élections municipales pour le 26 mars).

« CITOYENS ! * Ne perdez pas de vue que les hommes qui vous serviront le mieux sont ceux que vous choisirez parmi vous, vivant votre propre vie, souffrant des mêmes maux... cherchez des hommes aux convictions sincères, des hommes du Peuple, résolus, actifs, ayant un sens droit et une honnêteté reconnue. * Portez vos préférences sur ceux qui ne brigueront pas vos suffrages ; le véritable mérite est modeste, et c'est aux électeurs à choisir leurs hommes, et non à ceux-ci de se présenter. * Nous sommes convaincus que, si vous tenez compte de ces observations, vous aurez enfin inauguré la véritable représentation populaire, vous aurez trouvé des mandataires qui ne se considéreront jamais comme vos maîtres. »

La démocratie citoyenne (source : le blog socialiste libertarien « La bataille socialiste »)

https://bataillesocialiste.wordpress.com/2008/03/18/18-mars-1871-debut-de-la-commune-de-paris/

Au nom de la souveraineté populaire et dans le droit fil de la Constitution de 1793, la Commune engendre une vraie démocratie. Le Comité central de la Garde nationale, installé à l'Hôtel de Ville depuis la soirée du 18 mars, précise, dans son appel du 22 mars aux électeurs, sa conception de la démocratie : « Les membres de l'assemblée municipale, sans cesse contrôlés, surveillés, discutés par l'opinion, sont révocables, comptables et responsables. »

6. Le mandat impératif et la révocation des élus : régimes communistes

Le mandat impératif dans les régimes totalitaires communistes et son évolution, Conseil de l'Europe, Commission européenne pour la démocratie par le droit (commission de Venise), Rapport sur le mandat impératif et les pratiques similaires, 16 juin 2009, Étude n° 488/2008, accessible en ligne : http://www.venice.coe.int/webforms/documents/default.aspx?pdffile=CDL-AD(2009)027-f

Le fondement idéologique du mandat impératif découle de la doctrine de la souveraineté populaire, laquelle signifiait alors que le pouvoir émanait des travailleurs (du prolétariat). Les régimes d'inspiration soviétique accommodèrent la notion de représentation à l'exigence de contrôle de l'orientation idéologique en recourant au mandat impératif (ainsi l'article 67 de la Constitution de 1971 de la Bulgarie). Le mandat était administré non par les électeurs, mais par le parti. De nos jours, certains régimes communistes ont retenu le principe du mandat impératif ; c'est le cas de la Corée du Nord, du Viêtnam, de la Chine et de Cuba... Dans tous ces pays, les références semblent suggérer que les électeurs, à savoir le peuple, sont les arbitres ultimes de toute procédure de révocation. Or, la possibilité d'intervention du parti ou d'un organe d'État d'un autre niveau dans la procédure reste ouverte, du moins en Chine et à Cuba. Malgré tout, il est un fait que le droit de révocation n'est pas exercé dans ces pays.

7. Tableau des « rappels » sur la période 2003-2013 (États-Unis)

Aux États-Unis : existe seulement au niveau des États fédérés (19)

Rappels de 2014 à 2003 : 57 pétitions, 9 révocations, 11 maintiens

Source : https://static.mediapart.fr/files/Rappel_USA.pdf

Année, État, élu (s)	motifs	issue
2013 Colorado, deux sénateurs	Loi sur le contrôle des armes	révoqués
2012 Wisconsin, sénatrice	Lois « antipauvres »	révoquée
2012, Wisconsin, sénateur	Abus de pouvoir, perte de confiance	maintenu
2012, Wisconsin, sénateur	Loi sur la protection sociale	maintenu
2012, Wisconsin, sénateur	Loi sur la protection sociale	révoqué
2011, Wisconsin deux sénateurs	Lois sur la protection sociale	révoqués
2011, Wisconsin, sept sénateurs	Loi sur la protection sociale	maintenus
2011, Michigan, député	Loi sur les syndicats de professeurs	révoqué
2011, Arizona sénateur	Incompétence	révoqué

2008, Michigan, député	Augmentation des impôts	maintenu
2008, Californie sénateur	Opposition au budget déficitaire	maintenu
2003, Wisconsin sénateur	Opposition à la loi sur les jeux	révoqué

8. Tableaux sur la motivation de la pétition révocatoire

États-Unis : La Constitution fédérale ignore la révocation des élus. Sur les dix-neuf États fédérés qui la prévoit, onze États visent les élus législateurs (députés ou sénateurs), les autres seulement les élus locaux, notamment les gouverneurs. Les motifs invocables pour demander la révocation des élus ne sont pas toujours précisés.

Source : https://static.mediapart.fr/files/Rappel_USA.pdf

Arizona	Non précisé
Californie	Non précisé
Colorado	Non précisé
Dakota du Nord	Non précisé
Idaho	Non précisé
Louisiane	Non précisé
Michigan	Non précisé
Nevada	Non précisé
New Jersey	Non précisé
Oregon	Non précisé
Alaska	Faute professionnelle, incompétence, manquement aux devoirs prescrits, corruption
Géorgie	Conduite contraire au bon fonctionnement de la charge et portant atteinte aux droits et intérêts du public ; actes de malversation, violation de serment, manquement aux devoirs prévus par la loi, mauvais usage volontaire, ou détournement de biens ou de fonds publics
Kansas	Condamnation pour crime, faute professionnelle ou manquement aux devoirs prescrits par la loi
Minnesota	Malversation ou inaction dans l'exercice de fonctions officielles au cours de la période actuelle ou de toute période précédente
Montana	Inadéquation physique ou mentale au poste, incompétence, violation de serment, faute professionnelle, condamnation pour crime
Washington	Malversation, mauvaise exécution en cours de mandat, ou violation de serment
Wisconsin	Raison liée au mandat

Hors États-Unis - Exemples d'États sur divers continents prévoyant la révocation des élus législateurs. Les motifs de la révocation ne sont pas toujours précisés non plus. – Source : https://blogs.mediapart.fr/gygde/blog/031014/apercu-des-modalites-de-referendum-revocatoire-par-pays

Gambie	Non précisé
Colombie-Britannique	Non précisé
Bolivie	Non précisé
Colombie	Non précisé
Équateur	Non précisé
Venezuela	Non précisé
Taïwan	Non précisé
Éthiopie	Perte de confiance
Kenya	Violation du Chap. 6 de la Constitution (éthique), mauvaise gestion publique, infraction grave au Code électoral
Ouganda	Incapacité physique ou mentale à la charge, mauvaise conduite incompatible, indifférence à l'électorat sans cause raisonnable

En Allemagne, la révocation n'est pas prévue dans la Loi fondamentale au niveau fédéral. La révocation existe dans 13 Länder mais seulement 3 Länder permettent le référendum révocatoire d'initiative populaire et deux (Saxe et Schleswig Holstein) celle des législateurs). La motivation n'est pas précisée. En Suisse, la révocation n'est pas prévue dans la Constitution fédérale, elle existe sous la forme d'une révocation collective de l'assemblée cantonale dans 4 cantons sur 6. Les motifs invocables ne sont pas précisés.

9. Tableaux du terme de référence pour le calcul des signatures nécessaires à la pétition

Aux États-Unis. – Source : https://static.mediapart.fr/files/Rappel_USA.pdf)

En nombre de suffrages exprimés aux dernières élections pour le mandat	Alaska, Arizona, Californie, Dakota du Nord, Kansas, Michigan, Minnesota, Oregon, Washington
En nombre d'électeurs inscrits	Géorgie, Idaho, Louisiane, Montana, New Jersey, Wisconsin
En nombre d'électeurs ayant voté à l'élection	Nevada

Hors États-Unis. – Source : https://blogs.mediapart.fr/gygde/blog/031014/apercu-des-modalites-de-referendum-revocatoire-par-pays

En nombre de suffrages exprimés aux dernières élections pour le mandat	Aucun des États cités précédemment
En nombre d'électeurs inscrits	Gambie, Kenya, Ouganda, Colombie Britannique, Équateur, Venezuela, Taïwan, Saxe, Schleswig Holstein
En nombre d'électeurs ayant participé à l'élection	Bolivie, Colombie

Cas de la Suisse : révocation collective : les 4 cantons fixent un nombre de signatures représentant un pourcentage des citoyens adultes du canton.

Tableau du nombre de signatures nécessaires à la pétition révocatoire

Le nombre est calculé généralement en pourcentage du termes de référence, inscrits ou votants (voir point précédent)

Aux États-Unis. – Source : https://static.mediapart.fr/files/Rappel_USA.pdf

40 %	Kansas
35 %	Washington
33 %	Louisiane
30 %	Géorgie
25 %	Alaska, Arizona, Colorado, Dakota du Nord, Michigan, Minnesota, Nevada, Wisconsin
20 %	Californie, Idaho
15 %	Oregon
10 %	Montana

Hors États-Unis. – Source : https://blogs.mediapart.fr/gygde/blog/031014/apercu-des-modalites-de-referendum-revocatoire-par-pays

66 %	Ouganda
33 %	Gambie, Saxe
30 %	Kenya
25 %	Schleswig Holstein
20 %	Venezuela
15 %	Bolivie
13 %	Taïwan
10 %	Équateur

Cas de la Suisse : révocation collective : pourcentage des citoyens adultes

4 %	canton de Berne,
3 %	canton de Soleure et d'Uri
2 %	canton de Schaffhouse

Tableau de la durée accordée pour la réunion des signatures de la pétition révocatoire (ex. États-Unis) – Source : https://static.mediapart.fr/files/Rappel_USA.pdf

Alaska	Non précisé
Arizona	120 jours
Californie	40 à 160 jours
Colorado	Non précisé
Dakota du Nord	Non précisé
Géorgie	45 J. pour > 5000 signatures, 30 j. pour < 5000
Idaho	60 jours
Kansas	90 jours
Louisiane	180 jours
Michigan	90 jours
Minnesota	Non précisé
Montana	3 mois
Nevada	60 jours
New Jersey	160 jours
Oregon	90 jours
Washington	270 jours
Wisconsin	Non précisé

Tableau de la durée de mandat minimale avant une pétition révocatoire (ex. États-Unis). – Source : https://static.mediapart.fr/files/Rappel_USA.pdf

États	Durée de mandat minimale avant toute pétition révocatoire
Non précisé	Colorado, Dakota du Nord, Michigan, Oregon, Washington
2 mois	Montana
3 mois	Californie, Idaho
4 mois	Alaska, Kansas
6 mois	Arizona, Nevada, Géorgie, Louisiane, Minnesota, Nevada
1 an	New Jersey, Wisconsin

☛ Pour aller plus loin

R. Ben Achour, J. Gicquel, S. Milacic, *La Démocratie représentative devant un défi historique*, Paris, Bruylant, 2006, PUF.

P. Fraisseix, « L'interdiction du mandat impératif : réflexions à propos d'une « tradition républicaine « », *Revue de la recherche juridique*. Droit prospectif, 1997, p. 155.

M. Gaucher, *La Démocratie contre elle-même*, Paris, Gallimard, coll. Tell, 2002.

D. Gaxie, *La Démocratie libérale*, LGDJ, 2000.

P.- H. Zaidman, *Le Mandat impératif : De la Révolution française à la Commune de Paris*, Éditions libertaires, 2008.

Thème 10

La démocratie semi-directe

Exercice

Commentaire comparé de textes constitutionnels

I. Constitution de la République italienne du 27 décembre 1947

Titre premier - Le Parlement

Section II - L'élaboration des lois

Article 70. La fonction législative est exercée collectivement par les deux chambres.

Article 71. 1. L'initiative législative appartient au gouvernement, à chaque membre des chambres et aux organes et institutions auxquels elle est conférée par la loi constitutionnelle. - **2.** Le peuple exerce l'initiative législative au moyen de la proposition, par cinquante mille électeurs au moins, d'un projet rédigé en articles.

Article 72. 1. Tout projet de loi, présenté à l'une des chambres est, suivant les dispositions de son règlement, examiné par une commission et ensuite par l'assemblée elle-même qui l'approuve, article par article et par un vote final.

Article 75. 1. Un référendum populaire est fixé pour décider l'abrogation, totale ou partielle, d'une loi ou d'un acte ayant valeur de loi, lorsque cinq cent mille électeurs ou cinq conseils régionaux le demandent. - **2.** Le référendum n'est pas admis pour des lois fiscales et budgétaires, d'amnistie et de remise de peine, d'autorisation à ratifier des traités internationaux. - **3.** Tous les citoyens appelés à élire la chambre des députés ont le droit de participer au référendum. - **4.** La proposition soumise au référendum est approuvée si la majorité des électeurs a participé au scrutin, et si la majorité des suffrages valablement exprimés a été atteinte. - **5.** La loi* établit les modalités d'application du référendum.

La loi n° 352 du 25 mai 1970 met en place deux contrôles : celui de la Cour de cassation au travers de son Office central pour le référendum, qui examine la régularité de la procédure et celui de la Cour constitutionnelle qui apprécie ensuite le fond de l'initiative du point de vue de sa régularité à la Constitution.

Pratique (Sénat, Étude de législation comparée n° 274 - 28 novembre 2016 Le référendum, accessible en ligne : https://www.senat.fr/lc/lc274/lc274.pdf

De 1946 à 1987, aucun des référendums n'a abouti à l'abrogation d'une loi votée par le Parlement. De 1987 à 1995, toutes les abrogations proposées ont été acceptées à de fortes majorités, un seul échec étant enregistré, le 3 juin 1990, à cause de l'insuffisance du nombre de suffrages exprimés (moins de 50 %).

II. Constitution du 4 octobre 1958

Titre II - Le Président de la République

Article 11. 1. Le Président de la République, sur proposition du Gouvernement pendant la durée des sessions ou sur proposition conjointe des deux assemblées, publiées au Journal officiel, peut soumettre au référendum tout projet de loi portant sur l'organisation des pouvoirs publics, sur des réformes relatives à la politique économique, sociale ou environnementale de la nation et aux services publics qui y concourent, ou tendant à autoriser la ratification d'un traité qui, sans être contraire à la Constitution, aurait des incidences sur le fonctionnement des institutions. ... **3** - Un référendum portant sur un objet mentionné au premier alinéa peut être organisé à l'initiative d'un cinquième des membres du Parlement, soutenue par un dixième des électeurs inscrits sur les listes électorales. Cette initiative prend la forme d'une proposition de loi et ne peut avoir pour objet l'abrogation d'une disposition législative promulguée depuis moins d'un an. - **4.** Les conditions de sa présentation et celles dans lesquelles le Conseil constitutionnel contrôle le respect des dispositions de l'alinéa précédent sont déterminées par une loi organique. - **5.** Si la proposition de loi n'a pas été examinée par les deux assemblées dans un délai fixé par la loi organique, le Président de la République la soumet au référendum. - **6.** Lorsque la proposition de loi n'est pas adoptée par le peuple français, aucune nouvelle proposition de référendum portant sur le même sujet ne peut être présentée avant l'expiration d'un délai de deux ans suivant la date du scrutin. - **7.** Lorsque le référendum a conclu à l'adoption du projet ou de la proposition de loi, le Président de la République promulgue la loi dans les quinze jours qui suivent la proclamation des résultats de la consultation.

Ordonnance n° 58-1067 du 7 novembre 1958 portant loi organique sur le Conseil constitutionnel modifiée par la loi organique n° 2013-1114 du 6 décembre 2013 portant application de l'article 11 de la Constitution

Chapitre II : Dispositions relatives au Conseil constitutionnel

Article 45-2. Le Conseil constitutionnel vérifie, dans le délai d'un mois à compter de la transmission de la proposition de loi : ***1°*** Que la proposition de loi est présentée par au moins un cinquième des membres du Parlement, ce cinquième étant calculé sur le nombre des sièges effectivement pourvus à la date d'enregistrement de la saisine par le Conseil constitutionnel, arrondi au chiffre immédiatement supérieur en cas de fraction ; ***2°*** Que son objet respecte les conditions posées aux troisième et sixième alinéas de l'article 11 de la Constitution, les délais qui y sont mentionnés étant calculés à la date d'enregistrement de la saisine par le Conseil constitutionnel ; ***3°*** Et qu'aucune disposition de la proposition de loi n'est contraire à la Constitution.

Article 45-3. Le Conseil constitutionnel statue par une décision motivée, qui est publiée au Journal officiel. S'il déclare que la proposition de loi satisfait aux dispositions de l'article 45-2, la publication de sa décision est accompagnée de la publication du nombre de soutiens d'électeurs à recueillir.

Article 45-4. 1. Le Conseil constitutionnel veille à la régularité des opérations de recueil des soutiens à une proposition de loi...

Article 45-6. Le Conseil constitutionnel déclare si la proposition de loi a obtenu le soutien d'au moins un dixième des électeurs inscrits sur les listes électorales. Sa décision est publiée au Journal officiel.

Chapitre IV - Dispositions relatives à la procédure référendaire

Article 9. Si la proposition de loi n'a pas été examinée au moins une fois par chacune des deux assemblées parlementaires dans un délai de six mois à compter de la publication au Journal officiel de la décision du Conseil constitutionnel déclarant qu'elle a obtenu le soutien d'au moins un dixième des électeurs inscrits sur les listes électorales, le Président de la République la soumet au référendum.

Pratique de l'alinéa 1 : neuf référendums ont été organisés dont deux portaient sur la révision de la Constitution (1962 et 1961). Sur les sept restants, un seul a été négatif (référendum du 29 mai 2005 sur la ratification du traité établissant une Constitution pour l'Europe, rejeté à 54,67 % des suffrages exprimés).

Pratique de l'alinéa 3 : aucune.

Conseil méthodologique

Mêmes risques d'erreurs que pour le commentaire du thème 5

Corrigé

Jean-Jacques Rousseau, chantre de la démocratie, reconnaissait lui-même, dans son ouvrage *Du contrat social* qu'« On ne peut imaginer que le peuple reste incessamment assemblé pour vaquer aux affaires publiques » (livre III, ch. IV) et, fort de ce constat, il en concluait à la nécessité pratique de représentants chargés de faire la loi, tout en estimant cependant que « Toute loi que le peuple en personne n'a pas ratifiée est nulle » (livre III, ch. XV). Ainsi, jetait-il les bases de ce que l'on va appeler « la démocratie semi-directe » dans laquelle à la fois la loi est faite par les représentants élus et où l'intervention législative populaire reste possible.

De nombreuses démocraties incluent des procédés permettant au peuple d'intervenir directement dans le processus législatif à des degrés divers **(voir Focus, rapport du Sénat sur le référendum** - présentation générale de dix pays européens). C'est le cas de la France et de l'Italie. La Constitution italienne du 27 décembre 1947 organise une initiative populaire législative dans ses articles 70 et 71 et un référendum abrogatif d'initiative populaire dans son article 75. La Constitution française du 4 octobre 1958 prévoit dès 1958 dans son article 11 un référendum législatif qui n'est pas d'initiative populaire mais qui permet l'adoption d'une loi par référendum, sans passer par le Parlement. Et, depuis la révision constitutionnelle du 23 juillet 2008, est également prévue une initiative (partiellement) populaire en matière législative, ouvrant la voie à un possible référendum d'adoption du texte proposé.

Bien avant 1958, la France avait déjà connu un référendum en matière législative, celui de la Constitution jacobine de 1793 (**voir Focus, Constitution du 24 juin 1793,**

art. 56). Mais il n'avait jamais été expérimenté, cette Constitution n'ayant jamais été appliquée. Pour l'Italie, en 1947, c'était une nouveauté qui mettra vingt ans à être rendue applicable en raison des réticences de la classe politique italienne (**voir Focus, J. Ryngaert**). En effet, l'intervention populaire vient concurrencer les représentants élus pour faire la loi (les parlementaires), selon une logique de surveillance des élus propre à la théorie de la souveraineté populaire et totalement étrangère à la celle de la souveraineté nationale. En France et dans d'autres pays, l'intervention législative des citoyens est donc vue avec méfiance. Le référendum législatif n'est pas fréquent alors que le référendum constituant l'est. Il n'est pas rare en effet que les électeurs doivent approuver par référendum une révision de la Constitution ou l'adoption d'une nouvelle. Le référendum est également utilisé pour les questions touchant à l'organisation territoriale de l'État. Il s'agit du référendum local par lequel les « populations intéressées » par une réforme de l'organisation territoriale sont p riées de donner au Parlement, soit leur avis (**voir, par exemple, Focus, France : C. 1958, art. 72-1, al. 3 ; Italie : C. 1947, art. 132**), soit leur consentement (**voir, par exemple, Focus, France : C. 1958 : l'article 53, al. 3**). Il ne faut pas confondre ce référendum organisé par l'État avec celui organisé par les autorités locales dans un domaine relevant de leur compétence (**voir, par exemple, France : C. 1958, art. 72-1, al. 2**).

La Constitution italienne a en réalité pris les devants en matière d'initiative populaire législative et de référendum d'initiative populaire. La France a-t-elle été aussi audacieuse qu'elle en 1958 puis 2008 ? L'actuelle Constitution française favorise-t-elle autant qu'en Italie l'intervention populaire en matière législative ?

Nous verrons que la France est restée très prudente. Elle a prévu une initiative législative populaire de portée limitée (I) et l'intervention du référendum législatif est toujours très aléatoire (II).

I. L'initiative législative populaire de portée limitée en France

En France, il n'existe qu'une initiative partagée entre le peuple et les élus contrairement à ce qui existe en Italie (A). Le domaine de l'initiative y est étroitement circonscrit alors qu'une telle limitation ne se retrouve en Italie que dans le cas de la pétition en vue d'un référendum abrogatif (B).

A. L'absence d'une initiative purement populaire

Jusqu'en 2008, l'article 11 de la Constitution de 1958 ne prévoyait qu'un référendum d'adoption d'un projet de loi, à l'initiative du Gouvernement ou des deux assemblées du Parlement (agissant conjointement) et sur décision du Président de la République. Aucune initiative populaire n'était prévue. Le référendum était donc laissé à l'initiative des élus comme c'est le cas par exemple aussi en Pologne.

- **Voir le texte :**
  - **France : C. 1858, art. 11, al. 1** (on remarquera que le Président n'est pas obligé d'organiser le référendum puisque le texte précise qu'il « peut » le faire).
  - **Pologne : C. 1997, art. 125, al. 1** (initiative de la Diète ou du président de la République, avec l'accord du Sénat).

La révision constitutionnelle du 23 juillet 2008 a créé une initiative populaire en matière législative mais on remarquera que l'article 39 de la Constitution n'a pas été modifié, il prévoit toujours que l'initiative des lois appartient à l'Exécutif et au Législatif sans aucune mention du peuple.

- **Voir le texte (Focus) :**
  - **France : C. 1958, art. 39, al. 1** (l'initiative appartient au Premier ministre, chef du Gouvernement et à chaque député ou sénateur).

En réalité, il ne faut pas s'en étonner. En effet, l'initiative populaire créée en 2008 n'est pas un pouvoir en propre des citoyens. Les citoyens viennent appuyer un texte préparé par des parlementaires (une proposition de loi). Ce sont donc des députés et des sénateurs, coauteurs du texte, qui détiennent l'initiative effective et qui décident de demander le soutien des électeurs.

- **Voir le texte :**

France : C. 1958, art. 11, al. 3 (le texte parle d'un cinquième des « membres du Parlement », ce qui renvoie bien à la fois à des députés, membres de l'Assemblée nationale, et des sénateurs, membres du Sénat ; il précise aussi que l'initiative parlementaire se fait sous la forme d'« une proposition de loi »).

L'avantage pour les parlementaires est de donner plus de poids politique à leur proposition en la faisant bénéficier d'un soutien populaire. On devine que ce sont les parlementaires de l'opposition qui sont potentiellement les premiers bénéficiaires de cette procédure. L'intervention des électeurs ne peut donc être initiale. Ces derniers ne peuvent préparer un texte de loi et le présenter. Leur rôle est second, c'est un rôle de « soutien » comme l'exprime le texte constitutionnel. Et en conséquence, c'est un rôle sans autonomie, totalement dépendant de la volonté des élus.

- **Voir le texte :**
  - **France : C. 1958, art. 11, al. 3** (« soutenue par un dixième des électeurs inscrits sur les listes électorales »).

Au contraire, l'article 71, al. 1 de la Constitution italienne partage l'initiative des lois entre l'Exécutif, le Législatif et le peuple car ce dernier reçoit un pouvoir d'initiative initial et indépendant. Les citoyens préparent un texte de loi et le propose.

- **Voir le texte :**
  - **Italie : C. 1947, art. 71, al. 2** (« projet rédigé en article », ce qui signifie qu'il ne s'agit pas d'une demande vague de législation au Parlement mais d'un authentique projet similaire en la forme à ceux présentés par le Gouvernement ou les membres du Parlement).

Sur le plan technique, dans les deux Constitutions, un nombre d'électeurs est requis. En Italie, le nombre est fixé par la Constitution ce qui fait que selon le nombre des inscrits (50 000 électeurs) peut représenter un pourcentage variable de l'ensemble du corps électoral (en 2016, il y avait 50 773 284 électeurs inscrits). En France, la Constitution évite cet écueil en mentionnant une fraction du corps électoral : un cinquième.

B. Le domaine très circonscrit de l'initiative populaire

L'article 11 alinéa 1 limite les matières sur lesquelles un référendum est possible. Cette limitation a été modifiée en 1995 et en 2008 dans le sens d'un élargissement (un autre élargissement aux libertés publiques a échoué en 1984). Ce domaine ne recouvre que quatre domaines.

- **Voir les textes du Focus et le texte actuel :**
  - **France : C. 1958, art 11 :**
    - **texte originel** (projet de loi « comportant approbation d'un accord de Communauté » supprimé en 1995).
    - **texte issu de la révision de 1995** (ajout « sur des réformes relatives à la politique économique ou sociale de la Nation et aux services publics qui y concourent »).
    - **texte issu de la révision de 2008** (ajout : « environnementales »).

Cela signifie que l'on a adopté la méthode la plus restrictive qui consiste à poser l'exclusion du référendum comme principe et sa possibilité comme exception, uniquement sur certaines matières. Ainsi, tout ce qui n'est pas dans la liste de l'article 11 ne peut faire l'objet d'un référendum. La Pologne a adopté la même méthode de délimitation mais sans liste. En Italie, c'est la méthode inverse qui a été choisie pour le référendum abrogatif. Le référendum est possible par principe et interdit dans certains domaines listés à l'article 75.

- **Voir le texte et celui du Focus :**

  Pologne : C. 1997, art. 125, al. 1 (référendum possible sur « les affaires d'une importance particulière pour l'État », formule très vague qui peut être interprétée très librement).

  Italie : C 1947, art. 75, al. 2. (exclusion « des lois fiscales et budgétaires, d'amnistie et de remise de peine, d'autorisation à ratifier des traités internationaux », exclusions très courantes).

En revanche, l'initiative législative populaire n'est pas limitée dans son champ d'application. Mais cela s'explique sans doute par le fait que cette initiative législative ne peut déboucher sur une adoption par référendum (ce qui est le cas en France). Sa portée est donc limitée.

Exercice

II. L'adoption de l'initiative populaire par référendum très aléatoire

Face à une initiative législative populaire, le Parlement peut être chargé de la voter seul ou bien il peut ne pas pouvoir s'opposer à un référendum d'adoption automatique qui l'empêche de la faire échouer. La France a choisi d'associer ces deux possibilités de sorte que le Parlement garde la haute main sur le sort de la proposition de loi alors que l'Italie les a dissociées. (A). Mais, dans les deux pays, des obstacles ont été encore ajoutés afin de rendre l'apparition d'une législation populaire très difficile (B).

A. Le rôle toujours décisif du Parlement en France

L'article 11 de la Constitution de 1958 ne distingue pas entre l'initiative « positive » en vue de l'adoption d'une loi et celle qui est « négative » parce qu'elle vise l'abrogation d'une loi. L'article 11 alinéa 3 évoque discrètement l'hypothèse d'une abrogation en indiquant que la proposition de loi d'initiative parlementaire, soutenue par les électeurs, peut avoir un tel objet sous réserve de respecter le délai d'un an à compter de la promulgation de la loi. Mais cela n'entraîne aucune particularité dans le régime de cette proposition « négative » qui est soumise aux mêmes limites matérielles et aux mêmes contraintes procédurales que les propositions « positives ».

- **Voir le texte :**
  - **France : C. 1958, art. 11, al. 3** (« Cette initiative… ne peut avoir pour objet l'abrogation d'une disposition législative promulguée depuis moins d'un an. » La formulation négative adoptée témoigne d'une volonté d'admission du référendum abrogatif empreinte de réticence. Par ailleurs, il faut souligner que cette possibilité a le même objet limité que la proposition de loi « positive ». Le référendum abrogatif ne pourrait donc concerner que des lois qui auraient pu faire l'objet d'un référendum de l'alinéa 1).

Quel que soit donc son objet, la proposition de loi sera déposée sur le bureau d'une des deux assemblées et se trouvera entre les mains du Parlement. Elle suivra la procédure législative habituelle. Mais si le Parlement ne l'examine pas dans un délai (fixé à six mois par la loi organique du 6 décembre 2013), alors la voie s'ouvre pour l'adoption de la proposition de loi par référendum. Mais on notera qu'il suffit d'une seule lecture par chaque assemblée pour rendre impossible le référendum. Ainsi, le Parlement décide par son attitude de la possibilité d'un référendum d'adoption de la proposition et il lui est très facile d'empêcher ce dernier.

- **Voir le texte :**
  - **France : C. 1958, art. 11, al. 5 et LO 6 décembre 2013, art. 9**.

Cependant, en France, l'initiative populaire est potentiellement adoptable par référendum. En Italie, il en va autrement. La Constitution italienne met en place deux régimes différenciés pour l'initiative populaire « positive » et l'initiative « négative ».

L'initiative populaire positive ne peut jamais être adoptée par référendum. L'article 72 de la Constitution italienne ne permet pas un tel résultat.

- **Voir le texte :**

  Italie : C. 1947, art. 72 (« Tout projet de loi, présenté à l'une des chambres est, suivant les dispositions de son règlement, examiné par une commission et ensuite par l'assemblée elle-même qui l'approuve, article par article et par un vote final. »)

En effet, la Constitution italienne considère que la proposition de loi populaire est une proposition de loi comme les autres, comme celles qui sont déposées par les autres titulaires du droit d'initiative législative.

- **Voir le texte :**
  - **Italie : C. 1947, art. 71, al. 2** (l'alinéa 2 est précédé par un alinéa 1er qui énumère les détenteurs du droit d'initiative, le gouvernement et les membres du Parlement essentiellement. L'alinéa 2 apparaît comme la continuation de cette énumération).

En conséquence, comme toute proposition de loi, celle des électeurs sera discutée et votée par le Parlement selon la procédure législative habituelle. Et, lors de la procédure législative, elle pourra également être amendée par les parlementaires de telle sorte que le texte de loi finalement voté pourra s'avérer fort différent du projet initial déposé par les électeurs. C'est pourquoi cette initiative populaire ne peut engendrer des lois authentiquement populaires. L'initiative populaire « négative » qui pour objet l'abrogation d'une loi est au contraire toujours soumise au référendum. Le référendum abrogatif d'initiative populaire ne peut être empêché, une fois réunies les signatures en nombre suffisant. L'article 75 ne mentionne aucune intervention du Parlement. Les élus sont dépossédés de leur pouvoir législatif. L'abrogation des lois n'est plus leur monopole.

- **Voir le texte :**
  - **Italie : art. 75,** (l'article ne mentionne pas le passage de la proposition populaire d'abrogation d'une loi devant le Parlement : une fois la proposition déposée dans les conditions de l'alinéa 1, elle passe au référendum directement, al. 4).

Mais les deux Constitutions ont ajoutées des obstacles supplémentaires pour rendre les initiatives populaires particulièrement difficiles à mener à bien.

B. Les obstacles dressés devant l'initiative populaire

Le premier obstacle est lié aux conditions de recevabilité de l'initiative qui seront contrôlées, en France par le Conseil constitutionnel et en Italie pour l'initiative de l'article 75 par la Cour constitutionnelle.

Pour la France, l'ordonnance organique du 6 décembre 2013 prévoit un double contrôle du Conseil constitutionnel. D'abord, sur la recevabilité de la proposition des parlementaires. Ce premier contrôle a pour but de s'assurer du respect des dispositions de l'article 11 et de la Constitution en général. Le second porte sur les opérations de recueil des soutiens et sur leur nombre. Or, ces contrôles sont essentiels car, si la proposition est adoptée par référendum, aucun contrôle de constitutionnalité ne pourra être effectué, ni directement sur saisine avant la promulgation, ni par voie de QPC après la promulgation, ceci en vertu de la décision du 6 novembre 1962 dans laquelle le Conseil constitutionnel a décliné sa compétence à l'égard des lois référendaires.

- **Voir texte et décision (Focus) :**
  - **France : C. 1958, art. 11, al 4** (« Les conditions de sa présentation et celles dans lesquelles le Conseil constitutionnel contrôle le respect des dispositions de l'alinéa précédent sont déterminées par une loi organique »).
  - **Ordonnance de 1959 modifiée par la LO de 2013, art. 45-2 et 3** (contrôle de la proposition de loi), **art. 45- 4 et 6** (contrôle des soutiens).
  - **CC, Décision n° 62-20 DC du 6 novembre 1962** - Loi relative à l'élection du Président de la République au suffrage universel direct (selon le Conseil, la Constitution ne lui donne compétence qu'à l'égard des « lois votées par le Parlement et non point celles qui, adoptées par le Peuple à la suite d'un référendum, constituent l'expression directe de la souveraineté nationale »).

En Italie, la loi constitutionnelle du 11 mars 1953 prévoit le contrôle de la procédure de l'initiative de l'article 75 par le Cour de cassation et celui du fond de l'initiative par la Cour constitutionnelle. Et la jurisprudence de cette dernière témoigne d'une volonté de la Cour constitutionnelle d'exercer un contrôle extensif afin d'éviter le risque de référendums abrogatifs trop nombreux.

- **Voir la doctrine (Focus) :**
  - **F. Laffaille, « Le référendum législatif abrogatif en Italie »** (souligne combien la Cour a poussé loin son contrôle de l'initiative populaire d'abrogation en vue d'éviter une déstabilisation politique consécutive à un excès de telles initiatives).
  - **A. Pizzorusso, « Présentation de la Cour constitutionnelle italienne »** (souligne l'importance du contrôle de la Cour et la responsabilité qui en découle pour cette dernière).

Mais l'initiative populaire rencontre un autre obstacle sur sa route, différent en France et en Italie. En France, si le Parlement n'a pas examiné la proposition de loi, elle devrait être soumise au référendum. « Devrait » car l'automaticité de l'organisation du référendum est loin d'être certaine. En effet, le texte de l'article 11 ne dit pas que le Président « doit » organiser le référendum mais qu'il organise. Il est donc impossible de savoir textuellement si le Président a compétence liée (obligation d'organiser le référendum) ou compétence discrétionnaire (pouvoir d'appréciation de l'opportunité politique d'un tel référendum et donc possibilité de refuser de l'organiser). Et la loi organique n'apporte aucune précision supplémentaire. Dans un cas pareil, l'interprétation des pouvoirs présidentiels qui prévaut, confirmée par la pratique, est que le Président est censé exercer un pouvoir discrétionnaire dans tous les cas où le texte constitutionnel ne spécifie pas une obligation avec l'emploi du verbe « doit ». On peut donc en conclure que dans le cas du référendum de l'article 11 al. 3, il a la possibilité de ne pas l'organiser.

- **Voir doctrine (Focus) :**
  - **S. Diémert, « Le référendum législatif d'initiative minoritaire dans l'article 11, révisé, de la Constitution »** (« En se fondant sur la mission de gardien du respect de la Constitution et du fonctionnement régulier des pouvoirs publics que lui confère l'article 5, le Président de la République pourra invoquer un pouvoir d'appréciation quant à la nécessité de convoquer le scrutin, d'autant plus certain que son action n'est enserrée dans aucun délai… »).

En Italie, l'obstacle est ailleurs. Il réside dans l'exigence de la participation de la majorité des électeurs pour valider le résultat du référendum. Cette exigence n'est pas inédite car on la retrouve dans d'autres pays comme la Pologne et le Portugal.

- **Voir le texte et ceux du Focus :**
  - **Italie : C. 1947, art. 72** (le projet populaire est examiné et voté par le Parlement) ; **art. 75, al. 4** (« majorité des électeurs a participé au scrutin »).
  - **Pologne : C. 1997, art. 125, al. 3** (validité du référendum si plus de la moitié des électeurs inscrits a participé).
  - **Portugal : C. 1976, art. 115, al. 11** (validité du référendum si le nombre des votants est supérieur à la moitié des électeurs inscrits).

Et cette contrainte de participation n'est pas sans effet car la pratique montre qu'il peut arriver qu'un référendum soit invalidé pour insuffisance de participation.

- **Voir les encadrés après le texte et ceux du Focus :**
  - **Italie :** un seul référendum invalidé pour insuffisance de participation.
  - **Pologne :** trois référendums sur les quatre organisés ont été invalidés pour insuffisance de participation.

On notera qu'en France, les référendums organisés par l'État qu'il s'agisse des référendums nationaux de l'article 11 ou des référendums locaux, limités aux « populations intéressées » ne sont jamais soumis à la nécessité d'une participation des électeurs minimale pour leur validité.

1. Doctrine

S. Diémert, « Le référendum législatif d'initiative minoritaire dans l'article 11, révisé, de la Constitution », Revue française de droit constitutionnel, 2009/1 (n° 77), p. 55, accessible en ligne : http://www.cairn.info/revue-francaise-de-droit-constitutionnel-2009-1-page-55.htm

[…] si l'on souhaite que le processus d'initiative minoritaire puisse aboutir, il convient de ne pas ouvrir au Président de la République la possibilité de la bloquer ou de la ralentir… En se fondant sur la mission de gardien du respect de la Constitution et du fonctionnement régulier des pouvoirs publics que lui confère l'article 5, le Président de la République pourra invoquer un pouvoir d'appréciation quant à la nécessité de convoquer le scrutin, d'autant plus certain que son action n'est enserrée dans aucun délai…

J. Ryngaert, « Le référendum d'initiative populaire en Italie : une longue traversée du désert », Revue française de science politique, 1982, volume 32, n° 6, p. 1024, accessible en ligne : http://www.persee.fr/doc/rfsp_0035-2950_1982_num_32_6_396167

L'article 75 prévoit qu'une loi ordinaire déterminerait les modalités d'application… Or, c'est précisément l'absence de cette loi qui a bloqué pendant vingt-deux ans le recours au référendum… Si le référendum a vu le jour en 1970, après plus de vingt ans de discussion, il doit sa mise en œuvre davantage à un concours de circonstances qu'à un désir aigu de la classe politique de respecter la volonté des Constituants de 1947… [Des dispositions de la loi n° 352 du 25 mai 1970], il apparaît clairement que le Parlement entendait faire du référendum un instrument, non seulement difficile à manier, mais aussi tout à fait exceptionnel…

F. Laffaille, « Le référendum législatif abrogatif en Italie », Revue Siècles 2013, n° 37, accessible en ligne : https://siecles.revues.org/1259

Au-delà de la casuistique, ce qu'il faut retenir est l'audace de la Cour constitutionnelle : pour contrôler la régularité d'une question référendaire, il ne suffit pas – nous dit-elle – de lire l'article 75 C. Il convient d'opérer une lecture systémique, afin de vérifier que la question ne porte pas atteinte à la cohérence de l'ordonnancement juridique. De ce pouvoir de contrôle auto-conféré, la Cour tire les – fondamentales – conséquences suivantes quant aux questions posées : - elles ne doivent pas être hétérogènes mais posséder une cohérence minimalement unitaire ; - elles ne doivent pas viser des normes de la Constitution ou des lois constitutionnelles ou encore des « actes législatifs dotés d'une force passive particulière » ; - elles ne doivent pas viser des dispositions législatives ordinaires « à contenu constitutionnellement obligatoire » quand leur abrogation conduirait à porter atteinte au corpus constitutionnel ; - l'article 75 C. ne doit pas faire l'objet d'une lecture stricto sensu mais d'une « interprétation logico-systémique. Sans doute la Cour adopte-t-elle cette jurisprudence au nom de la stabilité institutionnelle ; un régime représentatif ne peut pas digérer des secousses référendaires permanentes, susceptibles d'emporter une -évidente déstabilisation politique.

A. Pizzorusso, « Présentation de la Cour constitutionnelle italienne », Cahiers du Conseil constitutionnel, n° 6 (Dossier : Italie), janvier 1999, accessible en ligne : http://www.conseil-constitutionnel.fr/conseil-constitutionnel/francais/nouveaux-cahiers-du-conseil/cahier-n-6/presentation-de-la-cour-constitutionnelle-italienne.52761.html

Lorsque les promoteurs du référendum ont réussi à recueillir les signatures, la procédure référendaire ne peut être arrêtée sauf… si la Cour constitutionnelle, sur le fondement d'une appréciation de pure légalité et non d'opportunité politique, juge la demande inadmissible. Ce cadre normatif de l'institution référendaire a fait porter à la Cour constitutionnelle de très lourdes responsabilités, dans la mesure où le pouvoir de contrôle qui lui revient est la seule possibilité de limitation des abus éventuels. Dans l'exercice de sa compétence, la Cour vérifie que la question posée aux électeurs ne concerne pas les « lois fiscales et budgétaires, d'amnistie et de remise de peine, d'autorisation de ratifier des traités internationaux », qui sont exclues du champ du référendum par l'article 75, alinéa 2, de la Constitution. Dans toute une série de décisions, la Cour a interprété cette disposition en retenant que son contrôle s'étend jusqu'à vérifier que la question posée n'est pas incompatible avec les caractéristiques de la notion même de référendum abrogatif contenue dans la Constitution et qu'elle permet aux électeurs de voter en toute conscience.

2. Constitutions françaises

A. Constitution du 3 septembre 1791

Déclaration des droits de l'homme et du citoyen du 26 août 1789

Article 6. La Loi est l'expression de la volonté générale. Tous les Citoyens ont droit de concourir personnellement, ou par leurs Représentants, à sa formation.

B. Constitution du 24 juin 1793

Des fonctions du Corps législatif

Article 53. Le Corps législatif propose des lois et rend des décrets.

De la formation de la loi

Article 56. Les projets de loi sont précédés d'un rapport.

Article 57. La discussion ne peut s'ouvrir, et la loi ne peut être provisoirement arrêtée que quinze jours après le rapport.

Article 58. Le projet est imprimé et envoyé à toutes les communes de la République, sous ce titre : loi proposée.

Article 59. Quarante jours après l'envoi de la loi proposée, si, dans la moitié des départements, plus un, le dixième des Assemblées primaires de chacun d'eux, régulièrement formées, n'a pas réclamé, le projet est accepté et devient loi.

Article 60. S'il y a réclamation, le Corps législatif convoque les Assemblées primaires.

C. Constitution du 4 octobre 1958

Titre premier - De la souveraineté

Article 3. La souveraineté nationale appartient au peuple qui l'exerce par ses représentants et par la voie du référendum.

Titre II – Le Président de la République

Article 11 (texte originel) 1. Le Président de la République, sur proposition du Gouvernement pendant la durée des sessions ou sur proposition conjointe des deux assemblées, publiées au Journal officiel, peut soumettre au référendum tout projet de loi portant sur l'organisation des pouvoirs publics, comportant approbation d'un accord de Communauté, ou tendant à autoriser la ratification d'un traité qui, sans être contraire à la Constitution, aurait des incidences sur le fonctionnement des institutions.

Texte modifié par la loi constitutionnelle du 4 août 1995

Le Président de la République, sur proposition du Gouvernement pendant la durée des sessions ou sur proposition conjointe des deux assemblées, publiées au Journal officiel, peut soumettre au référendum tout projet de loi portant sur l'organisation des pouvoirs publics, sur des réformes relatives à la politique économique ou sociale de la Nation et aux services publics qui y concourent, ou tendant à autoriser la ratification d'un traité qui, sans être contraire à la Constitution, aurait des incidences sur le fonctionnement des institutions.

À noter : une tentative d'extension du champ du référendum inaboutie : l'extension du référendum aux libertés publiques (art. 11)

La réforme est annoncée dans une déclaration du Chef de l'État, le 12 juillet 1984, puis adoptée Conseil des ministres le 19 juillet 1984. Le Sénat, le 8 août 1984, oppose la question préalable au projet. L'Assemblée nationale, le 23 août, l'adopte en première lecture ; le Sénat le rejette en deuxième lecture, le 5 septembre.

Titre V - Des rapports entre le Parlement et le Gouvernement

Article 39. 1. L'initiative des lois appartient concurremment au Premier ministre et aux membres du Parlement.

Titre VI - Des traités et accords internationaux

Article 53. - 3. Nulle cession, nul échange, nulle adjonction de territoire n'est valable sans le consentement des populations intéressées.

Titre XII - Des collectivités territoriales

Article 72-1*. 1. La loi fixe les conditions dans lesquelles les électeurs de chaque collectivité territoriale peuvent, par l'exercice du droit de pétition, demander l'inscription à l'ordre du jour de l'assemblée délibérante de cette collectivité d'une question relevant de sa compétence. **- 2.** Dans les conditions prévues par la loi organique, les projets de délibération ou d'acte relevant de la compétence d'une collectivité territoriale peuvent, à son initiative, être soumis, par la voie du référendum, à la décision des électeurs de cette collectivité. - **3.** Lorsqu'il est envisagé de créer une collectivité territoriale dotée d'un statut particulier ou de modifier son organisation, il peut être décidé par la loi de consulter les électeurs inscrits dans les collectivités intéressées. La modification des limites des collectivités territoriales peut également donner lieu à la consultation des électeurs dans les conditions prévues par la loi.

* nouvel article issu de la loi constitutionnelle du 28 mars 2003.

3. Conseil constitutionnel

Décision n° 62-20 DC du 6 novembre 1962 - Loi relative à l'élection du Président de la République au suffrage universel direct, adoptée par le référendum du 28 octobre 1962

2. Considérant que, si l'article 61 de la Constitution donne au Conseil constitutionnel mission d'apprécier la conformité à la Constitution des lois organiques et des lois ordinaires qui, respectivement, doivent ou peuvent être soumises à son examen, sans préciser si cette compétence s'étend à l'ensemble des textes de caractère législatif, qu'ils aient été adoptés par le peuple à la suite d'un référendum ou qu'ils aient été votés par le Parlement, ou si, au contraire, elle est limitée seulement à cette dernière catégorie, il résulte de l'esprit de la Constitution qui a fait du Conseil constitutionnel un organe régulateur de l'activité des pouvoirs publics que les lois que la Constitution a entendu viser dans son article 61 sont uniquement les lois votées par le Parlement et non point celles qui, adoptées par le Peuple à la suite d'un référendum, constituent l'expression directe de la souveraineté nationale ;

[...]

Décide : Article premier : Le Conseil constitutionnel n'a pas compétence pour se prononcer sur la demande susvisée du Président du Sénat.

4. Constitutions étrangères

Présentation générale, rapport du Sénat, précité, p. 8

Deux catégories principales se distinguent parmi les dix États analysés :

– ceux dans lesquels le référendum est une pratique courante, tels la Suisse, la Californie et l'Italie, où le parlementarisme s'accommode d'une forte dose de démocratie directe ;

– et ceux où il n'a qu'un caractère exceptionnel (Suède, Pologne, Portugal, Royaume-Uni, Pays-Bas et Espagne), voire inexistant (Allemagne).

Constitution de la République italienne du 27 décembre 1947

Principes fondamentaux

Article premier. L'Italie est une République démocratique, fondée sur le travail. La souveraineté appartient au peuple, qui l'exerce dans les formes et dans les limites de la Constitution.

Titre V - Les régions, les provinces, les communes

Article 132. 1. Lorsqu'un nombre de Conseils municipaux représentant au moins un tiers des populations intéressées en font la demande et que la proposition est approuvée au moyen d'un référendum par la majorité de ces populations, une loi constitutionnelle, après consultation des conseils régionaux, peut ordonner la fusion de régions existantes ou la création de nouvelles régions ayant un minimum d'un million d'habitants.- **2.** À la suite d'un référendum, exprimant l'approbation de la majorité des populations de la province ou des provinces concernées et de la commune ou des communes concernées, une loi de la République peut permettre, après consultation des conseils régionaux, que les provinces et les communes qui en font la demande soient détachées d'une région et rattachées à une autre.

Titre VI – Garanties constitutionnelles

Section II - Révision de la Constitution - Lois constitutionnelles

Article 138. 1. Les lois de révision de la Constitution et les autres lois constitutionnelles sont adoptées par chaque chambre au moyen de deux délibérations successives à un intervalle de trois mois au moins et elles sont approuvées, au second tour de scrutin, à la majorité absolue des membres de chaque chambre. - **2.** Ces lois sont soumises à un référendum populaire lorsque, dans les trois mois suivant leur publication, un cinquième des membres d'une chambre ou cinq cent mille électeurs ou cinq conseils régionaux en font la demande. La loi soumise à un référendum n'est pas promulguée si elle n'est pas approuvée à la majorité des suffrages valablement exprimés. - **3.** Il n'y a pas lieu de procéder à un référendum si la loi a été approuvée au second tour de scrutin par chacune des deux chambres à la majorité des deux tiers de ses membres.

Constitution de la Pologne du 2 avril 1997

Le référendum

Titre IV - La Diète et le Sénat

Article 125. 1. Un référendum national peut être organisé sur les affaires d'une importance particulière pour l'État. - **2.** La Diète, à la majorité absolue des voix, la moitié au moins du nombre constitutionnel des députés étant présents, ou le président de la République, avec l'accord du Sénat obtenu à la majorité absolue des voix, la moitié au moins du nombre constitutionnel des sénateurs étant présents, ont le droit d'ordonner un référendum national. - **3.** Le résultat du référendum est valable si plus de la moitié des électeurs inscrits y ont participé…

Pratique de 2003 à 2016

Quatre référendums ont été organisés. Le premier en 2003 a été positif. Les autres n'ont pas été validés par insuffisance de participation.

☛ Pour aller plus loin

P. Ferrari, « Généralités sur le référendum en Italie », *Revue internationale de droit comparé*, 1976, volume XXVI, n° 2, p. 325, accessible en ligne: http://www.persee.fr/doc/ridc_0035-3337_1976_num_28_2_16660

M. Guillaume-Hofnung, « L'expérience du référendum abrogatif italien », *Revue internationale de droit comparé*, 1983, volume 35, n° 1, p. 109, accessible en ligne : http://www.persee.fr/doc/ridc_0035-3337_1983_num_35_1_4284

F. Hamon, « La nouvelle procédure de l'article 11 : un « vrai faux référendum d'initiative populaire », » *Les Petites affiches*, 2008, n° 254, p. 16.

M. Haulbert, « Le référendum d'initiative « partagée » : représentants versus représentés ? », *Revue du droit public*, 2014, n° 6, p. 1639.

R. Padirac, « Les institutions de démocratie directe en Italie (loi du 25 mai 1970) », *Revue internationale de droit comparé* 1972, Volume 24, n° 3, p. 589, accessible en ligne : http://www.persee.fr/doc/ridc_0035-3337_1972_num_24_3_15020

A. Pizzorusso, « Le référendum en Italie », in *Le Référendum en Europe, bilan et perspectives*, L'Harmattan, 2001.

R. Ricci, « Le référendum abrogatif d'initiative populaire en Italie, l'apport de la Cour constitutionnelle à la théorie du droit », *Revue du droit public*, 2000, n° 2, p. 437.

Sénat, Étude de législation comparée, n° 274 – 28 novembre 2016, Le référendum, accessible en ligne : https://www.senat.fr/lc/lc274/lc274.pdf

Thème 11

La (les) séparation(s) des pouvoirs

Exercice

Dissertation

La séparation des pouvoirs en France dans les Constitutions françaises de 1791 à 1877

Conseil méthodologique

Mêmes risques d'erreurs que pour la dissertation du thème 2.

Corrigé

L'article 16 de la Déclaration des droits de l'homme et du citoyen du 24 août 1789 est un des derniers de ce texte fondateur d'une nouvelle ère, marquant la fin de l'Ancien Régime. Et pourtant, c'est l'article le plus essentiel pour l'organisation de l'État et le choix d'un régime politique car c'est l'article qui proclame solennellement l'impérieuse nécessité de la séparation des pouvoirs sous peine, en son absence, de ne pas avoir de texte fondateur qui mérite le nom de Constitution : « Toute Société dans laquelle la garantie des Droits n'est pas assurée, ni la séparation des Pouvoirs déterminée, n'a point de Constitution. »

L'expression « séparation des pouvoirs » renvoie à la théorie de Montesquieu qui se trouve développée dans l'ouvrage « De l'esprit des lois » au livre XI, chapitre VI, et qui connut un immense succès alors même que la question de la séparation des pouvoirs avait déjà été abordée par le philosophe anglais John Locke dans son ouvrage paru en 1690 « Traité du gouvernement civil » (Aristote lui-même avait déjà distingué trois branches du pouvoir civique dans La Politique). La séparation des pouvoirs désigne, selon Montesquieu, une division du pouvoir souverain en trois pouvoirs (ce qu'il nomme des « puissances » législative, exécutive et judiciaire) et leur non-cumul entre les mêmes mains. Il s'agit donc d'abord d'une opération de distinction et de répartition des trois puissances ou pouvoirs (au sens de fonctions) entre les trois Pouvoirs (au sens d'organes). Le but de cette opération est de sauver la liberté contre l'arbitraire et l'absolutisme, et d'établir un gouvernement modéré en faisant en sorte que « par la disposition des choses, le pouvoir arrête le pouvoir » car « c'est une expérience éternelle que tout homme qui a du pouvoir est porté à en abuser. » Mais Montesquieu ne se contente pas de séparer, il établit également des relations entre les pouvoirs législatif et exécutif : « le corps législatif y étant composé de deux parties, l'une enchaînera l'autre par sa faculté mutuelle d'empêcher. Toutes les deux seront liées par la puissance exécutrice, qui le sera elle-même par la législative. » C'est le mécanisme des checks and balances. Seul le Pouvoir judiciaire échappe aux checks and balances. Il est totalement isolé et sans relation avec le Législatif et l'Exécutif (**voir Focus, M. Barberis**). Quand il n'y a pas de séparation des pouvoirs, il y a une concentration des pouvoirs. Toutes les Constitutions françaises, de 1791 à 1875, ont été obligées de prendre position sur la séparation des pouvoirs : les Constitutions révolutionnaires de 1791, 1793, 1795, les Chartes constitutionnelles de 1815 et de 1830, les Constitutions républicaines de 1848 et de 1875, ainsi que les Constitutions napoléoniennes de l'An VIII et de 1852.

La séparation des pouvoirs offre en effet plusieurs choix. Le premier choix, est : veut-on ou pas la mettre en place ? la refuse-t-on au profit d'un régime de concentration des pouvoirs ? Le second choix se fait dans le cadre de la séparation des pouvoirs entre ses deux formes : souple et stricte. Si l'on opte pour une séparation stricte, les relations entre Législatif et Exécutif seront régies par l'idée de contre-pouvoir (les chechs and balances). Si l'on opte pour une séparation souple, les relations entre Législatif et Exécutif seront régies par l'idée d'une collaboration entre Législatif et Exécutif pour le vote des lois avec une possibilité d'évincement réciproque (le Législatif a le pouvoir de forcer le Gouvernement à la démission, l'Exécutif a le pouvoir de mettre un terme à la législature et de provoquer de nouvelles élections législatives – droit de dissolution -).

La France a adopté depuis 1789 la Constitution de forme écrite et elle a en a eu de très nombreuses depuis la première de 1791. Chacune de ces Constitution établit un régime politique et prend position sur la séparation des pouvoirs de façon différente. Ce n'est qu'à partir d'une crise politique survenue en 1877 que l'on pourra dire que la France bascule dans une constance toute relative cependant : le régime parlementaire moniste. La période des grands séismes constitutionnels se termine et l'on entre dans une période où se maintient le modèle général de la séparation souple ou régime parlementaire. C'est donc entre 1791 et 1877 qu'il faut étudier l'inconstance de la séparation des pouvoirs en France.

Comment se présente cette inconstance constitutionnelle de la France en matière de séparation des pouvoirs ?

Elle se présente sous la forme de phases de rejet pur et simple de la séparation des pouvoirs (I) et des phases de choix successifs entre la séparation stricte souple et la séparation souple des pouvoirs (II).

I. Les phases de rejet de la séparation des pouvoirs

L'idéologie jacobine, héritière de Rousseau, s'est traduite dans la Constitution de 1793 qui met en place de concentration des pouvoirs au profit d'une assemblée (A). L'idéologie césariste exaltant la figure du chef providentiel a justifié une concentration des pouvoirs entre les mains des deux Napoléon (B).

A. Le refus jacobin de la séparation des pouvoirs au profit du régime d'assemblée

Le courant jacobin qui parvient au pouvoir en 1792 sous la houlette de Robespierre est profondément imprégné des idées de J.-J. Rousseau. Ce dernier expose une virulente critique de la séparation des pouvoirs dans son ouvrage « Du contrat social ». Selon lui, la séparation des pouvoirs relève d'une confusion. C'est une erreur intellectuelle consistant à considérer les puissances législative et exécutive comme des parties de la souveraineté (que l'on peut à ce titre séparer) alors qu'elles en sont des émanations. Le postulat logique de Rousseau est que la souveraineté une et indivisible. Ce postulat aboutit à confier le pouvoir souverain à un seul organe, l'organe législatif, qui est (forcément pour les jacobins) une assemblée unique, élue au suffrage universel. C'est ce que réalise la Constitution de 1793.

La Déclaration des droits qui précède les articles constitutionnels ne parle pas d'une séparation des pouvoirs mais d'une séparation des fonctions (division du travail et non du pouvoir). Les pouvoirs législatif et exécutif sont attribués à l'assemblée unique (le Corps législatif) à laquelle son élection au suffrage universel confère une totale légitimité à concentrer les pouvoirs. Le Conseil exécutif est ravalé au rang de simple exécutant, entièrement dépendant au Corps législatif.

- **Voir les textes :**
  - **C. 1793 :**
    - **Déclaration des droits, art. 24** (l'article prend le contrepied de l'article 16 : il replace le mot « pouvoirs » par « fonctions », la garantie des droits par « la responsabilité » des fonctionnaires. Le but n'est pas la liberté politique mais « la garantie sociale »).
    - **Art. 53** (réalise la confusion des pouvoirs en confiant l'édiction des lois et des décrets au Corps législatif).
    - **Art. 65** (fonction subordonnée du Conseil exécutif).
    - **Art. 66** (dépendance du Conseil exécutif pour sa nomination du Corps législatif).
    - **Art. 68** (absence de collégialité et de pouvoir de décision politique du Conseil exécutif).

La France ne connaîtra pas d'autre Constitution prévoyant une confusion des pouvoirs au profit d'une assemblée. Une telle concentration ne s'est ensuite reproduite que lors des périodes d'élaboration d'une nouvelle Constitution, brièvement en 1848 lors de l'élaboration de la Constitution de la Seconde République et, plus durablement, de 1871 à 1875, pour celle de la Troisième République.

B. Le refus césariste de la séparation des pouvoirs au profit du chef providentiel

La France a connu deux régimes similaires, issus d'une même idéologie qualifiée de « césariste » par référence au régime mis en place par Jules César et maintenu par la suite par les empereurs romains successifs : un régime autoritaire, légitimé par une apparence de démocratie prenant la forme d'appels au peuple destinés à confirmer la confiance populaire en leur empereur (plébiscites), détenteur d'un pouvoir absolu. C'est sur ce schéma que Bonaparte construisit la Constitution du 22 Frimaire An VIII

(13 décembre 1799) transformée en Empire par révision de son texte par le Sénat conservateur (senatus-consulte organique du 16 thermidor an X ou 4 août 1802). Louis Napoléon Bonaparte, après son coup d'État du 2 décembre 1851, exprime clairement son intention de revenir à ce régime dans sa proclamation du même jour aux Français. Il en expose les bases, concrétisées dans le texte de la Constitution du 14 janvier 1852, qu'il a élaborée avec l'aval des Français (plébiscite des 20 et 21 décembre 1851) et qui cadrent bien avec le régime césariste où tous les pouvoirs sont concentrés entre les mains de l'Empereur. La base du régime est un homme qui a la confiance du peuple et qui est responsable devant lui (appels au peuple par voie de plébiscite). De là résulte la légitimité de la concentration du pouvoir entre ses mains : d'une part, son entière liberté de décision au sein de l'Exécutif (nomination et révocation des ministres qui ne forment pas un gouvernement), d'autre part, une assemblée (le Corps législatif), peu nombreuse, sans pouvoir d'initiative législative ni d'amendement, se contentant d'approuver les textes voulus par le Président d'abord, puis par l'Empereur après transformation de la République en Empire par le senatus-consulte du 7 novembre 1852. L'existence de cette assemblée législative ne doit pas faire croire à une séparation des pouvoirs car elle ne conserve qu'un seul aspect de la fonction législative (le vote des lois) et elle se trouve privée de surcroît de tout dialogue direct avec l'Exécutif qui lui aurait permis de poser des questions sur les projets de lois et sur la politique menée puisque les ministres ne peuvent assister à ses séances. Enfin, le Président, puis l'Empereur peut dissoudre le Corps législatif.

- **Voir les textes :**
  - **Proclamation du 2 décembre** (référence louangeuse au régime de Bonaparte et volonté de s'en inspirer : « Ce système, créé par le Premier Consul au commencement du siècle, a déjà donné à la France le repos et la prospérité ; il les lui garantirait encore »).
  - **Proclamation du 14 janvier** : (1/ responsabilité du Chef, principe premier du régime sous la forme d'un appel au peuple par voie de plébiscite : « La Constitution actuelle proclame, au contraire, que le chef que vous avez élu est responsable devant vous ; qu'il a toujours le droit de faire appel à votre jugement souverain, afin que, dans les circonstances solennelles, vous puissiez lui continuer ou lui retirer votre confiance » ; 2/ dénonciation de tout élément introduisant une séparation des pouvoirs : les ministres sont « les auxiliaires honorés et puissants de sa pensée » et le Corps législatif est sans pouvoir autre que de voter : « Le Corps législatif discute librement la loi, l'adopte ou la repousse ; mais il n'y introduit pas à l'improviste de ces amendements » : « À plus forte raison n'a-t-il pas cette initiative parlementaire » ; « La Chambre n'étant plus en présence des ministres......le temps ne se perd pas en vaines interpellations... pour les remplacer. »).
  - **C. 1852 : Art. 45** (pouvoir total sur le fonctionnement du Corps législatif - prorogation, ajournement - et surtout pouvoir de le dissoudre sans aucune limite).

Ainsi, la légitimité plébiscitaire du chef justifie-t-elle le rejet de la séparation des pouvoirs qui ne pourrait qu'affaiblir ce dernier au profit d'un corps des ministres formant un gouvernement du côté de l'Exécutif, et au profit d'une assemblée législative du côté du Législatif.

II. Les phases de choix successifs entre séparation stricte et souple des pouvoirs

La France a tenté la séparation stricte par trois fois sans grand succès (A) et a finalement opté pour la séparation souple (B).

A. Le choix malvenu de la séparation stricte des pouvoirs en France

La séparation stricte est caractérisée par une relation de blocage potentiel réciproque. Soit le blocage est temporaire (refus suspensif) et un des Pouvoirs peut passer outre le refus de l'autre, soit le blocage est définitif et la nécessité de trouver un compromis s'impose. Pour que ce mécanisme fonctionne, il faut que ni l'un ni l'autre des deux Pouvoirs ne puisse sortir de l'impasse en « se débarrassant » de l'autre, soit par une dissolution de l'assemblée réfractaire décidée par l'Exécutif, soit par une démission forcée de l'Exécutif imposée par le Législatif (responsabilité politique).
Le régime américain correspond à ce schéma : le Président n'a pas l'initiative des lois mais il peut s'opposer à toute loi votée par son veto et le Sénat peut s'opposer aux nominations présidentielles ou refuser la ratification d'un traité signé par le Président. Aucune disposition ne prévoit la dissolution du Congrès par le Président (il a un simplement un pouvoir exceptionnel de convocation et d'ajournement). Il n'est prévu qu'une responsabilité pénale « pour trahison, corruption ou autres crimes et délits majeurs » de l'Exécutif mise en œuvre par le Congrès (mais pas de responsabilité politique de l'Exécutif).

- **Voir les textes :**
  - **États-Unis : C. 1787 :**
    - **Article premier - Section 7** (prévoit un veto suspensif : la signature du Président pour tout projet de loi et, en cas de refus, la possibilité de le surmonter par un nouveau vote du texte à la majorité des deux tiers des membres de chaque chambre du Congrès).
    - **Article II - Section 2** (vote de la ratification des traités signés par le Président aux deux tiers des sénateurs présents ; consentement aux nominations présidentielles mais pas de droit de révocation et donc pas de responsabilité politique de l'Exécutif devant le Congrès).
    - **Article II - Section 3** (pas d'initiative des lois mais simple pouvoir de recommandation à l'attention du Congrès ; pas de pouvoir de dissolution du Congrès mais « dans des circonstances extraordinaires » pouvoir de convocation et pouvoir d'ajournement uniquement en cas de « en cas de désaccord entre elles sur la date de leur ajournement »).

- **Article II - Section 4** (responsabilité pénale du Président, le Vice-président et tous les fonctionnaires civils des États-Unis, donc des secrétaires d'État du Président)
- **Article premier - Section 3 (**mise en accusation par la Chambre des représentants et jugement par le Sénat).

C'est ce modèle qui a inspiré la Constitution de 1791 dans laquelle on retrouve l'essentiel de la séparation stricte des pouvoirs. D'abord, côté Exécutif (le roi prend la place du Président américain), un pouvoir de veto à l'égard des lois, une absence de pouvoir d'initiative des lois, remplacé par un pouvoir de recommandation d'objets de législation, et une absence de dissolution du Législatif (silence du texte).

- **Voir les textes :**
  - **C. 1791 :**
    - **Section III - *De la sanction royale*: art. 1** (droit de veto), **art. 2, 3, 4** (veto suspensif qui ne peut être surmonté immédiatement à la différence de celui des États-Unis mais qui peut l'être si le texte est voté par trois législatures, soit trois assemblées successives, ce qui signifie quand même six ans d'attente puisque le mandat de l'Assemblée nationale est de deux ans. Autrement dit, pratiquement, ce veto devient absolu).
    - **Section III - *De la sanction royale*: art. 7, 8** (exception au veto : projets de loi non sujets au veto, ce qui n'existe pas aux États-Unis).
    - **Section IV - *Relations du Corps législatif avec le roi*: art. 1** (droit de proposer « les objets qu'il croit devoir être pris en considération pendant le cours de cette session »).
    - **Section IV - *Relations du Corps législatif avec le roi*: art. 5** (pouvoir exceptionnel de convocation de l'Assemblée nationale mais pas de pouvoir d'ajournement à la différence d'avec les États-Unis).
    - **Chapitre Ier - De l'Assemblée nationale législative, art. 5.** (interdiction de dissoudre l'Assemblée nationale).

Ensuite, côté Législatif, on trouve une absence de mise en jeu de la responsabilité politique de l'Exécutif et une responsabilité de pénale des ministres, un pouvoir de blocage des décisions royales limité au domaine des traités car le pouvoir de nomination royal (des ministres notamment) reste absolu. Les rapports entre les ministres et l'Assemblée nationale se limitent à la présence des ministres aux séances de celle-ci et à une prise de parole encadrée.

- **Voir les textes :**
  - **C. 1791 :**
    - **Chapitre II - Section IV - art. 5, 6, 7** (responsabilité pénale des ministres pour « délits par eux commis contre la sûreté nationale et la Constitution » ; De tout attentat à la propriété et à la liberté individuelle », et responsabilité pour « dissipation » des deniers publics, soit une mauvaise gestion financière et non une mauvaise politique).

- **Chapitre III - Section I - art. 1, 10°** (mise en œuvre de la responsabilité des ministres par l'Assemblée devant la Haute Cour nationale).
- **Chapitre III - Section I - art. 3** (pouvoir de ratification des traités).
- **Titre III, art. 4** (ministres sous l'autorité du roi).
- **Chapitre II - Section IV - art. 1** (pouvoir absolu et total du roi sur les ministres).
- **Chapitre II - Section IV - art. 10** (présence des ministres à l'Assemblée nationale).

Cette forme de séparation des pouvoirs suppose, pour bien fonctionner, un esprit de compromis et un respect mêlé de confiance des deux Pouvoirs. Ces conditions n'étant pas réunies en France en 1791 en raison du contexte historique, son choix fut inapproprié, il renforça les tensions entre l'Assemblée et le roi et contribua ainsi à l'échec et la fin du régime.

La séparation stricte des pouvoirs est encore mise en place quasiment à l'identique en 1795 (sauf que le roi est remplacé par un Directoire exécutif collégial et que le droit de veto disparaît de même que la présence des ministres au sein du Corps Législatif). Ainsi, d'abord, côté Exécutif, on retrouve un simple pouvoir recommandation d'objets de législation sans initiative législative et une absence de dissolution du Législatif (silence du texte).

- **Voir le texte :**
  - **C. 1795, Titre V, art. 163** (pouvoir de recommandation, de proposition de mesures mais il est bien précisé que ce n'est pas une initiative des lois : « proposer des mesures, mais non des projets rédigés en forme de loi. »).

Ensuite, côté Législatif, on retrouve une absence de mise en jeu de la responsabilité politique de l'Exécutif et une responsabilité de pénale des membres du Directoire devant la Haute Cour de justice, un pouvoir de blocage des décisions des directeurs limité au domaine des traités, ces derniers ayant un pouvoir absolu et total sur les ministres qui n'ont aucun pouvoir politique (pure fonction d'exécution).

- **Voir les textes :**
  - **C. 1795 :**
    - **Art. 265** (responsabilité pénale des directeurs, mise en accusation du Conseil des Cinq-Cents).
    - **Art. 333** (pouvoir du Corps Législatif de ratification des traités).
    - **Art. 151** (absence de collège ministériel : pas de gouvernement).
    - **Art. 152** (responsabilité individuelle des ministres pour non-accomplissement de leur fonction : exécution des lois et des arrêtés du Directoire).
    - **Art. 146** (pouvoir de nomination et révocation des ministres par les directeurs, impossibilité de révocation par le Corps législatif sous-entendue par silence du texte).

Le système constitutionnel de cloisonnement échoua face aux tensions politiques entre l'Assemblée et les Directeurs. Le régime prit fin avec le coup d'État de Bonaparte le 18 Brumaire An VIII.

Une dernière expérience de séparation stricte des pouvoirs se retrouve dans la Constitution de 1848. Mais le contexte a changé. La France a connu deux régimes de séparation souple des pouvoirs et la séparation mise en place en 1848 comprend des éléments qui n'appartiennent pas à la séparation stricte mais à la souple comme l'initiative des lois du Président de la République. Cependant, la dissolution de l'Assemblée nationale est toujours exclue, disposition qui a, elle seule, justifie que l'on classe la Deuxième République comme un régime de séparation stricte des pouvoirs. De même, seule une responsabilité pénale de l'Exécutif est prévue. Le Président conserve un total et exclusif pouvoir sur les ministres.

- **Voir les textes :**
  - **C. 1848**
    - **Art. 49** (initiative des lois présidentielle).
    - **Art. 51** (interdiction de dissoudre l'Assemblée nationale).
    - **Article 91** (une Haute Cour de justice juge, sans appel ni recours en cassation, les accusations portées par l'Assemblée nationale contre le Président de la République ou les ministres).
    - **Art. 64** (pouvoir présidentiel de nomination et révocation des ministres).

Comme ces prédécesseurs, la séparation stricte de la IIe République fut un échec en raison d'un contexte politique d'affrontement constant entre le Président de la République et l'Assemblée qu'elle a contribué à entretenir.

Passé le Second Empire, la France va renouer avec la séparation souple des pouvoirs qu'elle avait déjà expérimentée en 1814 et en 1848 sous deux monarchies constitutionnelles.

B. Le choix devenu définitif de la séparation souple des pouvoirs

Avec la Restauration monarchique en 1814, est inauguré en France le modèle de la séparation souple des pouvoirs lentement forgé en Angleterre au fil des siècles. Au terme de son évolution, ce qui caractérise essentiellement ce modèle, c'est d'abord l'existence d'un corps collégial de ministres qui gouverne avec l'appui d'une majorité de députés (avec laquelle il partage l'initiative des lois) et qui est responsable de sa politique devant celle-ci. Cela signifie que si la majorité des députés émet un vote contre le Gouvernement (vote de défiance), elle contraint à la démission l'ensemble du gouvernement (responsabilité politique solidaire et collective). Ensuite, la chambre des députés peut être dissoute par le chef de l'État. Enfin, le veto législatif disparaît. Le Chef de l'État doit promulguer la loi sans pouvoir s'y opposer. Il ne gouverne en réalité plus du tout, il représente l'État, sa continuité. Ses prérogatives sont formelles (*cf.* les modèles britannique, espagnol, allemand ou italien actuels). Ces fondamentaux de la séparation souple sont le cœur du régime parlementaire qualifié de « moniste ».

Avant d'en arriver, la France commence par mettre en place un embryon de régime parlementaire dans le cadre d'une monarchie limitée où le pouvoir du roi est très important et celui du Parlement faire. La Charte de 1814 met en place un régime dit

Exercice

de « monarchie limitée » où le pouvoir d'initiative législative est réservé au roi, les deux assemblées n'ayant qu'un pouvoir de supplique exercé conjointement (droit de « supplier » le roi de proposer une loi). Le vote des lois est réservé normalement aux assemblées (la Chambre des pairs, et la Chambre des députés des départements). Une sanction des lois par le roi est encore prévue (veto suspensif).

- **Voir les textes :**
  - **Charte de 1814 :**
    - **Art. 15** (principe de l'exercice collectif de la « puissance législative »).
    - **Art. 16** (monopole royal de l'initiative des lois).
    - **Art. 19 à 21** (droit de supplique des deux assemblées).
    - **Art. 17** (monopole du vote des lois par les assemblées).
    - **Art. 21 et 22** (sanction royale des lois).

La Charte ne fait mention ni d'un Gouvernement ni de la nomination des ministres en tant que telle. Elle parle des relations des ministres avec les deux chambres (droit d'accès, droit d'être entendus) mais elle ne prévoit qu'une responsabilité pénale et reste muette sur une responsabilité des ministres pour la politique qu'ils mènent selon la volonté du roi. Celle-ci va relever de la pratique. En revanche, le droit de dissolution est clairement consacré.

- **Voir les textes :**
  - **Charte de 1814 :**
    - **Art. 13** (inviolabilité royale, responsabilité ministérielle).
    - **Art. 54** (choix possible des ministres parmi les membres des assemblées, droit d'accès des ministres aux séances des assemblées et droit d'être entendus).
    - **Art. 55 et 56** (responsabilité pénale des ministres).
    - **Art. 50** (droit de dissolution).

Le régime fonctionna correctement sous Louis XVIII. Mais son successeur, Charles X, refusa de « jouer le jeu » parlementaire en s'obstinant à ne pas nommer un chef des ministres conforme aux vœux de la Chambre des députés. Après une dissolution, le conflit ne s'éteignit pas. L'affrontement du roi et de la majorité des députés déboucha sur les journées révolutionnaires des « Trois Glorieuses » qui scellèrent la fin du régime. La Charte de 1830 reprend l'essentiel des dispositions de la Charte de 1813 sans modification sur beaucoup de points.

- **Voir les textes :**
  - **Charte de 1830 :**
    - **Art. 14** (principe de l'exercice collectif de la « puissance législative »).
    - **Art. 16** (monopole du vote des lois par les assemblées).
    - **Art. 18** (Sanction royale des lois)
    - **Art. 46** (choix possible des ministres parmi les membres des assemblées, droit d'accès des ministres aux séances des assemblées et droit pour eux d'être entendus).

- **Art. 47** (responsabilité pénale des ministres, silence sur une responsabilité politique).
- **Art. 42** (droit de dissolution).

Mais désormais, l'initiative des lois est partagée entre le roi et les deux chambres du Parlement.

- **Voir le texte :**
  - **Charte de 1830 : Art. 15** (partage de l'initiative des lois).

La Monarchie de Juillet correspond à ce qu'on appelle le régime parlementaire dualiste dans lequel l'ensemble des ministres est doublement responsable. Ainsi, les ministres de Louis Philippe sont responsables devant lui qui les a nommés et peut les révoquer et ils sont aussi responsables de la politique royale qu'ils appliquent devant la Chambre des députés qui peut les sanctionner par un vote de défiance qui s'adresse, au travers des ministres, au roi (cependant, le texte de la Charte reste évasif sur cette responsabilité ministérielle qu'il mentionne simplement).

- **Voir le texte :**
  - **Charte de 1830 : Art. 12** (inviolabilité royale, ce qui signifie irresponsabilité totale, responsabilité ministérielle mais sans précision sur sa nature, ni vis-à-vis qui elle est engagée).

La loi constitutionnelle du 25 février 1875 met en place une République parlementaire dans laquelle le Président se substitue au roi. Des différences dans le texte constitutionnel par rapport à celui des deux précédents montrent que la séparation des pouvoirs a évolué dans le sens d'un régime plus parlementaire. Le pouvoir législatif est partagé entre les deux Chambres affirme le texte (bien qu'ensuite un droit d'initiative des lois soit donné au Président de la République). La sanction des lois a disparu, il ne reste que la promulgation des lois présidentielle qui ne permet pas de s'opposer à la loi. Le droit de dissolution n'est plus entièrement à discrétion du Président, il doit avoir l'avis conforme du Sénat) pour dissoudre la Chambre des députés (autrement dit, il ne peut dissoudre qu'avec l'accord du Sénat)

- **Voir les textes :**
  - **C. 1875 :**
    - **Art. 1** (partage entre les chambres du pouvoir législatif).
    - **Art. 3** (initiative des lois présidentielle).
    - **Art. 3** (plus de sanction des lois, mention de la promulgation).
    - **Art. 5** (droit de dissolution avec avis conforme du Sénat).

Par ailleurs, pour la première fois, la notion de Gouvernement menant « sa » politique apparaît. La responsabilité politique des ministres est désormais nettement distinguée de la responsabilité pénale. Le texte précise succinctement (sans donner les modalités) que c'est une responsabilité devant les deux chambres du Parlement. Le Président reste irresponsable politiquement mais il est responsable pénalement pour haute trahison.

- **Voir les textes :**
  - **C. 1875 :**
    - **Art. 6** (responsabilité politique solidaire du Gouvernement et irresponsabilité politique du Président sauf haute trahison – responsabilité pénale).
    - **Art. 12** (responsabilité pénale individuelle des ministres et du Président).

Le texte constitutionnel met en place un régime dualiste puisque c'est encore le chef de l'État qui a l'initiative des lois et non le Gouvernement, ce qui signifie que c'est lui qui décide de la politique qu'il traduit dans ses projets de loi. Mais, en parlant dans son article 5 de « la politique générale du Gouvernement », le texte laisse entrevoir la possibilité d'une évolution vers le monisme pour peu que le Président renonce à gouverner et exerce l'initiative des lois au service de la politique voulue par le Gouvernement. Et c'est ce qui va se produire après une crise politique grave entre le Président Mac Mahon et la majorité des députés en 1877. Commettant la même erreur que Charles X en refusant de tenir compte de la majorité à la Chambre des députés pour choisir le chef du Gouvernement, contraint à la dissolution de la Chambre (dans l'espoir de gagner les Législatives et d'obtenir une nouvelle assemblée en sa faveur), le Président va échouer dans son bras de fer et capituler. Il demeurera au pouvoir mais en tant que Président soumis au Gouvernement. Son successeur, Jules Grévy, confirmera l'effacement du Président de la République et marquera le basculement du régime parlementaire de la IIIe République dans le monisme.

- **Voir les textes :**
  - **Message du président Mac Mahon aux Chambres, 14 décembre 1877** (acceptation d'un rôle en retrait justifié par son irresponsabilité alors que le Gouvernement responsable est normalement celui qui choisit la politique).
  - **Message du Président Jules Grévy au Sénat, 6 février 1879** (engagement à ne pas s'opposer à la majorité parlementaire (« jamais en lutte contre la volonté nationale »).

La France conservera un régime parlementaire moniste durant la IVe. Il ne prendra fin qu'avec la Ve République.

1. Idées politiques et doctrine

J.-J. Rousseau, *Du contrat social*, Livre II – Chapitre II – Que la souveraineté est indivisible

Par la même raison que la souveraineté est inaliénable, elle est indivisible… Mais nos politiques ne pouvant diviser la souveraineté dans son principe, la divisent dans son objet; ils la divisent en force et en volonté, en puissance législative et en puissance exécutive… tantôt ils confondent toutes ces parties, tantôt ils les divisent… Cette erreur vient de ne s'être pas fait des notions exactes de cette autorités, et d'avoir pris pour des parties de cette autorité ce qui n'en était que des émanations… Toutes les fois où l'on croit voir la souveraineté partagée, on se trompe, que les droits qu'on prend pour des parties de cette souveraineté lui sont tous subordonnés et supposent toujours des volontés suprêmes dont ces droits ne donnent que l'exécution.

Montesquieu (1689-1755), *De l'Esprit des lois*, 1748. Livre XI, chapitre VI

[…] La liberté politique ne se trouve que dans les gouvernements modérés. Mais elle n'est pas toujours dans les États modérés; elle n'y est que lorsqu'on n'abuse pas du pouvoir; mais c'est une expérience éternelle que tout homme qui a du pouvoir est porté à en abuser; il va jusqu'à ce qu'il trouve des limites. Qui le dirait! la vertu même a besoin de limites. Pour qu'on ne puisse abuser du pouvoir, il faut que, par la disposition des choses, le pouvoir arrête le pouvoir…

Il y a, dans chaque État, trois sortes de pouvoirs: la puissance législative, la puissance exécutrice des choses qui dépendent du droit des gens, et la puissance exécutrice de celles qui dépendent du droit civil. Par la première, le prince ou le magistrat fait des lois pour un temps ou pour toujours, et corrige ou abroge celles qui sont faites. Par la seconde, il fait la paix ou la guerre, envoie ou reçoit des ambassades, établit, la sûreté, prévient les invasions. Par la troisième, il punit les crimes, ou juge les différends des particuliers. On appellera cette dernière la puissance de juger; et l'autre, simplement la puissance exécutrice de l'État.

La liberté politique, dans un citoyen, est cette tranquillité d'esprit qui provient de l'opinion que chacun a de sa sûreté: et, pour qu'on ait cette liberté, il faut que le gouvernement soit tel, qu'un citoyen ne puisse pas craindre un autre citoyen.

Lorsque, dans la même personne ou dans le même corps de magistrature, la puissance législative est réunie à la puissance exécutrice, il n'y a point de liberté; parce qu'on peut craindre que le même monarque ou le même sénat ne fasse des lois tyranniques, pour les exécuter tyranniquement.

Il n'y a point encore de liberté, si la puissance de juger n'est pas séparée de la puissance législative, et de l'exécutrice. Si elle était jointe à la puissance législative, le pouvoir sur la vie et la liberté des citoyens serait arbitraire ; car le juge serait législateur. Si elle était jointe à la puissance exécutrice, le juge pourrait avoir la force d'un oppresseur.

Tout serait perdu, si le même homme, ou le même corps des principaux, ou des nobles, ou du peuple, exerçaient ces trois pouvoirs ; celui de faire des lois, celui d'exécuter les résolutions publiques, et celui de juger les crimes ou les différends des particuliers…

… Voici donc la Constitution fondamentale du gouvernement dont nous parlons : le corps législatif y étant composé de deux parties, l'une enchaînera l'autre par sa faculté mutuelle d'empêcher. Toutes les deux seront liées par la puissance exécutrice, qui le sera elle-même par la législative. Ces trois puissances devraient former un repos ou une inaction. Mais, comme par le mouvement nécessaire des choses, elles sont contraintes d'aller, elles seront forcées d'aller de concert. »

M. Barberis, Le futur passé de la séparation des pouvoirs, Revue *Pouvoirs*, 2012,/4 n° 143, p. 5, disponible en ligne : https://www.cairn.info/revue-pouvoirs-2012-4-page-5.htm

La doctrine exposée dans De l'esprit des lois se compose de trois thèses, chacune appelée ensuite séparation des pouvoirs bien que la dénomination ne convienne qu'à la troisième. La première, ici appelée distinction des pouvoirs, est une définition-classification des fonctions constitutionnelles : légiférer, exécuter, juger. Les deuxième et troisième thèses, ici appelées balance des pouvoirs et séparation des pouvoirs au sens strict, sont des règles techniques concernant la meilleure distribution des fonctions parmi les organes, bien entendu si l'on a pour but de garantir la liberté politique. En fait, Montesquieu distribue les fonctions politiques (législation et exécution) d'après la règle de la balance, et la seule juridiction d'après la règle de la séparation au sens strict.

C. Spector, Bordeaux, SPH, IUF (*Montesquieu : liberté, droit et histoire*, Michalon 2010)

1. En ce qui concerne d'abord l'attribution des pouvoirs, Montesquieu ne remet pas le pouvoir législatif au Parlement seul, mais au Parlement et au monarque… Le monarque prend part à la législation par son droit de veto ou « sa faculté d'empêcher »… 2. Si Montesquieu condamne le cumul intégral du pouvoir législatif et du pouvoir de juger, il n'interdit pas que l'organe qui reçoit une partie du pouvoir législatif se voie attribuer le jugement de certains procès… 3. Montesquieu ne préconise pas davantage l'indépendance de chaque organe dans l'exercice de sa fonction ; il assigne au Parlement le droit et même le devoir de contrôler l'action exécutive du Gouvernement… Le Parlement est élu « pour faire des lois et pour voir si l'on a bien exécuté celles qu'il a faites… » ; les ministres devront lui « rendre compte de leur administration » et « justifier leur conduite » (XIX, 27).

2. Textes politiques

Proclamation de Louis Napoléon Bonaparte, 2 décembre 1851

Contexte : ne pouvant briguer immédiatement un second mandat de Président de la République au terme du premier et l'Assemblée nationale lui ayant refusé une révision de la Constitution pour lever cet obstacle à sa réélection, en l'absence d'un droit de dissolution lui permettant de sortir de l'impasse et de faire le peuple arbitre de son opposition avec l'Assemblée nationale, le Président Louis Napoléon Bonaparte fait un coup d'État et placarder partout cette proclamation.

Persuadé que l'instabilité du pouvoir et la prépondérance d'une seule Assemblée sont des causes permanentes de trouble et de discorde, je soumets à vos suffrages les bases fondamentales suivantes d'une constitution que les assemblées développeront plus tard :

1° Un chef responsable nommé pour dix ans ; 2° Des ministres dépendants du pouvoir exécutif seul ; 3° Un conseil d'État formé des hommes les plus distingués préparant les lois, et en soutenant la discussion devant le Corps législatif ; 4° Un Corps législatif discutant et votant les lois, nommé par le suffrage universel, sans scrutin de liste qui fausse l'élection ; 5° Une seconde Assemblée, formée de toutes les illustrations du pays, pouvoir pondérateur, gardien du pouvoir fondamental et des libertés publiques.

Ce système, créé par le Premier Consul au commencement du siècle, a déjà donné à la France le repos et la prospérité ; il les lui garantirait encore.

Telle est ma conviction profonde. Si vous la partagez, déclarez-le par vos suffrages…

Plébiscite national des 20 et 21 décembre 1851

Intitulé : « Le Peuple français veut le maintien de l'autorité de Louis-Napoléon Bonaparte, et lui délègue les pouvoirs nécessaires pour établir une constitution sur les bases proposées dans sa proclamation du 2 décembre 1851. »

Résultats :

7 481 231 répondent « OUI » (92,03 % des suffrages exprimés)

647 292 répondent « NON » (7,96 % des suffrages exprimés)

1 871 477 s'abstiennent (18,72 % des électeurs inscrits)

Proclamation du 14 janvier 1852 (placée en tête de la Constitution du 14 janvier 1852 qui concrétise le programme qu'il avait annoncé dans la proclamation ci-dessus et que le Français ont ratifié par plébiscite)

Louis Napoléon, Président de la République, au Peuple Français :

FRANÇAIS !

… Dans ce pays de centralisation, l'opinion publique a sans cesse tout rapporté au chef du gouvernement, le bien comme le mal. Aussi, écrire en tête d'une charte que ce chef est irresponsable, c'est mentir au sentiment public, c'est vouloir établir une fonction qui s'est trois fois évanouie au bruit des révolutions. La Constitution actuelle proclame, au contraire, que le chef que vous avez élu est responsable devant vous; qu'il a toujours le droit de faire appel à votre jugement souverain, afin que, dans les circonstances solennelles, vous puissiez lui continuer ou lui retirer votre confiance.

Étant responsable, il faut que son action soit libre et sans entraves. De là l'obligation d'avoir des ministres qui soient les auxiliaires honorés et puissants de sa pensée, mais qui ne forment plus un Conseil responsable, composé de membres solidaires, obstacle journalier à l'impulsion particulière du chef de l'État, expression d'une politique émanée des Chambres, et par là même exposée à des changements fréquents, qui empêchent tout esprit de suite, toute application d'un système régulier.

Quel sera maintenant le contrôle exercé par les Assemblées?

Une Chambre, qui prend le titre de Corps législatif, vote les lois et l'impôt. Elle est élue par le suffrage universel...

La Chambre n'est plus composée que d'environ deux cent soixante membres. C'est là une première garantie du calme des délibérations, car trop souvent on a vu dans les Assemblées la mobilité et l'ardeur des passions croître en raison du nombre...

Le Corps législatif discute librement la loi, l'adopte ou la repousse; mais il n'y introduit pas à l'improviste de ces amendements qui dérangent souvent toute l'économie d'un système et l'ensemble du projet primitif. À plus forte raison n'a-t-il pas cette initiative parlementaire qui était la source de si graves abus, et qui permettrait à chaque député de se substituer à tout propos au Gouvernement en présentant les projets les moins étudiés, les moins approfondis.

La Chambre n'étant plus en présence des ministres, et les projets de loi étant soutenus par les orateurs du Conseil d'État, le temps ne se perd pas en vaines interpellations, en accusations frivoles, en luttes passionnées dont l'unique but était de renverser les ministres pour les remplacer. Ainsi donc, les délibérations du Corps législatif seront indépendantes; mais les causes d'agitations stériles auront été supprimées, des lenteurs salutaires apportées à toute modification de la loi. Les mandataires de la Nation feront mûrement les choses sérieuses.

[...]

Article 46. Le président de la République convoque, ajourne, proroge et dissout le Corps législatif. En cas de dissolution, le président de la République doit en convoquer un nouveau dans le délai de six mois.

Message du président Mac Mahon aux Chambres, 14 décembre 1877

Contexte : suite au renvoi du Président du conseil républicain, Jules Simon, par le Président de la République Mac Mahon et son remplacement par le conservateur, le duc de Broglie, il s'ensuivit une crise politique car le choix présidentiel d'un conservateur ne correspondait pas à la majorité de la Chambre qui était fortement républicaine après les élections du 5 mars 1876 (même scénario qu'en 1830). Comme Charles X, le Président Mac Mahon choisit la dissolution. Les élections législatives ramenèrent encore une majorité républicaine et le Président dut se soumettre au verdict des urnes. C'est ce qu'il exprime par le message du 14 décembre 1877.

« Messieurs les Sénateurs, Messieurs les députés,

Les élections du 14 octobre ont affirmé, une fois de plus, la confiance du pays dans les institutions républicaines. Pour obéir aux règles parlementaires, j'ai formé un cabinet choisi dans les deux Chambres, composé d'hommes résolus à défendre et à maintenir ces institutions par la pratique sincère des lois constitutionnelles… L'exercice du droit de dissolution n'est, en effet, qu'un mode de consultation suprême auprès d'un juge sans appel, et ne saurait être érigé en système de gouvernement. J'ai cru devoir user de ce droit et je me conforme à la réponse du pays.

La Constitution de 1875 a fondé une République parlementaire en établissant mon irresponsabilité, tandis qu'elle a institué la responsabilité solidaire et individuelle des ministres. Ainsi sont déterminés nos devoirs et nos droits respectifs. L'indépendance des ministres est la condition de leur responsabilité. Ces principes, tirés de la Constitution, sont ceux de mon gouvernement ».

Message du Président Jules Grévy au Sénat, 6 février 1879

Messieurs les Sénateurs, L'Assemblée nationale en m'élevant à la présidence de la République m'a imposé de grands devoirs. Je m'appliquerai sans relâche à les accomplir, heureux, si je puis, avec le concours sympathique du Sénat et de la Chambre des députés, ne pas rester en dessous de ce que la France est en droit d'attendre de mes efforts et de mon dévouement. Soumis avec sincérité à la grande loi du régime parlementaire, je n'entrerai jamais en lutte contre la volonté nationale exprimée par ses organes constitutionnels.

3. Constitutions françaises

Constitution du 3 septembre 1791

Déclaration des droits de l'homme et du citoyen du 26 août 1789

Art. 16. Toute société dans laquelle la garantie des Droits n'est pas assurée, ni la séparation des pouvoirs déterminée, n'a point de Constitution.

TITRE III - DES POUVOIRS PUBLICS

Article 3. Le Pouvoir législatif est délégué à une Assemblée nationale composée de représentants temporaires, librement élus par le peuple, pour être exercé par elle, avec la sanction du roi, de la manière qui sera déterminée ci-après.

Article 4. Le Gouvernement est monarchique : le Pouvoir exécutif est délégué au roi, pour être exercé sous son autorité, par des ministres et autres agents responsables, de la manière qui sera déterminée ci-après.

FOCUS

Article 5. Le Pouvoir Judiciaire est délégué à des juges élus à temps par le peuple.

Chapitre 1er - De l'Assemblée nationale législative

Article 5. Le Corps législatif ne pourra être dissous par le roi.

[...]

Chapitre II - De la royauté, de la régence et des ministres

Section IV - ***Des ministres***

Article 1. Au roi seul appartiennent le choix et la révocation des ministres.

Article 4. Aucun ordre du roi ne pourra être exécuté, s'il n'est signé par lui et contresigné par le ministre ou l'ordonnateur du département.

Article 5. Les ministres sont responsables de tous les délits par eux commis contre la sûreté nationale et la Constitution ; - De tout attentat à la propriété et à la liberté individuelle ; - De toute dissipation des deniers destinés aux dépenses de leur département.

Article 6. En aucun cas, l'ordre du roi, verbal ou par écrit, ne peut soustraire un ministre à la responsabilité.

Article 7. Les ministres sont tenus de présenter chaque année au Corps législatif, à l'ouverture de la session, l'aperçu des dépenses à faire dans leur département, de rendre compte de l'emploi des sommes qui y étaient destinées, et d'indiquer les abus qui auraient pu s'introduire dans les différentes parties du gouvernement.

[...]

Chapitre III - De l'exercice du pouvoir législatif

Section I - ***Pouvoirs et fonctions de l'Assemblée nationale législative***

Article 1. La Constitution délègue exclusivement au Corps législatif les pouvoirs et fonctions ci-après : 1° De proposer et décréter les lois : le roi peut seulement inviter le Corps législatif à prendre un objet en considération ; ... ***10***° De poursuivre devant la haute Cour nationale la responsabilité des ministres et des agents principaux du Pouvoir exécutif ; - D'accuser et de poursuivre devant la même Cour, ceux qui seront prévenus d'attentat et de complot contre la sûreté générale de l'État ou contre la Constitution ;

Article 3. Il appartient au Corps législatif de ratifier les traités de paix, d'alliance et de commerce ; et aucun traité n'aura d'effet que par cette ratification.

Section III - ***De la sanction royale***

Article 1. Les décrets du Corps législatif sont présentés au roi, qui peut leur refuser son consentement.

Article 2. Dans le cas où le roi refuse son consentement, ce refus n'est que suspensif. Lorsque les deux législatures qui suivront celle qui aura présenté le décret, auront successivement représenté le même décret dans les mêmes termes, le roi sera censé avoir donné la sanction.

Article 5. Tout décret auquel le roi a refusé son consentement, ne peut lui être présenté par la même législature.

Article 6. Les décrets sanctionnés par le roi, et ceux qui lui auront été présentés par trois législatures consécutives, ont force de loi, et portent le nom et l'intitulé de lois.

Section IV- ***Relations du Corps législatif avec le roi***

Article 1. Lorsque le Corps législatif est définitivement constitué, il envoie au roi une députation pour l'en instruire. Le roi peut chaque année faire l'ouverture de la session, et proposer les objets qu'il croit devoir être pris en considération pendant le cours de cette session, sans néanmoins que cette formalité puisse être considérée comme nécessaire à l'activité du Corps législatif.

Article 5. Le roi convoquera le Corps législatif, dans l'intervalle de ses sessions, toutes les fois que l'intérêt de l'État lui paraîtra l'exiger, ainsi que dans les cas qui auront été prévus et déterminés par le Corps législatif avant de s'ajourner.

Article 7. Seront néanmoins exécutés comme lois, sans être sujets à la sanction, les actes du Corps législatif concernant sa constitution en Assemblée délibérante ; - Sa police intérieure, et celle qu'il pourra exercer dans l'enceinte extérieure qu'il aura déterminée ; - La vérification des pouvoirs de ses membres présents ; - Les injonctions aux membres absents ; - La convocation des Assemblées primaires en retard ; - L'exercice de la police constitutionnelle sur les administrateurs et sur les officiers municipaux ; - Les questions soit d'éligibilité, soit de validité des élections. - Ne sont pareillement sujets à la sanction, les actes relatifs à la responsabilité des ministres ni les décrets portant qu'il y a lieu à accusation.

Article 8. Les décrets du Corps législatif concernant l'établissement, la prorogation et la perception des contributions publiques, porteront le nom et l'intitulé de lois. Ils seront promulgués et exécutés sans être sujets à la sanction, si ce n'est pour les dispositions qui établiraient des peines autres que des amendes et contraintes pécuniaires.

Article 10. Les ministres du roi auront entrée dans l'Assemblée nationale législative; ils y auront une place marquée. - Ils seront entendus, toutes les fois qu'ils le demanderont sur les objets relatifs à leur administration, ou lorsqu'ils seront requis de donner des éclaircissements. - Ils seront également entendus sur les objets étrangers à leur administration, quand l'Assemblée nationale leur accordera la parole.

Constitution du 24 juin 1793

Déclaration des droits de l'homme et du citoyen

Article 24. Elle ne peut exister, si les limites des fonctions publiques ne sont pas clairement déterminées par la loi, et si la responsabilité de tous les fonctionnaires n'est pas assurée.

Des fonctions du Corps législatif

Article 53. Le Corps législatif propose des lois et rend des décrets.

Du Conseil exécutif

Article 62. Il y a un Conseil exécutif composé de vingt-quatre membres

Article 65. Le Conseil est chargé de la direction et de la surveillance de l'administration générale ; il ne peut agir qu'en exécution des lois et des décrets du Corps législatif.

Article 66. Il nomme, hors de son sein, les agents en chef de l'administration générale de la République.

Article 68. Ces agents ne forment point un conseil ; ils sont séparés, sans rapports immédiats entre eux ; ils n'exercent aucune autorité personnelle.

Constitution du 5 Fructidor An III (22 août 1795)

Déclaration des droits et des devoirs de l'homme et du citoyen

Article 22. La garantie sociale ne peut exister si la division des pouvoirs n'est pas établie, si leurs limites ne sont pas fixées, et si la responsabilité des fonctionnaires publics n'est pas assurée.

Titre V - Pouvoir législatif

Article 104. Les membres du Directoire exécutif qui retarderaient ou refuseraient de sceller, promulguer et envoyer le décret de translation du Corps législatif, seraient coupables du même délit.

Titre VI - Pouvoir exécutif

Article 132. Le Pouvoir exécutif est délégué à un Directoire de cinq membres, nommé par le Corps législatif, faisant alors les fonctions d'Assemblée électorale, au nom de la Nation.

Article 148. Il nomme hors de son sein les ministres, et les révoque lorsqu'il le juge convenable.

Article 151. Les ministres ne forment point un Conseil.

Article 152. Les ministres sont respectivement responsables, tant de l'inexécution des lois, que de l'inexécution des arrêtés du Directoire.

Article 163. Le Directoire peut, en tout cas, inviter, par écrit, le Conseil des Cinq-Cents à prendre un objet en considération ; il peut lui proposer des mesures, mais non des projets rédigés en forme de loi.

Titre VIII – Pouvoir judiciaire

Article 265. Il y a une Haute Cour de justice pour juger les accusations admises par le Corps législatif, soit contre ses propres membres, soit contre ceux du Directoire exécutif.

Article 271. Les actes d'accusation sont dressés et rédigés par le Conseil des Cinq-Cents.

Titre XII - Relations extérieures

Article 331. Le Directoire exécutif arrête, signe ou fait signer avec les puissances étrangères, tous les traités de paix, d'alliance, de trêve, de neutralité, de commerce, et autres conventions qu'il juge nécessaires au bien de l'État. - Ces traités et conventions sont négociés au nom de la République française, par des agents diplomatiques nommés par le Directoire exécutif, et chargés de ses instructions.

Article 333. Les traités ne sont valables qu'après avoir été examinés et ratifiés par le Corps législatif ; ...

Charte constitutionnelle du 4 juin 1814

Formes du gouvernement du roi

Article 13. La personne du roi est inviolable et sacrée. Ses ministres sont responsables. Au roi seul appartient la puissance exécutive.

Article 14. Le roi est le chef suprême de l'État; il… nomme à tous les emplois d'administration publique,

Article 15. La puissance législative s'exerce collectivement par le roi, la Chambre des pairs, et la Chambre des députés des départements.

Article 16. Le roi propose la loi.

Article 17. La proposition de la loi est portée, au gré du roi, à la Chambre des pairs ou à celle des députés, excepté la loi de l'impôt, qui doit être adressée d'abord à la Chambre des députés.

Article 18. Toute la loi doit être discutée et votée librement par la majorité de chacune des deux chambres.

Article 19. Les chambres ont la faculté de supplier le roi de proposer une loi sur quelque objet que ce soit, et d'indiquer ce qu'il leur paraît convenable que la loi contienne.

Article 20. Cette demande pourra être faite par chacune des deux chambres, mais après avoir été discutée en comité secret: elle ne sera envoyée à l'autre Chambre par celle qui l'aura proposée, qu'après un délai de dix jours.

Article 21. Si la proposition est adoptée par l'autre Chambre, elle sera mise sous les yeux du roi; si elle est rejetée, elle ne pourra être représentée dans la même session.

Article 22. Le roi seul sanctionne et promulgue les lois.

Article 50. Le roi convoque chaque année les deux Chambres; il les proroge, et peut dissoudre celle des députés des départements; mais, dans ce cas, il doit en convoquer une nouvelle dans le délai de trois mois.

Des ministres

Article 54. Les ministres peuvent être membres de la Chambre des pairs ou de la Chambre des députés. Ils ont en outre leur entrée dans l'une ou l'autre Chambre, et doivent être entendus quand ils le demandent.

Article 55. La Chambre des députés a le droit d'accuser les ministres, et de les traduire devant la Chambre des pairs qui seule a celui de les juger.

Article 56. Ils ne peuvent être accusés que pour fait de trahison ou de concussion. Des lois particulières spécifieront cette nature de délits, et en détermineront la poursuite.

Charte constitutionnelle du 14 août 1830

Formes du gouvernement du roi

Article 12. La personne du roi est inviolable et sacrée. Ses ministres sont responsables. Au roi seul appartient la puissance exécutive.

Article 13. Le roi est le chef suprême de l'État; il… nomme à tous les emplois d'administration publique,

Article 14. La puissance législative s'exerce collectivement par le roi, la Chambre des pairs et la Chambre des députés.

Article 15. La proposition des lois appartient au roi, à la Chambre des pairs et à la Chambre des députés. - Néanmoins toute loi d'impôt doit être d'abord votée par la Chambre des députés.

FOCUS

Article 16. Toute loi doit être discutée et votée librement par la majorité de chacune des deux Chambres.

Article 17. Si une proposition de loi a été rejetée par l'un des trois pouvoirs, elle ne pourra être représentée dans la même session.

Article 18. Le roi seul sanctionne et promulgue les lois.

Article 42. Le roi convoque chaque année les deux Chambres: il les proroge et peut dissoudre celle des députés; mais, dans ce cas, il doit en convoquer une nouvelle dans le délai de trois mois.

Des ministres

Article 46. Les ministres peuvent être membres de la Chambre des pairs ou de la Chambre des députés. Ils ont en outre leur entrée dans l'une ou l'autre Chambre, et doivent être entendus quand ils le demandent.

Article 47. La Chambre des députés a le droit d'accuser les ministres, et de les traduire devant la Chambre des pairs qui seule a celui de les juger.

Constitution du 4 novembre 1848

Chapitre III - Des pouvoirs publics

Article 19. La séparation des pouvoirs est la première condition d'un gouvernement libre.

Chapitre IV- Du pouvoir législatif

Article 20. Le peuple français délègue le pouvoir législatif à une Assemblée unique.

Chapitre V - Du pouvoir exécutif

Article 43. Le peuple français délègue le Pouvoir exécutif à un citoyen qui reçoit le titre de président de la République.

Article 49. Il a le droit de faire présenter des projets de loi à l'Assemblée nationale par les ministres. - Il surveille et assure l'exécution des lois.

Article 51. Il ne peut... dissoudre... l'Assemblée nationale...

Article 52. Il présente, chaque année, par un message, à l'Assemblée nationale, l'exposé de l'état général des affaires de la République.

Article 53. Il négocie et ratifie les traités. - Aucun traité n'est définitif qu'après avoir été approuvé par l'Assemblée nationale.

Article 55... Les amnisties ne peuvent être accordées que par une loi. - Le président de la République, les ministres, ainsi que toutes autres personnes condamnées par la Haute Cour de justice, ne peuvent être graciés que par l'Assemblée nationale.

Article 56. Le président de la République promulgue les lois au nom du peuple français.

Article 64. Le président de la République nomme et révoque les ministres.

Article 67. Les actes du président de la République, autres que ceux par lesquels il nomme et révoque les ministres, n'ont d'effet que s'ils sont contresignés par un ministre.

Article 68. Le président de la République, les ministres, les agents et dépositaires de l'autorité publique, sont responsables, chacun en ce qui le concerne, de tous les actes du gouvernement et de l'administration. - Toute mesure par laquelle le président de la République dissout l'Assemblée nationale, la proroge ou met obstacle à l'exercice de son mandat, est un crime de haute trahison.

Article 69. Les ministres ont entrée dans le sein de l'Assemblée nationale ; ils sont entendus toutes les fois qu'ils le demandent, et peuvent se faire assister par des commissaires nommés par un décret du président de la République.

Loi constitutionnelle du 16 juillet 1875 sur les rapports des pouvoirs publics

Article 1. Le pouvoir législatif s'exerce par deux assemblées : la Chambre des députés et le Sénat.

Article 3. Le président de la République a l'initiative des lois, concurremment avec les membres des deux chambres. Il promulgue les lois lorsqu'elles ont été votées par les deux chambres ; il en surveille et en assure l'exécution. - Il a le droit de faire grâce ; les amnisties ne peuvent être accordées que par une loi. - Il dispose de la force armée. - Il nomme à tous les emplois civils et militaires. - Il préside aux solennités nationales ; les envoyés et les ambassadeurs des puissances étrangères sont accrédités auprès de lui. - Chacun des actes du président de la République doit être contresigné par un ministre.

Article 5. Le Président de la République peut, sur l'avis conforme du Sénat, dissoudre la Chambre des députés avant l'expiration légale de son mandat.

Article 6. Les ministres sont solidairement responsables devant les chambres de la politique générale du Gouvernement, et individuellement de leurs actes personnels. - Le Président de la République n'est responsable que dans le cas de haute trahison.

Article 12. Le Président de la République ne peut être mis en accusation que par la Chambre des députés, et ne peut être jugé que par le Sénat. - Les ministres peuvent être mis en accusation par la Chambre des députés pour crimes commis dans l'exercice de leurs fonctions. En ce cas, ils sont jugés par le Sénat. - Le Sénat peut être constitué en Cour de justice par un décret du Président de la République, rendu en Conseil des ministres, pour juger toute personne prévenue d'attentat contre la sûreté de l'État.

4. Constitution étrangère

Constitution des États-Unis d'Amérique du 17 septembre 1787

Article premier

Section 3... 6. Le Sénat aura seul le pouvoir de juger les personnes mises en accusation par la Chambre des représentants

Section 7... 2. Tout projet de loi adopté par la Chambre des représentants et par le Sénat devra, avant d'acquérir force de loi, être soumis au Président des États-Unis. Si celui-ci l'approuve, il le signera ; sinon il le renverra, avec ses objections, à la chambre dont il émane, laquelle insérera les objections in extenso sur son procès-verbal et procédera à un nouvel examen du projet. Si, après ce nouvel examen, le projet de loi réunit en sa faveur les voix des deux tiers des membres de cette chambre, il sera transmis, avec les objections qui l'accompagnaient, à l'autre chambre, qui l'examinera également de nouveau, et, si les deux tiers des membres de celle-ci l'approuvent, il aura force de loi… Tout projet non renvoyé par le Président dans les dix jours (dimanche non compris) qui suivront sa présentation, deviendra loi comme si le Président l'avait signé, à moins que le Congrès n'ait, par son ajournement, rendu le renvoi impossible ; auquel cas le projet n'acquerra pas force de loi.

Article II

Section 2… 2. Il [le Président aura le pouvoir, sur l'avis et avec le consentement du Sénat, de conclure des traités, sous réserve de l'approbation des deux tiers des sénateurs présents. Il proposera au Sénat et, sur l'avis et avec le consentement de ce dernier, nommera les ambassadeurs, les autres ministres publics et les consuls, les juges à la Cour suprême, et tous les autres fonctionnaires des États-Unis dont la nomination n'est pas prévue par la présente Constitution, et dont les postes seront créés par la loi.

Section 3. Le Président informera périodiquement le Congrès de l'état de l'Union, et recommandera à son attention telles mesures qu'il estimera nécessaires et expédientes. Il pourra, dans des circonstances extraordinaires, convoquer l'une ou l'autre des chambres ou les deux à la fois, et en cas de désaccord entre elles sur la date de leur ajournement, il pourra les ajourner à tel moment qu'il jugera convenable.

Section 4. Le Président, le Vice-président et tous les fonctionnaires civils des États-Unis seront destitués de leurs charges sur mise en accusation et condamnation pour trahison, corruption ou autres crimes et délits majeurs.

☛ Pour aller plus loin

J. Chevallier, « La séparation des pouvoirs », *in* L. Favoreu (dir.) *La continuité constitutionnelle de 1789 à 1989*, Paris, Economica, 1990, p. 129.

C. Eisenmann, « L'esprit des lois et la séparation des pouvoirs », in *Mélanges Carré de Malberg*, Paris, Sirey, 1933, p. 163.

M. Troper, *La séparation des pouvoirs et l'histoire constitutionnelle française*, Paris, LGDL, 1980.

D. Turpin, *Le régime parlementaire*, Paris, Dalloz, 1977.

Imprimé en Italie par «La Tipografica Varese Srl» Varese